Francis Bacon
Neues Organon

Übersetzt von Julius von Kirchmann

„Lesen Sie novum organum scientiarum in deutscher Übersetzung – das philosophische Hauptwerk von Francis Bacon und prüfen Sie aus erster Hand, ob Bacon seinem Ruf gerecht wird, als ein Vorkämpfer der Aufklärung und der Vernunft zu gelten.“ *Redaktion Gröls-Verlag* (Edition I Werke der Weltliteratur)

Redaktionelle Hinweise und Impressum

Das vorliegende Werk wurde zugunsten der Authentizität sehr zurückhaltend bearbeitet. So wurden etwa ursprüngliche Rechtschreibfehler regelmäßig *nicht* behoben, denn kleine Unvollkommenheiten machen das Buch – wie im Übrigen den Menschen – erst authentisch. Mitunter wurden jedoch zum Beispiel Absätze behutsam neu getrennt, um den Lesefluss zu erleichtern.

Wir sind bemüht, ein ansprechendes Produkt zu gestalten, welches angemessenen Ansprüchen an das Preis/Leistungsverhältnis und vernünftigen Qualitätserwartungen gerecht wird. Um die Texte zu rekonstruieren, werden antiquarische Bücher von leistungsfähigen Lesegeräten gescannt und dann durch eine Software lesbar gemacht. Der so entstandene Text wird von Menschen gegen eine Aufwandsentschädigung gegengelesen und korrigiert – Hierbei können gelegentlich Fehler auftreten. Wenn Sie ebenfalls antiquarische Texte einreichen möchten, wenden Sie sich für weitere Informationen gerne an

www.groels.de

Informieren Sie sich dort auch gerne über die anderen Werke aus unserer

Edition | Bedeutende Werke der Weltliteratur

Sie werden es mit 98,002 %iger Wahrscheinlichkeit nicht bereuen.

Die Deutsche Nationalbibliothek verzeichnet dieses Werk in der Deutschen Nationalbibliografie.

Verleger: Marcel Hermann-Josef Gröls, Poelchaukamp 20, 22301 Hamburg.
Externer Dienstleister für Distribution und Herstellung: BoD, In de Tarpen 42, 22848 Norderstedt

Inhalt

Franz von Verulam's, des Erzkanzlers von England, Grosse Erneuerung der Wissenschaften.

Franz von Verulam's Ansichten und Erwägungen, deren Kenntniss die Zeitgenossen wie die Nachkommen interessiren wird.

Als ich erkannte, dass der menschliche Geist sich unnöthige Arbeit macht und die wahren Hülfsmittel, wie sie dem Menschen zu Gebote stehen, nicht maassvoll und geschickt gebraucht, so dass vielfache Unwissenheit und zahllose Schäden die Folge davon sind, glaubte ich mit aller Kraft dahin streben zu müssen, dass der Verkehr zwischen dem Geist und den Dingen, von denen sich kaum etwas Aehnliches auf Erden oder in irdischen Dingen zeigt, wieder rein hergestellt oder wenigstens verbessert werde.

Dass die Irrthümer, welche sich eingeschlichen haben und noch fort und fort einschleichen werden, sich einer durch den andern, wenn der Geist sich selbst überlassen bleibt, berichtigen werden, sei es durch die eigene Kraft des Verstandes oder durch die Hülfsmittel und Rathschläge der Dialektik, dazu ist keine Hoffnung vorhanden, weil die nächsten Begriffe der Dinge, welche der Geist beim ersten Griff schnell aufnimmt, dann bewahrt und anhäuft, und von denen alles Andere sich ableitet, fehlerhaft, verworren und leichthin von den Dingen abgenommen sind, und weil in den höheren und weiteren Begriffen die gleiche Willkür und Unbeständigkeit herrscht. Deshalb ist das ganze Verfahren, dessen man sich zur Erforschung der Natur bedient, nicht gut gebildet und eingerichtet und gleicht mehr einem prächtigen Aufbau ohne feste Grundlage. Während die Menschen die falschen Kräfte des Geistes bewundern und preisen, übersehen und verderben sie die, welche es wahrhaft sein könnten, wenn dem Geist die nöthige Hülfe gewährt würde und er selbst den Dingen sich fügte, statt ohnmächtig ihnen Zwang anthun zu wollen. Es blieb also nur übrig, die Aufgabe von Neuem mit besseren Hülfsmitteln zu beginnen und von den richtigen Grundlagen aus eine allgemeine Erneuerung der Wissenschaften und Künste, sowie aller menschlichen Lehren zu beginnen. Wenn dies Unternehmen auch im Beginn unermesslich und die menschlichen Kräfte zu übersteigen scheint, so wird es sich doch bei der Ausführung als gesunder und maassvoller wie alles bis jetzt Geleistete ergeben. Denn hier sieht man ein Ziel ab; bei der Weise aber, wie jetzt die Wissenschaften behandelt werden, dreht sich Alles im Kreise und besteht ein ewiges Schwanken.

Auch weiss ich wohl, wie einsam ich mit solchem Unternehmen stehe, und wie schwer und unwahrscheinlich es ist, hier Zutrauen zu gewinnen. Trotzdem mag ich weder den Gegenstand noch mich selbst aufgeben, und ich will den Weg versuchen und betreten, auf dem allein der Geist weiter kommen kann. Es ist besser, mit einer Sache zu beginnen, die zum Ziele führen kann, als solchen Dingen, die zu keinem Ende führen, fortwährend Kraft und Eifer zuzuwenden.

Die Wege der Betrachtung entsprechen jenen Wegen des Lebens, von denen die Dichter gesungen haben: der eine beginnt steil und mühsam und endigt eben; der andere scheint anfangs glatt und leicht, aber führt auf Abwege und in Abgründe. Da ich nicht wusste, wann solche Gedanken wie diese von Jemand Anderem aufgenommen werden würden, und da ich bis jetzt Niemand getroffen habe, der sein Nachdenken hierauf gerichtet hätte, so entschloss ich mich, das Erste, was ich hierüber zu Stande bringen würde, zu veröffentlichen. Nicht der Ehrgeiz, sondern die Sorge treibt mich so zur Eile; denn sollte mir etwas Menschliches begegnen, so bliebe dann doch eine Andeutung und Bezeichnung der Aufgabe, die ich mir gestellt habe, zurück und zugleich ein Zeichen meiner ehrlichen, auf das Beste des menschlichen Geschlechts gerichteten Absichten. Allerdings ist mir ein gewisser, wenn auch untergeordneter Ehrgeiz aus dieser Arbeit erwachsen. Denn entweder ist der Gegenstand, um den es sich hier handelt, Nichts, oder er ist so gross, dass er den Lohn in sich selbst trägt, und man ihn nicht anderwärts zu suchen braucht.

****

Widmung.

Seinem Allerhöchsten, Grossmächtigsten Fürsten und Herrn Jacob, durch Gottes Gnade Könige von Grossbritannien, Frankreich und Irland, Vertheidiger des Glaubens u. s. w.

Allergnädigster, Grossmächtigster König!

Deine Majestät könnte vielleicht mich des Diebstahls beschuldigen, weil ich die zu diesem Werke nöthige Arbeit Deinem Dienst entzogen habe. Ich weiss darauf nichts zu sagen; denn die verflossene Zeit ist unwiederbringlich. Vielleicht ist, was an Zeit Deinem Dienst entzogen worden, dem Andenken Deines Namens und dem Ruhme Deines Jahrhunderts zugelegt worden, sofern nämlich diese Arbeit einigen Werth hat. Sie ist wenigstens neu; selbst der ganzen Art nach, obgleich sie von einem sehr alten Exemplar abgeschrieben worden, nämlich von der Welt selbst und von der Natur der Dinge und des menschlichen Geistes. Ich wenigstens, wie ich offen gestehen will, halte das Werk mehr für eine Geburt der Zeit als des Geistes. Nur das Eine ist daran wunderbar, dass der Gedanke dazu und der Verdacht gegen alles bis jetzt für wahr Gehaltene Jemand hat beikommen können. Alles Andere ergiebt sich dann leicht. Es waltet unzweifelhaft der Zufall, wie man sagt, oder ein Ungefähr sowohl in dem, was die Menschen denken, als in dem, was sie thun und sprechen. Diesen Zufall, wie ich es nennen will, möchte ich aber so verstanden haben, dass, wenn in dem, was ich hier darbringe, etwas Gutes enthalten ist, es der unermesslichen Gnade und göttlichen Liebe und dem Glücke Deiner Zeiten zugeschrieben werde. Dir habe ich in meinem Leben mit reinster Hingebung gedient, und wenn ich todt bin, habe ich es vielleicht erreicht, dass diese Zeiten den Nachkommen glänzend voranleuchten, nachdem diese neue Fackel für die in der Philosophie herrschende Finsterniss angezündet worden. Mit Recht verdient die Zeit des weisesten und gelehrtesten Königs diese Wiedererzeugung und Erneuerung der Wissenschaften.

Es bleibt mir noch eine Bitte, welche Deiner Majestät nicht unwerth und für das Unternehmen von höchster Bedeutung ist. Sie geht dahin, dass Du, der Du Salomo in so Vielem, in dem Ernst Deiner Urtheile, in dem Frieden Deiner Herrschaft, in der weit reichenden Milde Deines Herzens, in der edlen Mannichfaltigkeit der von Dir verfassten Bücher gleichst, auch darin noch dem Beispiel jenes Königs nachfolgest, dass Du für die Ausarbeitung und Vollendung jener auf Versuche sich stützenden Naturbeschreibung sorgest, jener wahren und strengen, unter Fernhaltung der Sprachgelehrten, welche die Unterlage der Philosophie bildet, und welche ich an ihrem Orte näher beschreiben werde; damit endlich nach so vielen Jahrhunderten Philosophie und Wissenschaft nicht mehr in den Lüften schweben, sondern sich auf die sicheren Grundlagen einer Alles umfassenden und wohldurchdachten Erfahrung stützen. Ich habe das Werkzeug dargeboten; der Inhalt muss aber von den Dingen selbst entnommen werden.

Möge der gnädige und allgütige Gott Deine Majestät noch lange unversehrt erhalten.

Deiner Erhabenen Majestät

treuester und unterthänigster Knecht

Franz Verulam, Kanzler.

Franz von Verulam's Grosse Erneuerung der Wissenschaften.

Vorrede.

Ueber die ungünstige, nicht fortschreitende Lage der Wissenschaften; es muss ein durchaus anderer, bisher nicht gekannter Weg dem menschlichen Verstande eröffnet, und andere Hülfsmittel müssen beschafft werden, damit der Geist von seinem Rechte gegen die Natur Gebrauch machen kann.

Die Menschen scheinen weder ihre Mittel noch ihre Kräfte richtig zu kennen; von jenen halten sie mehr, von diesen weniger, als recht ist. So kommt es, dass sie entweder die vorhandenen Künste sinnlos überschätzen und nichts über sie hinaus verlangen, oder dass sie sich selbst mehr als billig verachten, ihre Kräfte auf unbedeutende Dinge verwenden und in den wichtigsten nicht versuchen. So sind ihren Wissenschaften gleichsam Säulen vom Schicksal gesetzt, über die hinauszukommen man weder das Verlangen noch die Hoffnung hat. Aber eingebildeter Reichthum ist eine Hauptursache der Armuth, und die Zuversicht auf das Gegenwärtige lässt die wahre Hülfe für die Zukunft vernachlässigen. Deshalb ist es zweckmässig, ja nothwendig, dass hier an der Schwelle meines Werkes ohne Umschweife und im Ernste alles Uebermaass von Ehrfurcht und Bewunderung vor den bisherigen Entdeckungen aufhöre, und dass die nützliche Ermahnung ergehe, man möge dessen Menge und Nützlichkeit nicht übertreiben noch übertrieben rühmen. Denn schaut man genauer in jene bunte Reihe der Bücher, von denen Künste und Wissenschaften strotzen, so wird man finden, dass darin überall dasselbe ohne Ende wiederholt wird, wobei nur die Art der Behandlung wechselt, aber an Erfindung nichts Neues hervorkommt. So meint man bei dem ersten Blick Vieles zu besitzen, aber bei der Prüfung schmilzt es zu Wenigem zusammen. Und im Punkt der Nützlichkeit muss man offen gestehen, dass jene Weisheit, die wir hauptsächlich von den Griechen empfangen haben, eine kindische Wissenschaft ist und mit den Kindern das Eigenthümliche theilt, dass sie geschickt zum Schwätzen macht, aber unfähig und unreif zum Erzeugen ist. Sie ist fruchtbar an Streitfragen, aber unfruchtbar an Werken, so dass die Fabel von der Scylla genau auf den jetzigen Zustand der Wissenschaften passt, die das Gesicht und den Mund einer Jungfrau zeigte, aber deren Leib bellende Ungeheuer umgürteten und behingen. So haben auch Wissenschaften, an die wir uns gewöhnt, einige schmeichelnde und zierliche Allgemeinheiten; kommt man aber zu dem Besonderen, gleichsam zu den Zeugungstheilen, aus denen die Frucht und das Werk hervortreten soll, dann beginnt der Streit und der bellende Zank, in dem sie verlaufen, und welche die Stelle der Geburt vertreten. Wären diese Wissenschaften nicht eine völlig abgestorbene Sache, so durfte es wenigstens nicht dazu kommen, dass sie Jahrhunderte hindurch nicht von der Stelle rückten und keinen des Menschengeschlechts würdigen Zuwachs erhielten, wie dies geschehen ist. Dies geht so weit, dass nicht blos Behauptungen oft nur Behauptungen bleiben, sondern Fragen nur Fragen, und dass alle Erörterungen sie nicht lösen, sondern befestigen und unterhalten; ja dass die ganze Ueberlieferung und Folge der Wissenschaften nur Lehrer und Schüler zeigt, aber keinen Erfinder und Keinen, der den vorhandenen Erfindungen etwas hinzugefügt hätte.

In den mechanischen Künsten sehen wir dagegen das Entgegengesetzte geschehen; gleich als wären sie eines Lebensodems theilhaftig, vermehren und vervollkommnen sie sich täglich. Bei dem ersten Erfinder erscheinen sie meist roh, ziemlich schwerfällig und unförmlich; aber später gewinnen sie immer neue Vortheile und werden bequemer, und es möchten eher die Wünsche und Neigungen der Menschen erlöschen oder sich ändern, als dass jene zum Gipfel ihrer Vollkommenheit gelangten. Die Philosophie dagegen und die höheren Wissenschaften werden den Götterbildern gleich zwar verehrt und gefeiert, aber nicht vorwärts gebracht. Wenn sie auch mitunter bei ihrem ersten Begründer sich kräftig zeigen, so arten sie doch später aus. Denn nachdem die Menschen sich in fremde Gewalt gegeben haben und auf die Worte eines Mannes gleich den Senatoren ohne Stimmrecht schwören, geben sie den Wissenschaften keine Erweiterung mehr, sondern mühen sich nur, gewisse Autoren zu preisen und in niedrigem Dienst zu umstehen. Man wende mir nicht ein, dass die Wissenschaften allmählich gewachsen und zuletzt eine gewisse Selbstständigkeit gewonnen haben, so dass endlich in den Werken weniger Männer ihnen feste Sitze hätten bereitet werden können (gleichsam als hätten sie den gesetzlichen Zeitraum vollendet). Man sage nicht, dass, weil etwas Besseres sich nicht mehr erfinden lasse, so bleibe nur übrig, das bereits Gefundene auszuschmücken und zu pflegen.

Man möchte freilich wünschen, dass es sich so verhalten hätte. Aber das Richtigere und Wahre ist, dass diese Entlassung der Wissenschaften zur Selbstständigkeit nichts weiter ist als ein Zustand, der aus dem Selbstvertrauen Einiger und aus der Sorglosigkeit und Trägheit aller Uebrigen hervorgegangen ist. Nachdem die Wissenschaften vielleicht in einzelnen Schulen mit Fleiss angebaut und behandelt worden waren, hat sich ein verwegener Geist erhoben, dessen verständlicher Vortrag gefiel und gefeiert wurde, und der nur dem Scheine nach eine Kunst schuf, in Wahrheit aber die Arbeit der Früheren verdarb. Allein den Späteren war das ganz recht; es erleichterte ihre Arbeit, und Ekel und Ungeduld hielten sie von neuen Untersuchungen zurück. Beugt sich Jemand dieser eingewurzelten Einstimmigkeit als dem Urtheile des Zeitalters, so stützt er sich auf einen sehr trügerischen und schwachen Grund. Denn es ist zum grossen Theil uns unbekannt, was in den Wissenschaften und Künsten in verschiedenen Jahrhunderten und

Ländern erreicht und dem Publikum mitgetheilt worden, und noch weniger wissen wir, was die Einzelnen versucht und im Stillen betrieben haben. Weder die richtigen, noch die Fehl-Geburten der Zeit sind in den Jahrbüchern verzeichnet. Auch die Einstimmigkeit und ihre lange Dauer ist von keiner grossen Bedeutung; denn so vielerlei Staatsverfassungen es auch geben mag, so gilt in den Wissenschaften doch nur eine, und diese ist immer der Freistaat gewesen und wird es bleiben. Bei der Menge galten freilich am meisten die streitsüchtigen und kampflustigen oder die schön gefassten aber inhaltslosen Lehren, welche die Zustimmung entweder mit dem Streit sich erzwingen oder mit Süssigkeiten sich erschmeicheln. Daher haben die grössten Geister zu allen Zeiten Gewalt erlitten, während Männer von selbst guter Fassungsgabe und Einsicht sich um ihres Rufes willen dem Urtheile der Menge und der Zeit beugten. Kamen irgendwo tiefere Betrachtungen zufällig zum Vorschein, so wurden sie von dem Sturme der öffentlichen Meinung vertrieben und verlöscht. Die Zeit hat, wie der Strom, nur das Leichte und Aufgeblasene uns zugeführt, das Schwere und Feste aber versinken lassen.

Selbst jene Autoren, die eine Art Diktatur in den Wissenschaften sich angemasst haben und mit so viel Zuversicht über die Dinge absprechen, gehen doch von Zeit zu Zeit in sich und beklagen sich über die Feinheit der Natur, über die Schlupfwinkel der Wahrheit, über die Dunkelheit der Gegenstände, über die Verwickelung der Ursachen und über die Schwäche des menschlichen Geistes. Aber deshalb werden sie nicht bescheidener; denn sie beschuldigen lieber die allgemeine Natur der Menschen und Dinge, als dass sie sich selbst für schuldig bekennen. Vielmehr gilt es bei ihnen als ein feierlicher Grundsatz, dass das, was eine Kunst nicht erreicht hat, für diese auch unmöglich sei. Aber die Kunst kann nicht verurtheilt werden, wo sie selbst streitet und das Urtheil spricht; man will damit nur die Unwissenheit noch von der Schande befreien.

Mit dem, was bisher gelehrt worden und gegolten hat, verhält es sich ungefähr so, dass die Leistungen unfruchtbar, die Streitfragen aber zahllos sind; die Fortschritte geschehen langsam und schwach; dem Ganzen giebt man den Schein der Vollkommenheit, aber im Einzelnen kann man nicht Wort halten; man sucht nach beliebten Sätzen; aber sie bleiben den Urhebern verdächtig und werden deshalb durch mancherlei Kunststücke vertheidigt und prahlerisch hervorgehoben. Selbst Die, welche es selbstständig versuchten, den Wissenschaften sich zu ergeben, und ihre Grenzen zu erweitern sich entschlossen, haben es nicht gewagt, von dem Hergebrachten ganz abzuweichen und die Quellen der Dinge aufzusuchen; vielmehr meinten sie schon Grosses geleistet zu haben, wenn sie nur Etwas von sich selbst einschoben und hinzufügten. Vorsichtig überlegten sie, wie im

Zustimmen die Bescheidenheit und in dem Vermehren die Freiheit bewahrt werden könne.

Aber indem so den Vorurtheilen und Gewohnheiten Rechnung getragen wird, schlägt solche gerühmte Mittelmässigkeit zum grossen Schaden der Wissenschaften aus. Denn wer die Autoren bewundert, der pflegt sie selten zu übertreffen, und man steigt gleich dem Wasser nicht höher hinauf, als man vorher herabgestiegen ist. Solche Leute verbessern deshalb wohl Einzelnes, aber kommen wenig vorwärts; sie verbessern, aber sie vermehren nicht.

Einzelne haben allerdings mit kühnem Muthe Alles von vorn angefangen; mit gewaltigem Anlauf haben sie gesucht, das Frühere niederzuwerfen und durch Zerstörung sich und ihrer Meinung Platz zu machen. Allein mit solchem Tumult ist wenig gewonnen worden; es lag ihnen nicht daran, die Philosophie und die Künste sachlich und durch Arbeit zu erweitern, sondern nur das Belieben zu wechseln und die Herrschaft über die Gemüther für sich selbst zu erobern. Dies hatte indess geringen Erfolg, da für die entgegengesetzten Irrthümer die Gründe meist dieselben sind. Wenn aber auch Einzelne fremder und eigener Vorurtheile sich entschlugen und die Freiheit begünstigten, um Andere für sich zu gewinnen, so war ihre Absicht zwar lobenswerth, aber ihre Kraft war zu schwach. Sie begnügten sich mit wahrscheinlichen Gründen und wurden so durch die entgegengesetzten Beweisgründe im Kreise herumgeführt; dabei schwächten sie durch ihr willkürliches Auswählen die Strenge der Untersuchung.

Dagegen findet man Niemand, der bei den Dingen selbst und bei der Erfahrung schuldigermassen verweilt hätte. Einzelne überliessen sich wohl den Wellen der Erfahrung und haben es beinah handwerksmässig getrieben; aber sie verfuhren bei der Erfahrung in herumirrender Weise und arbeiteten ohne feste Regel. Auch stellten die Meisten sich nur kleinliche Aufgaben; sie hielten es schon für ein Grosses, wenn sie nur irgend etwas Neues herausbrachten, und ihr Verfahren war ebenso schwächlich wie ungeschickt. Denn Niemand kann die Natur eines Gegenstandes durch diesen allein richtig und treffend erforschen; selbst nach einer Reihe mühsamer Versuche beruhigt man sich nicht, sondern findet, dass man weiter gehen muss. Auch ist zu bedenken, dass der auf Versuche verwandte Fleiss gleich vom Anfange ab nur auf bestimmte Ziele in verkehrtem und unzeitigem Eifer bedacht gewesen ist. Man verlangte, ich möchte sagen, fruchtbringende, aber nicht lichtbringende Versuche; man folgte nicht dem Beispiele Gottes, der am ersten Tage nur das Licht erschuf und ihm einen ganzen Tag Zeit liess und an diesem Tage nichts Stoffliches hervorbrachte, sondern erst an den folgenden Tagen dazu überging. Wer aber den höchsten Werth auf die Dialektik legt, von da die zuverlässigsten Hülfsmittel für die Wissenschaften zu gewinnen hofft, der wird auch am sichersten und besten erkennen, dass dem menschlichen Geist mit Recht nicht vertraut werden kann, wenn man ihn sich selbst überlässt. Denn alle Medizin steht noch tiefer als das Uebel, und sie selbst ist nicht frei vom Uebel. Wenn auch die gebräuchliche Dialektik für die Geschäfte des Verkehrs und für die Künste, bei denen es auf Rede und Meinungen ankommt, ihren Nutzen haben mag, so bleibt sie doch von der Feinheit der Natur durch eine grosse Kluft geschieden. Indem sie dennoch nach dem greift, was sie nicht versteht, taugt sie mehr zur Ausbildung und Befestigung des Irrthums als zur Eröffnung einer Bahn für die Wahrheit.

Kurz, um das Gesagte zusammenzufassen, weder das Vertrauen auf Andere noch die eigene Anstrengung scheint bis jetzt den Menschen in Betreff der Wissenschaften zum Glück gereicht zu haben. Auch in den bis jetzt bekannten Beweisen und Versuchen ist wenig Hülfe zu finden. Denn das Bauwerk des Weltalls erscheint in seiner Einrichtung dem es betrachtenden menschlichen Geiste wie ein Labyrinth; wie in diesem, so zeigen sich auch hier viel ungewisse Wege, viel trügerische Aehnlichkeiten zwischen Dingen und Zeichen, viel schiefe und verwickelte Windungen und Verschlingungen der Eigenschaften. Dabei führt der Weg in dem unsicheren Lichte der Sinne, was bald aufleuchtet, bald sich verbirgt, fortwährend durch eine Unzahl von Erfahrungen und einzelnen Dingen. Selbst Die, welche sich, wie gesagt, zu Führern erbieten, verirren sich und vergrössern die Zahl der Irrthümer und der Irrenden. In so schweren Dingen ist an der eignen Kraft des menschlichen Verstandes wie an dem glücklichen Zufall zu verzweifeln. Denn wenn auch die Kraft des Geistes noch so ausgezeichnet ist und das Wagstück der Erfahrung noch so oft wiederholt wird, so führen sie doch nicht zum Siege. Vielmehr muss man die Spur am Faden festhalten, und der ganze Weg muss vom Beginn der ersten Sinneseindrücke ab in fester Weise gesichert werden.

Man verstehe das nicht so, als wenn in so vielen Jahrhunderten und mit so viel Arbeit gar nichts erreicht worden wäre. Die geschehenen Entdeckungen bereue ich nicht, und die Alten haben sich in dem, was vom Geist und dem reinen Nachdenken abhängt, als bewunderungswürdige Männer gezeigt. Aber so wie in frühern Jahrhunderten man bei der Schifffahrt den Weg nur nach den Sternen bestimmen konnte, sich an den Küsten des alten Kontinents halten musste und nur kleine und binnenländische Meere durchschneiden konnte, und wie, bevor der Ocean beschifft und die Länder eines neuen Welttheils entdeckt werden konnten, der Gebrauch der Magnetnadel als eines sichereren und zuverlässigeren Führers bekannt sein musste, so ist in ähnlicher Weise das bis jetzt in den Wissenschaften und Künsten Entdeckte nur derart, wie es durch Uebung, Nachdenken, Beobachtungen und Beweisführungen gefunden werden konnte, indem es den Sinnen näher steht und unter die gewöhnlichen Begriffe fällt; um aber zu dem Verborgeneren und Entfernteren in der Natur zu gelangen, ist nothwendig die Einführung eines besseren und vollkommeneren Gebrauchs und Wirkens des menschlichen Geistes und Verstandes erforderlich.

Ich wenigstens habe, erfüllt von der ewigen Liebe zur Wahrheit, mich auf die unsicheren und steilen Wege und Einöden begeben; gestützt und vertrauend auf die göttliche Hülfe, habe ich meine Seele aufrecht erhalten, sowohl gegen die Gewalt und die geordneten Schlachtreihen der Meinung wie gegen die eigenen und inneren Zweifel und Bedenken und gegen die Finsterniss in der Sache selbst und die Wolken und die mich umflatternden Bilder der Einbildungskraft, damit ich endlich zuverlässigere und sicherere Mittel der Erkenntniss der Mitwelt und den Nachkommen verschaffen könne. Sollte ich hierin etwas geleistet haben, so ist es nur durch die wahrhafte und gebotene Demüthigung des menschlichen Geistes möglich gewesen. Denn Alle, die vor mir den Künsten sich zuwendeten, haben nur ein Wenig auf die Dinge, die Beispiele und die Erfahrung geschaut und haben sofort, als wenn das Erfinden nur ein beliebiges Ausdenken wäre, ihren eignen Geist aufgerufen, um den Orakelspruch zu thun. Ich aber habe mich bescheiden und dauernd unter den Dingen selbst aufgehalten und habe meine Gedanken nur so lange von ihnen abgewendet, bis der Gegenstände Strahlen und ihr Bild, wie bei dem Gesichtssinn, in Eins fielen, wobei der Kraft und Schärfe des Geistes nicht viel zu thun übrig bleibt.

Diese in dem Auffinden geübte Bescheidenheit habe ich auch in der Darstellung festgehalten. Ich versuche nicht durch triumphirende Widerlegungen oder durch die Beihülfe des Alterthums, oder durch Anwendung der Autorität, auch nicht durch den Schleier der Dunkelheit meinen Entdeckungen ein besonderes Ansehen zu geben und zu verschaffen, obgleich das für Den nicht schwer gewesen sein würde, der das Licht nur über seinen Namen und nicht über die Geister Anderer hätte verbreiten wollen. Dem Urtheile der Menschen thue ich keine Gewalt an; ich hintergehe sie nicht, sondern führe sie zu den Dingen selbst und zu dem, was diese verbindet; damit sie selbst sehen, was sie haben, und sehen, was sie beweisen, was sie hinzufügen, und was sie zu dem Gemeinsamen beitragen können.

Sollte ich selbst aber irgendwo zu leichthin geglaubt oder gar eingeschlummert sein und zu wenig Acht gehabt haben, oder den Weg verfehlt, oder die Untersuchung abgebrochen haben, so habe ich doch die Sache so offen und nackt hingestellt, dass meine Versehen erkannt und beseitigt werden können, ehe sie eine tiefere Ansteckung in dem Inhalte der Wissenschaften verbreiten. Auch wird auf diese Weise meine Arbeit leichter und bequemer von Anderen fortgesetzt werden können. So glaube ich zwischen den beobachtenden und denkenden Seelenkräften, deren mürrische und unglückliche Scheidung und Trennung Alles in der menschlichen Familie gestört hat, eine wahre und rechtmässige Ehe für alle Zeiten begründet zu haben.

Da dies aber nicht in meinem Belieben steht, so richte ich bei dem Beginn dieses Werkes zu Gott dem Vater und Gott dem Sohn und Gott dem heiligen Geist das innigste und heisseste Flehen, dass sie der Noth des menschlichen Geschlechts und der Wanderungen in diesem Leben mit seinen wenigen und schlimmen Tagen gedenken mögen und in neuer Gnade sich erbarmen und durch meine Hände der menschlichen Familie eine Ausstattung bereiten lassen mögen. Auch bitte ich inständig, dass das Menschenwerk das göttliche Werk nicht verhüllen möge, und dass, wenn ich die Wege der Wahrnehmung eröffne und das natürliche Licht anzünde, daraus keine Ungläubigkeit und Verdunkelung der Geister für die göttlichen Mysterien hervorgehe; vielmehr soll der gereinigte Verstand, wenn er von Einbildungen und Eitelkeiten befreit worden, doch der göttlichen Offenbarung unterthan und gehorsam bleiben und dem Glauben geben, was des Glaubens ist. Endlich bitte ich Gott, dass, wenn die Wissenschaft von dem Gift, was die Schlange gegeben, und was den menschlichen Geist aufbläht und anschwellt, befreit worden, er uns nicht übermüthig und unmässig werden lasse, damit wir die Wahrheit in Liebe pflegen.

Nachdem ich mein Gebet beendet, wende ich mich zu den Menschen mit einem heilsamen Rath und einer billigen Forderung. Zuerst erinnere ich, dass man, wie ich auch gebetet habe, rücksichtlich der göttlichen Dinge die Sinne in der Zucht halte. Denn die Sinne lassen, gleich der Sonne, wohl das Antlitz der Erdkugel schauen, aber sie schliessen und verdecken das des Himmels. Umgekehrt, möge man aus Furcht vor diesem Fehler nicht in den entgegengesetzten fallen, was sicherlich geschehen würde, wenn man meinte, die Erforschung der Natur sei nach irgend einer Richtung hin durch Verbot uns untersagt. Denn jene reine und unbefleckte Kenntniss der Natur, in welcher Adam den Dingen ihren Namen nach ihren Eigenthümlichkeiten gab, war nicht der Beginn oder der Anlass zu dem Sündenfall. Vielmehr lag der Grund und die Weise der Versuchung in jenem ehrgeizigen und herrschsüchtigen Begehren des moralischen Wissens, was über das Gute und Böse aburtheilt; dies liess den Menschen von Gott abfallen, damit er sich selbst seine Gesetze gebe. Von den Wissenschaften aber, welche die Natur betrachten, sagt jener heilige Philosoph: "Der Ruhm Gottes ist es, die Dinge zu verhüllen; der Ruhm des Königs aber ist es, die Dinge zu enthüllen." Es ist, als wenn die Gottheit sich an den unschuldigen und gutmüthigen Spielen der Knaben erfreute, welche sich verstecken, damit man sie finden solle, und als wenn sie den menschlichen Geist sich zu dem Gehülfen bei diesem Spiel in ihrer Nachsicht und Liebe für die Menschen auserwählt hätte.

Endlich möchte ich Jedermann ein für allemal erinnern, der wahren Ziele der Wissenschaft eingedenk zu bleiben. Man soll sie nicht erstreben des Geistes wegen, nicht zum Streit, nicht um Andere zu verachten, nicht des Vortheils oder des Ruhmes und der Macht oder anderer niederer Absichten willen, sondern zum Dienst und Nutzen für das Leben; in Liebe sollen sie es verbessern und leiten. Aus Begierde nach Macht sind die Engel, und aus Begierde nach Wissen sind die Menschen gefallen; aber in der Liebe giebt es kein Uebermaass, und weder ein Engel noch ein Mensch ist durch sie je in Gefahr gekommen.

Die Anforderungen, welche ich stelle, sind folgende: Von mir selbst schweige ich, aber um der Sache willen, die verhandelt wird, bitte ich, dass man sie nicht als einen Einfall, sondern als eine Arbeit anerkenne und überzeugt sei, dass ich nicht nach den Grundlagen einer Sekte oder eines Ausspruchs, sondern nach den Grundlagen für der Menschen Nutzen und Grösse suche. Möge man, seines Vortheils eingedenk, den Eifer und die Vorurtheile der oberflächlichen Meinung bei Seite lassen, gemeinsam Raths pflegen, und wenn man aus den Irrwegen und Hindernissen durch meine Mittel und Hülfe sich befreit und gesichert hat, so möge man an der übrigen Arbeit sich selbst betheiligen. Auch möge man sich beruhigen und meine Erneuerung der Wissenschaften nicht für etwas Unendliches und Uebermenschliches halten; vielmehr ist sie in Wahrheit nur das Ende und die rechte Grenze des unendlichen Irrthums. Möge man auch die menschliche Schwäche und Sterblichkeit bedenken, und nicht verlangen, dass in dem Laufe eines Lebens das Werk sich vollende; man überlasse auch den Nachkommen, daran mitzuarbeiten. Endlich suche man die Wissenschaft nicht hochmüthig in den Zellen des menschlichen Geistes, sondern bescheiden in einer grösseren Welt. So wie das Leere meist wüst und unbestimmt ist, so ist das Feste beschränkt und im Kleinen enthalten. – Endlich möge man (damit man nicht zum Schaden der Sache meine Person ungünstig beurtheile) erwägen, inwieweit man nach dem, was ich in Anspruch zu nehmen genöthigt bin (um mir selbst getreu zu bleiben) ein Recht habe, über mein Unternehmen einen Ausspruch zu thun oder ein Urtheil zu fällen. Denn ich verwerfe gänzlich jene vorzeitig vorgreifende und von den Gegenständen voreilig und vorschnell abspringende Weise des Denkens da, wo es auf die Erforschung der Natur ankommt; ein solches Verfahren ist veränderlich, verworren und schlecht eingerichtet. Man verlange nicht, dass ich dem Urtheil jener mich unterwerfe, die selbst vor Gericht gestellt werden soll.

Die Eintheilung des Werkes.

Das Werk hat sechs Theile; davon handelt der erste von der Eintheilung der Wissenschaften; der zweite von dem Neuen Werkzeuge oder von den Mitteln zur Erklärung der Natur; der dritte von den Erscheinungen des Weltalls oder von der beobachtenden Naturbeschreibung, als Unterlage der Philosophie; der vierte von der Leiter der Erkenntniss; der fünfte von den Vorläufern oder von den im Voraus aus der zweiten Philosophie entlehnten Sätzen; der sechste von der zweiten Philosophie oder von der thätigen Wissenschaft.

Inhalt der einzelnen Theile.

Es gehört zu meiner Aufgabe, Alles so klar und offen als möglich darzulegen; denn die Nacktheit der Seele ist, wie ehedem die des Körpers, die Gefährtin der Unschuld und Einfalt. Deshalb ist zunächst die Anordnung und die Eintheilung des Werkes aufzuzeigen. Ich sondere es in sechs Theile.

Der erste Theil giebt eine Uebersicht der allgemeinen Darstellung aller Wissenschaften oder Lehren, in deren Besitz die Menschheit sich jetzt befindet. Es schien rathsam, auch bei dem jetzt Geltenden etwas zu verweilen, um desto leichter dem Alten seine Vollendung und dem Neuen den Eintritt zu bereiten; denn ein gleicher Eifer treibt mich zum Ausbau des Alten wie zur Erwerbung von Neuem. Auch hilft dies das Vertrauen wecken, nach dem Ausspruche: "Der Thor hört nicht auf die Worte der Wissenschaft, bevor ihm nicht gesagt worden, was in seinem Herzen vorgeht." Deshalb werde ich nicht versäumen, die Küsten der vorhandenen Wissenschaften und Künste zu besuchen und gleichsam im Vorbeifahren mancherlei Nützliches zuzuführen.

Die Eintheilung der Wissenschaften nehme ich aber so, dass sie nicht blos das Entdeckte und Bekannte, sondern auch das bisher Uebersehene und noch Nöthige mit umfasst. Denn auf der Geisteskugel giebt es, wie auf der Erdkugel, sowohl angebaute als wüste Ländereien; man wundere sich deshalb nicht, wenn ich die gewohnte Eintheilung mitunter verlasse; denn ein Zusatz, der das Ganze verändert, muss auch die Theile und Abschnitte verändern, und die hergebrachten Eintheilungen entsprechen nur dem jetzigen Vorrath des Wissens.

In Bezug auf das bisher Uebersehene werde ich nicht blos inhaltslose Bezeichnungen aufstellen, sondern bestimmt angeben, was gefordert wird. Sollte hierbei Manches vorkommen, was schwer fasslich erscheint, und muss ich deshalb fürchten, dass man meine Absicht und das Werk, was ich in Gedanken habe, nicht recht verstehen möchte, so werde ich bei allen erheblichen Fällen solcher Art stets entweder die Anleitung zur Verfertigung solcher Werke beifügen, oder auch einen von mir bereits gefertigten Theil davon zur Veranschaulichung des Ganzen hinzufügen, um im Einzelnen mit Rath und That zu Hülfe zu sein. Denn nicht blos der Nutzen Anderer, sondern auch die Rücksicht auf meinen eignen guten Ruf verlangt von mir den Nachweis, dass nicht blos oberflächliche Begriffe von solchen Dingen meine Seele durchzogen haben, und dass das, was ich fordere und mir vorsetze, mehr ist als ein blosser frommer Wunsch. Im Gegentheil ist es der Art, dass die Menschen, wenn sie nicht selbst verzagen, die volle Macht dazu haben, und dass ich selbst in mir den bestimmten und deutlichen Begriff davon trage. Denn es ist nicht meine Absicht, wie die Vogelschauer, zur Erforschung des Kommenden die Himmelsgegenden im Geiste abzustecken, sondern als Führer einzutreten, mit dem Willen, mich nützlich zu machen. Dies ist der erste Theil des Werkes.

Nachdem ich so an den alten Künsten vorbeigefahren bin, werde ich den menschlichen Geist zur Fahrt ins offene Meer vorbereiten. Im zweiten Theile folgt deshalb die Lehre über den bessern und vollkommneren Gebrauch der Vernunft bei Erforschung der Dinge und über die wahren Hülfsmittel der Erkenntniss; damit auf diese Weise (so weit der Stand des Menschen und seiner Sterblichkeit es gestatten) der Geist erhoben werde, seine Kraft sich erweitere, und er das Steile und Dunkle in der Natur überwinde. Die Kunst, welche ich einführe (und die ich Erklärung der Natur zu nennen gewohnt bin), gehört zur Logik; obgleich sie vielfach und also auch gleichsam unendlich von ihr verschieden ist. Die gewöhnliche Logik verspricht, auch dem Verstande Hülfsmittel und Unterstützung zu gewähren und zu bereiten, und darin stimmen beide überein; dagegen unterscheidet sich die meine von der gewöhnlichen in drei Punkten; nämlich in dem Zwecke, in der Art des Beweisens und in den Anfängen der Untersuchung.

Denn das Ziel meiner Lehre ist nicht, Beweisgründe, sondern Künste zu entdecken; nicht das, was den Prinzipien entspricht, sondern diese Prinzipien selbst; nicht das blos Wahrscheinliche, sondern die bestimmte Erkenntniss der Thatsachen. So folgt aus dem Unterschied des Zweckes auch ein Unterschied in den Ergebnissen. Dort wird der Gegner durch Disputiren besiegt und gefesselt, hier wird es die Natur durch die That.

Diesen Zielen selbst entspricht auch die Natur und Form der Beweise. In der gewöhnlichen Logik wird alle Kraft auf den Syllogismus verwendet, und an die induktive Methode hat man kaum gedacht; mit wenig Worten wird sie da bei Seite geschoben, und man eilt zu den Formeln des Disputirens. Ich aber verwerfe die Beweisführung durch den Syllogismus, denn er verwirrt und lässt die Natur aus den Händen entschwinden. Wenn es auch unzweifelhaft ist, dass, wo Zwei mit einem Mittleren übereinstimmen, sie auch unter sich stimmen (was ja auch zum Theil die mathematische Gewissheit bildet), so steckt doch in dem Syllogismus insoweit ein Betrug, als er aus Sätzen und die Sätze aus Worten bestehen, die Worte aber nur die Marken und Zeichen der Begriffe sind. Hat deshalb die Seele diese Begriffe (welche gleichsam die Seele der Worte sind und die Grundlage des ganzen Baues und Werkes abgeben) schlecht und übereilt von den Dingen entlehnt, schwankend und nicht genau umschrieben und bestimmt, sondern in vieler Hinsicht mangelhaft gebildet, so bricht Alles zusammen. Deshalb verwerfe ich den Syllogismus, und nicht blos in Bezug auf die Prinzipien (wofür er auch dort nicht benutzt wird), sondern auch für jene Mittelsätze, die zwar jeder Syllogismus herausfördert und erzeugt, aber die unfruchtbar und unpraktisch und für den thätigen Theil der Wissenschaften ohne Werth sind. Ich überlasse deshalb dem Syllogismus und den übrigen berühmten und viel geübten Beweisführungen dieser Art die Herrschaft über die landläufigen in der Meinung sich bewegende Künste (mit denen ich nichts zu thun habe), und ich werde für die Natur der Dinge mich der Induktion überall, sowohl zu den niedern wie zu den höhern Aufgaben, bedienen. Induktion nenne ich aber das Beweisverfahren, welches die sinnliche Wahrnehmung festhält, auf die Sache eindringt und den Werken nahe steht und beinahe daran Theil nimmt.

Auch die Regeln des Beweisens werden dabei völlig verändert; denn bisher pflegte man so zu verfahren, dass man von dem sinnlich Wahrgenommenen und Einzelnen sofort zu dem Allgemeinsten sich erhob, als zu jenen festen Polen, um die alle Disputationen sich drehen. Von diesen wurde das Weitere durch Mittelsätze abgeleitet. Ein solcher Weg ist allerdings kurz, aber auch gefährlich; von der Natur führt er ab, aber zum Disputiren ist er bequem und verführerisch. Nach meiner Weise werden dagegen die Lehrsätze im Zusammenhange und nach und nach aufgestellt, und erst zuletzt gelangt man zu dem Allgemeinsten. Dieses Allgemeinste tritt dann aber nicht in selbst gemachten Begriffen auf, sondern wohl begrenzt und so, wie es die Natur als ihr zugehörig anerkennt, und wie es den Dingen in dem Marke steckt.

Vorzugsweise behandele ich hierbei die Form der Induktion und den daraus sich ergebenden Satz. Jene Form, welche die Dialektiker erwähnen, und welche auf der einfachen Zählung beruht, ist ein kindisches Geschäft; sie kommt nur zu bittweisen Sätzen, bleibt den Gefahren entgegengesetzter Fälle ausgesetzt, hat nur das Gewohnte im Auge und findet den Ausgang nicht.

Die Wissenschaften bedürfen vielmehr eines solchen induktiven Verfahrens, was die Erfahrung auflöst und trennt, und was erst, nachdem das Erforderliche ausgeschlossen und beseitigt worden, zu den Schlussfolgerungen gelangt. Hat nun schon jene gebräuchliche Weise der Dialektiker Mühe gemacht und grosse Geister beschäftigt, wie viel mehr Anstrengung ist dann nöthig, wenn das Gesuchte nicht blos aus dem erreichbaren Inhalt der Seele, sondern auch aus den Eingeweiden der Natur herausgezogen werden soll?

Aber damit ist das Ziel noch nicht erreicht. Denn auch die Fundamente der Wissenschaften lege ich tiefer und fester nach unten und den Anfang der Untersuchung stecke ich höher, als es bis jetzt geschehen ist, indem ich auch das der Untersuchung unterwerfe, was die gewöhnliche Logik auf Treue und Glauben annimmt. Die Dialektiker borgen die Prinzipien der einen Wissenschaft bei der andern wechselsweise; dann beugen sie sich in Ehrfurcht vor den obersten Begriffen des Geistes, und zuletzt beruhigen sie sich bei der unmittelbaren Kundgebung der gesunden Sinne. Ich meine aber, dass die wahre Logik die einzelnen Gebiete der Wissenschaften mit einer wahren Macht betreten muss, die über deren eigene Prinzipien hinausgeht, und dass auch diese vermeintlichen Prinzipien sich erst über ihre Gestaltung zu rechtfertigen haben. Was aber die obersten Begriffe des Verstandes anlangt, so ist mir Alles, was der Verstand in seiner Isolirung sich ausgedacht hat, verdächtig; ich erkenne es nicht an, bevor es sich nicht einer neuen Untersuchung unterworfen hat, und nur so, wie da der Spruch gefällt werden wird. Auch die Auskunft der Sinne prüfe ich auf vielfache Art; denn die Sinne täuschen wohl, aber sie zeigen auch ihre Irrthümer an; die Irrthümer sind freilich sofort da, während ihre Berichtigung weit hergeholt werden muss.

Der Fehler der Sinne ist ein zwiefacher; entweder lassen sie uns im Stich, oder sie täuschen. In erster Hinsicht giebt es Vieles, was selbst den vollkommen gesunden und unbehinderten Sinnen entgeht, sei es, dass der Gegenstand überhaupt zu fein ist, oder die Theile zu klein sind, oder dass die Entfernung zu gross, oder die Bewegung zu langsam oder zu schnell ist, oder weil der Gegenstand zu bekannt ist, oder aus andern Gründen. Aber auch da, wo die Sinne die Sache erfassen, sind ihre Wahrnehmungen nicht immer zuverlässig. Denn das Zeugniss und die Kundgebung der Sinne geschieht immer nur in Beziehung auf den Menschen, nicht in Beziehung auf das Weltall, und es ist ein grosser Irrthum, zu behaupten, dass die Sinne das Maass der Dinge seien.

Um dem entgegenzutreten, habe ich mit vieler und ernster Arbeit von allen Seiten die Hülfe für die Sinne aufgesucht und herbeigeholt, damit der Mangel durch den Inhalt und das Schwankende durch das Richtige ersetzt werde. Nicht Instrumente, sondern Experimente benutze ich dazu. Denn die Feinheit der Versuche übertrifft die der Sinne, wenn sie von guten Instrumenten unterstützt werden. (Ich meine die Versuche, die für einen bestimmten Zweck mit Umsicht und Geschick erdacht und ausgeführt werden.) Deshalb gebe ich auf die unmittelbare und eigentliche Sinneswahrnehmung nicht viel, sondern ich richte die Sache so ein, dass der Sinn nur über den Versuch, der Versuch aber über die Sache das Urtheil fällt. Deshalb habe ich die Sinne (von denen im Natürlichen Alles entnommen werden muss, wenn man nicht irrsinnig reden will) zu den kirchlichen Thürstehern und zu den erfahrenen Auslegern der Orakel erhoben; und während Andere nur in Worten die Sinne vertheidigen und ehren, thue ich es in Wirklichkeit.

Solcher Art ist das, was ich für die Erleuchtung der Natur, für die Anzündung und das Eindringen des Lichtes vorbereite. Es würde für sich genügen, wenn der menschliche Geist geebnet und aller Inhalt, wie bei einer Tafel, in ihm ausgelöscht wäre; allein die Geister der Menschen sind wunderlich verhüllt, und es fehlt die getreue und glatte Fläche, um die Strahlen der Dinge richtig aufzufangen; deshalb muss auch hierfür ein Hülfsmittel gesucht werden.

Die Götzenbilder, welche die Seele erfüllen, sind entweder von aussen gekommen oder angeboren. Erstere dringen entweder aus den Aussprüchen und Sekten der Philosophie oder aus den verkehrten Beweisregeln in die Geister der Menschen. Die angebornen hängen dem Geiste von Natur an; er neigt viel mehr als die Sinne dem Irrthume sich zu. Denn so sehr man auch sich darin gefällt, den menschlichen Geist zu bewundern und gleichsam anzubeten, so ist es doch ganz gewiss, dass, so wie ein unebener Spiegel die Strahlen der Gegenstände durch seine eigene Gestalt und Biegung verändert, so auch der Geist bei dem sinnlichen Wahrnehmen und bei Austrennung und Mischung seiner Begriffe seine eigene Natur mit der Natur der Gegenstände in keinesweges redlicher Weise vermengt.

Jene beiden ersten Arten von Götzenbildern sind schwer, die letzte aber in keiner Weise zu vertilgen; es bleibt nur übrig, dass man sie kennen lernt, und dass diese hinterlistige Kraft der Seele erkannt und gehemmt werde, damit nicht etwa aus der Zerstörung der alten Irrthümer Sprösslinge zu neuen wegen der schlechten Beschaffenheit der Seele hervorkeimen, und die Sache darauf hinausläuft, dass die Irrthümer nicht vertilgt, sondern nur vertauscht werden. Vielmehr muss es in Ewigkeit gelten und feststehen, dass der Geist nur durch Induktion und die rechte Weise derselben zur Erkenntniss gelangen kann. Deshalb schliesst die

Lehre von der Reinigung des Verstandes, um ihn für die Wahrheit geschickt zu machen, mit drei Widerlegungen; mit der Widerlegung der Philosophien, mit der der Beweise und mit der der angebornen menschlichen Vernunft. Ist dies geschehen, und erhellt endlich, was die Natur der Dinge, und was die Natur des Geistes zu übernehmen hat, so meine ich das gemeinsame Brautbett für den Geist und die Welt unter dem ehestiftenden Schutz der göttlichen Liebe bereitet und geschmückt zu haben. Der Wunsch des Hochzeitsgedichtes sei aber, dass aus dieser Verbindung Hülfe für die Menschen und ein Geschlecht von Erfindern hervorgehen möge, welche die Noth und das Elend des Geschlechts einigermassen lindern und besiegen. Dies ist der zweite Theil des Werkes.

Es ist aber rathsam, die Wege nicht blos zu zeigen und zu ebnen, sondern auch zu betreten; deshalb umfasst der dritte Theil des Werkes die Erscheinungen des Weltalls, d. h. die Erfahrungen aller Art und die Naturgeschichte, so wie sie der zu errichtenden Philosophie zur Grundlage dienen kann. Denn weder die ausgezeichnetste Art der Beweisführung, noch die beste Weise, die Natur zu erklären, vermag, obgleich sie den Geist gegen Versehen schützt und stützt, den Stoff des Wissens zu gewähren und zu unterbreiten. Wer nicht blos vermuthen und prophezeihen, sondern entdecken und erkennen will, und wer nicht blos die Aeffchen und Fabeln der Welt sich merken, sondern dieser wirklichen Welt Natur durchschauen und auseinanderlegen will, der muss Alles von den Dingen selbst entlehnen. Diese Arbeit und Untersuchung und Durchwanderung der Welt kann von keinem scharfsinnigen Nachdenken und Beweisen ersetzt oder ausgeglichen werden; selbst wenn die volle Geisteskraft Aller sich vereinte. Deshalb muss man sich hierzu entschliessen, oder das Unternehmen für immer aufgeben. Bis zu dem heutigen Tag hat man es aber in einer Weise getrieben, dass man sich nicht wundern darf, wenn die Natur sich nicht zu erkennen gegeben hat.

Denn erstlich lässt die Kunde die Sinne im Stich und ist trügerisch; die Beobachtung geschieht unaufmerksam, unregelmässig und gleichsam zufällig. Die Ueberlieferungen sind eitel und beruhen auf Gerüchten; der Praxis kommt es nur auf das Werk an, und sie ist knechtischen Sinnes; die Kraft zu Versuchen ist blind, beschränkt, schwankend und voreilig; endlich ist die Naturkunde leichtfertig und hülflos, und so ist dem Geist nur der mangelhafteste Stoff für die Philosophie und die Wissenschaften geboten worden. Zuletzt sucht man, aber zu spät, in spitzfindigen Ausführungen und Wendungen eine Hülfe, ohne damit die Sache verbessern und die Irrthümer beseitigen zu können. Deshalb liegt alle Hoffnung auf eine erhebliche Vermehrung und auf den Fortschritt der Wissenschaften nur in einer gewissen Erneuerung derselben.

Eine solche hat aber mit der Naturgeschichte zu beginnen, und diese selbst muss in einer neuen Weise eingerichtet werden. Denn das Putzen des Spiegels nützt nichts, wenn die Bilder fehlen, und man muss den passenden Stoff dem Geiste gewähren und nicht blos zuverlässige Hülfsmittel beschaffen. Meine Naturkunde unterscheidet sich also, wie meine Logik, vielfach von der jetzt vorhandenen; sowohl in dem Ziele oder der Aufgabe wie in dem Stoffe oder Inhalte, in der Schärfe wie in der Auswahl und in der Reihenfolge der Gegenstände.

Denn erstlich will meine Naturkunde nicht blos durch die Mannichfaltigkeit des Inhaltes ergötzen oder mit sofortigen Früchten aus den Versuchen Hülfe bringen, sondern der Auffindung der Ursachen Licht gewähren und der noch mit der Muttermilch zu nährenden Philosophie die erste Brust darreichen. Denn wenn ich auch die Werke und den thätigen Theil der Wissenschaften vorzüglich im Auge habe, so warte ich doch die Zeit der Ernte ab und mag nicht das Moos und die noch grüne Saat abmähen. Denn ich weiss wohl, dass, wenn die Lehrsätze richtig entdeckt sind, ganze Haufen von Werken von selbst nachfolgen und die Früchte nicht einzeln, sondern in Masse abfallen. Jenes unzeitige und kindische Verlangen, mit der man ein Unterpfand für neue Ergebnisse schleunigst erlangen will, verdamme ich gänzlich und weise es wie den Apfel der Atalanta zurück, weil er den Lauf hemmt. Derart ist die Aufgabe meiner Naturkunde.

Was aber den Stoff anlangt, so gebe ich nicht blos eine Beschreibung von der freien und gelösten Natur (wo sie nämlich von selbst fliesst und ihr Werk vollführt), wie dies bei der Beschreibung der Himmelskörper, der Lufterscheinungen, des festen Landes und der Meere, der Steine, Pflanzen und Thiere geschieht, sondern mehr noch eine Beschreibung von der gebundenen und bedrängten Natur; wenn sie durch Kunst und menschliches Zuthun aus ihrem Zustand verdrängt, gepresst und geformt wird. Deshalb werde ich in allen mechanischen Künsten, in dem ganzen ausführenden Theile der freien Künste und in aller praktischen Thätigkeit, die sich noch zu keiner besondern Kunst ausgebildet hat, die Versuche beschreiben, so weit ich sie ermitteln konnte und sie zu meiner Aufgabe gehören. Ich habe mich, um es offen zu bekennen, bei dem Luxus der Menschen und bei den Schönheiten nicht aufgehalten, sondern auf diesen Theil mehr Arbeit und Mittel als auf jenen verwendet; denn die Natur verräth sich mehr, wenn sie von der Kunst gedrängt wird, als wenn sie sich frei überlassen bleibt.

Ich gebe auch nicht blos eine Beschreibung von den Körpern, sondern ich habe es zu meiner Aufgabe gerechnet, auch die Beschreibung der Kräfte selbst daneben zu geben, und zwar derer, die als die obersten in der Natur gelten können, und auf denen alle Anfänge in der Natur beruhen, also die ursprünglichen Leidenschaften und Begehren des Stoffes, d. h. das Dichte, das Lockere, das Warme, das

Kalte, das Feste, das Flüssige, das Schwere, das Leichte und Anderes mehr. Was den Scharfsinn anlangt, so suche ich nach einer Art von Versuchen, die weit gelöster und feiner sind als die, welche sich Jedermann darbieten. Denn Vieles gewinne und ziehe ich aus der Dunkelheit hervor, dessen Aufsuchung Niemandem in den Sinn gekommen wäre, der nicht festen und beharrlichen Schrittes in der Entdeckung der Dinge vorschreitet. Denn an sich haben sie keinen Nutzen, und es ist klar, dass man sie nicht um ihrer selbst willen gesucht hat; vielmehr verhalten sie sich zu den Dingen und Werken wie die Buchstaben des Alphabetes zur Rede und zu den Worten; auch diese sind für sich ohne Werth und bilden doch die Elemente jeder Rede.

In der Auswahl der Erzählungen und Versuche glaube ich besser als Die, welche sich bisher mit der Naturkunde beschäftigt haben, für die Menschen gesorgt zu haben. Nur das, was sich auf den Augenschein und eine genaue Untersuchung stützt, habe ich, und zwar erst nach strenger Prüfung, aufgenommen. Nichts ist des Wunderbaren wegen vergrössert worden; sondern was ich mittheile, ist rein und unbefleckt von Dichtung und Eitelkeit; vielmehr habe ich die allgemein geltenden und umlaufenden Unwahrheiten (die durch eine wunderbare Nachlässigkeit vieler Jahrhunderte lange sich erhalten haben und eingewurzelt sind) einzeln bezeichnet und verbannt, damit sie die Wissenschaft nicht länger belästigen. Denn man hat bemerkt, dass die Fabeln, der Aberglaube und die Possen, welche die Ammen den Kindern beibringen, deren Seelen ernstlich verschlechtern, und deshalb bin ich auch ängstlich darauf bedacht, dass nicht gleich im Beginne, wo wir die Philosophie gleichsam in ihrer Kindheit als Naturkunde behandeln und pflegen, sie sich an Eitelkeit gewöhne. Bei jedem neuen und schwierigern Versuche habe ich, wenn mir auch das Ergebniss sicher und festgestellt schien, doch das dabei beobachtete Verfahren offen dargelegt, damit man durch die Mittheilung, wie ich das Einzelne gewonnen habe, erkenne, ob ein Irrthum dabei sich eingeschlichen haben könne, und damit sicherere und ausgewähltere Beweise erreicht werden, soweit solche möglich sind. Endlich füge ich überall die Einwürfe, die Bedenken und die Einschränkungen hinzu und vertreibe gleichsam durch Religion und Beschwörungsformeln alle Gebilde der Einbildungskraft.

Endlich ist mir bekannt, wie sehr die Erfahrung und die Beschreibung die Mittel des Geistes zerstreut, und wie schwer es ist, vom Grunde aus mit der Natur vertraut zu werden, namentlich für zartere und voreingenommene Gemüther; deshalb füge ich öfter Bemerkungen bei, die gleichsam die ersten Wendungen und Neigungen und Blicke der Naturkunde nach der Philosophie vorstellen. Dies mag den Lesern ein Pfand sein, dass sie nicht immer in den Fluthen der Naturbeschreibung festgehalten werden sollen. Gelangt man dann dahin, wo der Verstand sich thätig zu zeigen hat, so wird Alles mehr in Bereitschaft sein. Durch eine Naturgeschichte, wie sie hier gebildet worden, gewinnt man nach meiner Ansicht einen sichern und bequemen Eingang zur Natur und bereitet für den Geist den rechten und geprüften Stoff vor.

Nachdem ich so den Geist mit den zuverlässigsten Hülfsmitteln und Bundesgenossen versehen und ein tüchtiges Heer für das göttliche Unternehmen mit strengster Auswahl gesammelt habe, bleibt nur übrig, an die Philosophie selbst heranzutreten. Aber in einer so schwierigen und schwankenden Sache muss Einiges vorausgeschickt werden, theils der Belehrung wegen, theils zum vorliegenden Gebrauch.

Dahin gehört erstens, dass Beispiele zu der Untersuchung und Entdeckung nach meiner Weise und Richtung an einzelnen Fällen gegeben werden und dabei hauptsächlich solche gewählt werden, welche die vornehmsten und dabei unter sich die verschiedensten sind, damit so für jede Besonderung das Beispiel nicht fehle. Ich meine hier nicht jene Beispiele, welche zur Erklärung einzelner Vorschriften und Regeln beigefügt werden (denn dies ist in dem zweiten Theile des Werkes genügend geschehen), sondern ich verstehe darunter die Grundformen und Gestaltungen, welche das ganze Verfahren des Geistes und die stetige Wirksamkeit und Reihenfolge bei dem Erscheinenden an einzelnen hervortretenden und unterschiedenen Fällen gleichsam vor Augen stellen. Denn ich hatte bemerkt, dass in der Mathematik mit Hülfe der Figuren der Beweis leicht und klar ist, und dass ohne diese Hülfe Alles verwickelter und dunkler scheint, als es in Wahrheit ist. Deshalb habe ich für solche Beispiele den vierten Theil des Werkes bestimmt, der in Wahrheit nur eine Verdeutlichung und Anwendung des zweiten Theiles auf das Besondere ist.

Der fünfte Theil soll nur für die Zeit gelten, bis das Uebrige vollendet ist; er wird als Zins gegeben, so lange man das Kapital nicht haben kann. Denn ich verfolge mein Ziel nicht mit so verdüstertem Blick, dass ich das Nützliche, was auf meinem Wege liegt, übersehe. Ich bilde deshalb den fünften Theil des Werkes aus dem, was ich entdeckt oder untersucht oder erweitert habe, und zwar nicht mittelst der blossen Deduktion und der Auslegungsregeln, sondern durch Anwendung derselben Geisteskraft, welche zu deren Aufsuchung und Erfindung gedient hat. Da in Folge meines steten Verkehrs mit der Natur ich grössere Dinge erwarte, die über meine schwachen Kräfte hinausgehen, so mögen jene einzelnen Entdeckungen gleichsam als Herbergen gelten, welche dem Wege entlang aufgerichtet worden sind, damit der Geist auf seinem Wege zur Wahrheit in ihnen etwas ausruhe. Indess erkläre ich vorläufig ausdrücklich, dass ich Alles, was nicht in der richtigen Weise der Naturerklärung gefunden und geprüft worden ist, keineswegen festgehalten wissen will. Niemand wird diese Vorsicht im Urtheilen missbilligen bei einer Lehre, welche zwar nicht behauptet, dass man überhaupt nichts wissen könne, aber doch, dass man nur auf dem rechten Wege und durch das rechte Verfahren etwas wissen kann. Diese Lehre stellt deshalb einstweilen gewisse Grade der Gewissheit zur Benutzung und Erleuchtung auf, bis der Geist zur Erklärung der Ursachen gelangt ist. Denn selbst jene Philosophen-Schulen, welche einfach an der Zurückhaltung des Urtheils festhalten, standen nicht hinter jenen zurück, welche in ihren Behauptungen sich alle Freiheiten erlaubten. Jene haben sich nur nicht die Hülfe der Sinne und des Verstandes bereitet, wie ich es thue, sondern den Glauben und die Gewissheit völlig aufgehoben, was ein durchaus anderes und entgegengesetztes Verfahren ist.

Endlich erschliesst und bringt der sechste Theil meines Werkes (dem die andern nur dienen und vorarbeiten) die Philosophie, wie sie aus einer solchen hier dargelegten, und vorbereiteten reichlichen, keuschen und strengen Untersuchung hervorgeht und sich erhebt. Diesen letzten Theil zu vollenden und zu Ende zu führen, ist eine Aufgabe, die meine Kräfte und meine Hoffnungen übersteigt. Ich habe einen, hoffentlich nicht zu verachtenden Anfang gemacht, das Ende wird das Geschick des menschlichen Geschlechts so gewähren, wie bei jetziger Lage der Dinge und dem gegenwärtigen Zustand der Geister man wohl nicht leicht es erfassen und übersehen kann. Denn es handelt sich nicht blos um das Glück der Wissenschaften, sondern in Wahrheit um die Lage und das Glück der Menschheit und um die Macht zu allen Werken. Denn der Mensch, als Diener und Dolmetscher der Natur, wirkt und erkennt nur so viel, als er von der Ordnung der Natur durch seine Werke oder seinen Geist beobachtet hat; darüber hinaus weiss und vermag er nichts. Denn keine Kraft vermag die Kette der Ursachlichkeit zu lösen oder zu brechen, und sie wird nur besiegt, wenn man ihr gehorcht. Deshalb fallen jene Zwillingsziele, die menschliche Wissenschaft und die menschliche Macht, in Eins zusammen, und die meisten Werke misslingen aus Unkenntniss der Ursachen.

Und darin ist Alles enthalten, dass man das geistige Auge nie von den Dingen selbst wegwende, und dass man deren Bilder ganz so, wie sie sind, aufnehme. Denn Gott wird es nicht gestatten, dass ich einen Traum meiner Einbildung als das Exemplar der Welt biete; vielmehr wird er mir gnädig beistehen, dass ich eine Offenbarung und ein wahres Gesicht von den Spuren und Zeichen des Schöpfers in seinen Geschöpfen niederschreibe.

O Gott Vater, der Du das sichtbare Licht als erste Schöpfung gewährt hast und das geistige Licht bis zu dem Gipfel Deiner Werke dem Antlitz des Menschen eingeflösst hast, schütze und leite Du das Werk, was von Deiner Liebe ausgegangen ist und nur Deinen Ruhm wiederholt! Du hast, als Du Dich umwandtest, um die Werke zu schauen, die Deine Hand geschaffen hatte, gesehen, dass Alles sehr gut war, und hast ausgeruht. Aber wenn der Mensch sich zu den Werken seiner Hand wendet, sieht er, dass Alles Eitelkeit des Geistes ist, und er wird in keiner Weise ruhen. Wenn ich also in Deinen Werken mich anstrenge, so mache Du mich Deiner Einsicht und Deines Sabbaths theilhaftig. Ich bitte demüthig, dass ein solcher Geist mir bewahrt bleibe, und dass Du mit neuen Almosen durch meine Hände und die Hände Derer, denen Du gleichen Sinn schenkst, die menschliche Familie ausstatten wollest!

Der erste Theil der Wiederherstellung der Wissenschaften fehlt.

Er enthält die Eintheilung der Wissenschaften.

Zum Theil kann dieser aus dem zweiten Buche des Werkes: "Ueber die Fortschritte in göttlicher und menschlicher Lehre", entnommen werden.

Es folgt:

Der zweite Theil der Erneuerung der Wissenschaften,

welcher die Kunst der Naturerklärung und eines richtigem Gebrauchs des Verstandes enthält; doch nicht in der Form einer richtigen Abhandlung, sondern nur in der Hauptsache auf einzelne Sätze gebracht.

Zweiter Theil, welcher das "Neue Organon" heisst, oder: Die wahre Anleitung zur Erklärung der Natur.

Vorrede

Alle Die, welche von der Natur, als einer bereits erkannten Sache, zu sprechen gewagt haben, sei es aus Ueberzeugung oder aus Eitelkeit und handwerksmässiger Gewohnheit geschehen, haben der Philosophie und den Wissenschaften den grössten Schaden gethan. Denn so weit sie Glauben fanden, haben sie die Forschung unterdrückt und abgebrochen, und ihre eigene Kraft konnte nicht so viel nützen, als sie durch die Verderbniss und Zerstörung fremder Kraft geschadet haben.

Die aber, welche den entgegengesetzten Weg einschlugen und behaupteten, dass man überhaupt nichts wissen könne, sei es, dass sie die alten Philosophen hassten oder in sich selbst schwankten oder aus einem Uebermaass von Gelehrsamkeit auf diese Ansicht gerathen waren, haben zwar beachtenswerthe Gründe dafür beigebracht; allein trotzdem haben sie ihre Ansicht nicht aus den wahren Grundlagen abgeleitet, und ihr Eifer und ihre Anmassung haben sie das rechte Maass überschreiten lassen.

Die älteren Griechen, deren Schriften verloren gegangen sind, haben die kluge Mitte zwischen voreiligem Behaupten und verzagtem Enthalten des Urtheils gewählt. Sie klagen allerdings oft über die Schwierigkeit der Untersuchung und die Dunkelheit der Gegenstände; sie beissen vor Unwillen gleichsam in die Zügel; aber sie lassen doch von ihrem Vorsatze nicht ab, bleiben bei der Natur und halten es für besser, den Satz, ob man etwas wissen könne, nicht zu erörtern, sondern zu erproben. Und doch haben selbst sie diese Regel nicht festgehalten; sie folgten zu sehr den Antrieben des Verstandes und suchten Alles nur durch eifriges Nachdenken und ein fortwährendes Drehen und Wenden der Gedanken zu erreichen.

Mein Verfahren ist dagegen ebenso schwer auszuführen, wie leicht zu beschreiben. Es stellt die Grade der Gewissheit fest, schützt die Sinne, indem es ihnen Schranken setzt, verwirft meist das den Sinnen nachfolgende Werk des Verstandes, aber eröffnet und bahnt dem Geiste einen neuen und sichern Weg, der von den sinnlichen Wahrnehmungen ausgeht. Dies haben sicherlich auch Die bemerkt, welche der Dialektik eine so grosse Rolle zugetheilt haben; man sieht, dass sie Hülfe für den Verstand gesucht und dem natürlichen und von selbst geschehenden Bewegungen des Verstandes nicht getraut haben. Aber für eine verlorene

Sache kommt das Mittel zu spät; der Geist ist bereits aus täglicher Gewohnheit mit verderbten Aussprüchen und Lehren angefüllt und von den eitelsten Einbildungen besessen. Indem diese dialektische Kunst, wie erwähnt, mit ihrer Fürsorge zu spät kommt, kann sie die Sache nicht wieder herstellen und hat mehr zur Ausbildung des Irrthums als zur Offenbarung der Wahrheit beigetragen.

Das Heil und Wohl liegt jetzt allein darin, dass man das Werk des Geistes ganz von Neuem beginne, und dass der Geist gleich vom Anfang ab sich nicht selbst überlassen bleibe, sondern stets geleitet werde, und somit das Geschäft wie durch eine Maschine verrichtet werde. Fürwahr! Hätte man die mechanischen Werke mit den blossen Händen ohne die Kraft und Hülfe von Werkzeugen begonnen, wie man ohne Bedenken die geistigen Werke beinahe mit den blossen Kräften des Geistes unternommen hat, so würde man nur Geringes haben in Bewegung setzen und überwinden können, wenn auch Alle sich angestrengt und ihre Kräfte vereinigt hätten.

Wenn wir hier ein Wenig verweilen und auf ein Beispiel wie auf einen Spiegel schauen, so frage ich, ob, wenn etwa ein grosser Obelisk zur Zierde eines Triumphes oder einer andern Feierlichkeit herbeigeschafft werden sollte, und die Leute dies mit ihren blossen Händen versuchten, ob nicht jeder vernünftige Zuschauer dies für eine grosse Thorheit erklären würde? Wenn man nun die Zahl der Arbeitsleute vermehrte und damit die Sache zu vollbringen meinte, würde das nicht um so schlimmer sein? Wollte man aber eine Auswahl treffen, die Schwachen entfernen und nur die Starken und Kräftigen benutzen, und hoffte man so den Wunsch erreichen zu können, würde man sie dann nicht für noch thörichter halten? Ja, wenn man, damit nicht zufrieden, die Kunst der Athleten zu Hülfe nähme und Allen aufgäbe, mit ihren kunstgemäss gesalbten und vorbereiteten Händen, Armen und Nerven zuzugreifen, würde der Zuschauer nicht ausrufen, dass man sich mühe, um mit Verstand und Klugheit toll zu sein?

Dennoch stürzen die Menschen sich mit ähnlichem verkehrtem Ungestüm und nutzlosen Verschwörungen auf die Werke des Geistes und hoffen bald von der Menge und Uebereinstimmung der Geister, bald von der Vorzüglichkeit und Schärfe derselben Grosses. Man stärkt auch mittelst der Dialektik, die für eine Athletenkunst gelten kann, die Nerven des Geistes; aber immer hört man dabei trotz allen Eifers und Anstrengens, bei Lichte besehen, nicht auf, mit dem blossen Verstande zu arbeiten. Es ist aber unzweifelhaft, dass bei jedem grossen Werke, was die Hand des Menschen schafft, ohne Werkzeuge und Maschinen die Kraft des Einzelnen weder angespannt, noch die Kräfte Aller vereinigt werden können.

So folgere ich aus diesen Sätzen, dass die Menschen ermahnt werden müssen, auf Zweierlei zu achten, damit es ihnen nicht entgehe und vorbeieile. Erstens muss, wenn die Widersprüche und der Uebermuth in den Geistern vertilgt und vertrieben werden sollen, den Alten, wie in Folge einer guten Bestimmung des Schicksals, ihre Ehre und Hochachtung unverletzt und unverändert verbleiben, da wir trotzdem unsere Aufgabe erfüllen und die Frucht unserer Bescheidenheit gemessen können. Denn wenn ich erkläre, dass ich etwas Besseres als die Alten bringe, und zwar auf demselben von ihnen betretenen Wege erlangt, so vermag keine Kunst des Ausdruckes es zu hindern, dass dann in Bezug auf Geist oder Auszeichnung oder Anlage ein Wetteifer sich erhebt und Vergleichungen angestellt werden. Es wäre dies zwar nichts Neues und Unrechtes; denn was kann ich für mein Recht, und haben nicht Alle dasselbe Recht, wenn sie bei den Alten etwas schlecht gefasst und ausgedrückt finden, dies bemerkbar zu machen und zu tadeln? Dies wäre also sicherlich erlaubt und recht; aber dennoch wäre wegen des Maasses meiner Kräfte dieser Wettstreit vielleicht nicht an der Stelle gewesen.

Da ich indess jetzt die Absicht habe, dem Geiste einen neuen Weg zu eröffnen, den die Alten nicht versucht und gekannt haben, so ist die Lage dadurch verändert; der Eifer und die Rolle hört auf, und es bleibt mir nur das Amt eines Souffleurs, was wenig bedeutet und mehr des guten Glückes, als ausgezeichneter Fähigkeiten bedarf. Diese Erinnerung betraf die Personen; die zweite betrifft die Sache selbst.

Ich bemühe mich keinesweges, die Philosophie, wie sie jetzt in Blüthe steht, oder eine andere, die jetzt oder später besser und vollständiger als diese ist, zu stören. Ich will nicht hindern, dass diese hergebrachte Philosophie und ihre Schwestern die Streitigkeiten unterhalten, die Reden schmücken und zur Erlangung der gelehrten Würden und Bequemlichkeiten des bürgerlichen Lebens benutzt werden; und ich erkläre offen, dass die Philosophie, welche ich herbeibringe, dazu wenig nützen wird. Denn sie ist nicht gleich fertig zur Hand, sie kann nicht im Vorbeigehen erfasst werden, sie schmeichelt dem Geist nicht mit blendenden Begriffen und macht sich der Menge nur durch ihren Nutzen und ihre Wirkungen verständlich. Deshalb mögen zum Frommen beider Theile zwei Ausflüsse und Vertheilungen der Lehre, und ebenso zwei Stämme oder Geschlechter von Betrachtenden oder Philosophen bestehen, und Beide sollen keinesweges Feinde und Fremde gegen einander sein, sondern zu gegenseitiger Hülfe verbundene Genossen. Es möge endlich eine Weise, die Wissenschaft zu pflegen, und eine andere, sie zu erfinden, bestehen.

Wem die erste lieber und willkommener ist, sei es, dass er Eile hat, oder auf das bürgerliche Leben Rücksicht nimmt, oder weil er die andere Weise wegen seines schwachen Geistes nicht fassen und umfassen kann, was bei den Meisten der Fall ist, dem wünsche ich alles Glück und das Gelingen seiner Wünsche; möge er erreichen, was er verfolgt. Liegt aber Einem der Sterblichen am Herzen, nicht blos bei dem bereits Entdeckten stehen zu bleiben und dies zu benutzen, sondern weiter vorzudringen; will er nicht mit Gegnern streiten, sondern die Natur durch die That besiegen; will er nicht blos schöne und wahrscheinliche Meinungen haben, sondern eine sichere und erweisbare Erkenntniss erlangen, so ist ein Solcher der rechte Sohn der Wissenschaft. Ein Solcher mag sich mir anschliessen, damit wir endlich aus den von Zahllosen betretenen Vorhöfen den Zugang zu dem Innern eröffnen.

Um besser verstanden zu werden und meinen Zweck durch besondere Namen geläufiger zu bezeichnen, möchte ich die eine Art und Weise das Vorgreifen des Geistes, die andere die Erklärung der Natur nennen. Auch danach habe ich gestrebt, überlegt und gesorgt, dass das, was ich lehre, nicht blos wahr sei, sondern auch den Menschen nicht zu unbequem und schwer begreiflich erscheine, obgleich sie in wunderbarer Weise eingenommen und verschlossen sind. Indess kann ich bei einer so grossen Erneuerung der Lehren und Wissenschaften auch die billige Forderung stellen, dass, wenn Jemand über meine Arbeit nach seinem Sinn oder nach der Menge der Autoritäten oder nach den Formen der Begründung, die jetzt gleichsam die Kraft von bindenden Gesetzen erlangt haben, ein Urtheil fällen will, er nicht glaube, dies im Vorbeigehen und neben andern Dingen abmachen zu können; sondern er muss, um die Sache kennen zu lernen, den von mir beschriebenen und gebahnten Weg selbst ein Wenig versuchen. Er muss sich mit der Feinheit der Dinge, die bei Versuchen heraustritt, bekannt machen; er muss die schlechten und tief eingewurzelten Gewohnheiten des Denkens durch ein gemessenes und berechtigtes Zögern verbessern. Dann endlich, wenn er dies Alles erreicht haben wird, möge er, wenn es ihm beliebt, sein Urtheil fällen.

Das Wesentliche des zweiten Theiles in kurzen Sätzen zusammengestellt.

Kurze Sätze über die Erklärung der Natur und die Herrschaft des Menschen.

Erstes Buch.

1.

Der Mensch, als Diener und Erklärer der Natur, wirkt und weiss nur so viel, als er von der Ordnung der Natur durch die Sache oder seinen Geist beobachtet hat; mehr weiss und vermag er nicht.

2.

Weder die blosse Hand noch der sich selbst überlassene Geist vermag Erhebliches; durch Werkzeuge und Hülfsmittel wird das Geschäft vollbracht; man bedarf dieser also für den Verstand wie für die Hand. Und so wie die Werkzeuge die Bewegung der Hände erwecken und leiten, so müssen auch die Werkzeuge des Geistes den Verstand stützen und behüten.

3.

Wissen und Können fällt bei dem Menschen in Eins, weil die Unkenntniss der Ursache die Wirkung verfehlen lässt. Die Natur wird nur durch Gehorsam besiegt; was bei der Betrachtung als Ursache gilt, das gilt bei der Ausführung als Regel.

4.

Für seine Werke vermag der Mensch nichts weiter, als dass er die Naturkörper einander nähert oder sie von einander entfernt; das Uebrige vollzieht die Natur innerlich.

5.

In die Natur pflegen sich bei ihren Werken der Mechaniker, der Mathematiker, der Arzt, der Alchymist und der Zauberer einzumischen, aber Alle, wie die Sachen jetzt stehen, mit schwachen Mitteln und geringem Erfolge.

6.

Es wäre unsinnig und ein Widerspruch, wenn man meinte, dass das, was bis jetzt nie bewirkt worden, nur auf eine bis jetzt noch niemals versuchte Art bewirkt werden könne.

7.

Die Erzeugnisse des Geistes und der Hände scheinen nach den Büchern und vorhandenen Arbeiten sehr zahlreich; aber all diese Mannichfaltigkeit entspringt nur aus übergrossen Spitzfindigkeiten und aus Ableitungen von wenigen erkannten Dingen, und nicht aus einer grossen Zahl von Grundsätzen.

8.

Auch die Dinge, die man bis jetzt erfunden hat, verdankt man mehr dem Zufall und der Erfahrung als den Wissenschaften. Denn die jetzt vorhandenen Wissenschaften sind nur eine Zusammenstellung der schon früher entdeckten Dinge, aber keine Weisen, Neues zu erfinden, und keine Anweisungen zu neuen Werken.

9.

Die alleinige Ursache und Wurzel beinah aller Uebel in den Wissenschaften ist, dass man die Kräfte des menschlichen Geistes fälschlich bewundert und erhebt und seine wahren Hülfsmittel nicht aufsucht.

10.

Die Feinheit der Natur übersteigt vielfach die Feinheit der Sinne und des Verstandes. Jene schönen Erwägungen, Spekulationen und Begründungen der Menschen sind nichts als ungesundes Zeug; aber Niemand ist da, der es bemerkt.

11.

So wie die jetzigen Wissenschaften für die Erfindung von Werken nutzlos sind, so die jetzige Logik für die Entdeckung von Wissenschaften.

12.

Die Logik, mit der man jetzt Missbrauch treibt, dient mehr dazu, die in den gewöhnlichen Begriffen steckenden Irrthümer zu befestigen, als die Wahrheit zu erforschen; sie ist deshalb mehr schädlich als nützlich.

13.

Der Syllogismus wird für die Prinzipien der Wissenschaften nicht benutzt und für die Lehrsätze vergeblich benutzt, da er der Feinheit der Natur lange nicht gleichkommt; er legt der Zustimmung, aber nicht der Sache Fesseln an.

14.

Der Syllogismus besteht aus Sätzen; die Sätze bestehen aus Worten; die Worte sind die Zeichen der Begriffe. Sind daher die Begriffe, welche die Grundlage der Sache bilden, verworren und voreilig von den Dingen abgenommen, so kann das darauf Errichtete keine Festigkeit haben. Alle Hoffnung ruht deshalb auf der wahren Induktion.

15.

An den Begriffen, sowohl den logischen wie den physikalischen, ist nichts Gesundes; die Substanz, die Qualität, das Handeln, das Leiden, ja selbst das Sein sind keine guten Begriffe; noch viel weniger das Schwere, das Leichte, das Dichte, das Dünne, das Flüssige, das Trockene, die Erzeugung, die Verderbniss, das Anziehn, das Fliehen, die Elemente, der Stoff, die Form und dergleichen; sie sind alle phantastischer Natur und schlecht begrenzt.

16.

Die Begriffe der untersten Arten , wie des Menschen, des Hundes, der Taube, und die unmittelbaren Wahrnehmungen der Sinne, wie des Warmen, des Kalten, des Weissen, des Schwarzen, täuschen nicht sehr, aber sie werden durch den Fluss des Stoffes und die Vermischung der Dinge mitunter verworren; alle anderen, deren sich die Menschen bis jetzt bedient haben, sind Verirrungen und sind nicht in der richtigen Weise von den Gegenständen abgenommen und aufgerichtet.

17.

Die Willkür und der Irrthum ist bei der Aufstellung der Sätze so gross wie bei der Bildung der Begriffe und bei den Prinzipien selbst, welche von der gewöhnlichen Induktion entnommen sind; aber noch weit grösser bei den niederen Sätzen und Aussprüchen, welche durch Syllogismen gewonnen worden sind.

18.

Das bis jetzt in den Wissenschaften Entdeckte ist derart, dass es schon in den gemeinen Begriffen enthalten ist; um aber in das Innere und Tiefere der Natur einzudringen, müssen die Begriffe und die Sätze auf einem gewisseren und zuverlässigeren Wege entlehnt werden und eine durchaus bessere und sicherere Mithülfe des Geistes in Uebung kommen.

19.

Zwei Wege zur Erforschung und Entdeckung der Wahrheit sind möglich. Auf dem einen fliegt man von den Sinnen und dem Einzelnen gleich zu den allgemeinsten Sätzen hinauf und bildet und ermittelt aus diesen obersten Sätzen, als der unerschütterlichen Wahrheit, die mittleren Sätze. Dieser Weg ist jetzt in Gebrauch. Der zweite zieht aus dem Sinnlichen und Einzelnen Sätze, steigt stetig und allmählich in die Höhe und gelangt erst zuletzt zu dem Allgemeinsten. Dies ist der wahre, aber unbetretene Weg.

20.

Jenen ersten Weg betritt der sich selbst überlassene Geist und thut es nach den Regeln der Dialektik. Denn der Geist drängt nach dem Allgemeinsten hinauf, um da auszuruhen, und der Erfahrung wird er in kurzer Zeit überdrüssig. Dieses Uebel hat zuletzt die Dialektik vergrössert, um die Disputationen auszuschmücken.

21.

Bei einem mässigen, ruhigen und ernsten Temperament versucht der sich selbst überlassene Verstand, wenn er namentlich von den hergebrachten Lehren nicht gehemmt wird, ein wenig jenen zweiten Weg, der zwar geradeaus führt, aber nur langsam weiter bringt. Denn der Verstand ist ohne Leitung und Unterstützung ein unbeständiges Ding und unfähig, die Dunkelheit der Gegenstände zu überwinden.

22.

Beide Wege beginnen mit den Sinnen und dem Einzelnen und endigen mit dem Allgemeinsten; aber sie weichen darin von einander ab, dass auf dem einen das Einzelne und die Erfahrung nur in Eile geprüft, auf dem andern aber regelmässig und ordentlich dabei verblieben wird. Ebenso werden auf dem einen gleich im Anfang hohle und nutzlose Allgemeinheiten aufgestellt, während der andere allmählich zu denen aufsteigt, die wirklich der Sache nach die richtigen sind.

23.

Es ist ein grosser Unterschied zwischen den Götzenbildern des menschlichen Geistes und den Ideen des göttlichen Geistes, d. h. zwischen gewissen leeren Bestimmungen und den wahren Zeichen und Eindrücken, wie sie den geschaffenen Dingen eingeprägt worden.

24.

Die aus Beweisen abgeleiteten Sätze helfen nicht zur Entdeckung neuer Dinge; denn die Feinheit der Natur übertrifft vielfach die Feinheit der Beweisführung; aber die Sätze, welche von dem Einzelnen richtig und ordentlich abgenommen sind, zeigen und weisen leicht auf neues Einzelne hin und machen so die Wissenschaften thätig.

25.

Die jetzt gebräuchlichen Sätze sind nur von einer leichten und handgreiflichen Erfahrung aus wenig einzelnen und alltäglichen Fällen abgeleitet, so ziemlich nach deren Maass gebildet und bemessen, und es kann deshalb nicht auffallen, dass sie zu neuem Einzelnen nicht führen. Kommt zufällig ein vorher nicht bemerkter oder erkannter Fall zum Vorschein, so sucht man durch leichtfertige Unterscheidungen den alten Satz zu retten, während es richtiger wäre, ihn zu verbessern.

26.

Die menschliche Auffassung, deren man sich jetzt für die Natur bedient, pflege ich zur Unterscheidung Vorausnahmen aus der Natur zu nennen; denn es sind leichtsinnige und voreilige Annahmen; aber jene Auffassung, welche in richtiger Weise aus den Gegenständen gezogen wird, nenne ich die Erklärung der Natur.

27.

Jene Vorausnahmen sind gut für die Einstimmigkeit; da ja selbst, wenn die Menschen in derselben Weise und gleichmässig toll wären, sie dabei recht wohl einstimmig sein könnten.

28.

Die Vorausnahmen gewinnen viel eher die Zustimmung als die Erklärungen, weil sie von Wenigem und von dem, was am meisten vorkommt, entlehnt sind; deshalb bemächtigen sie sich des Verstandes und erfüllen die Phantasie, während die Erklärungen aus mannichfachen und oft von einander sehr weit abliegenden Fällen zusammengelesen werden müssen, den Verstand nicht gleich für sich einnehmen können, und deren Aussprüche beinah so hart und ungewohnt wie die Mysterien der Religion klingen.

29.

In Wissenschaften, die sich auf die Meinung und das Belieben stützen, sind die Vorausnahmen und die Dialektik von gutem Gebrauch, da es hier darauf ankommt, die Zustimmung zu erzwingen, nicht den Gegenstand zu bezwingen.

30.

Auch wenn die geistvollsten Männer aller Zeiten sich verbänden, gemeinsam arbeiteten und Alles sich mittheilten, würde durch die Vorausnahmen kein grosser Fortschritt in den Wissenschaften erlangt werden, weil die radikalen, gleich bei dem Beginn der Arbeit einfliessenden Irrthümer durch die Vortrefflichkeit der späteren Arbeiten und Hülfsmittel nicht wieder gut gemacht werden können.

31.

Durch neue Induktionen und neue Aufbaue auf die alten wird den Wissenschaften kein grosser Zuwachs hinzutreten; vielmehr muss die Erneuerung von dem untersten Grund aus beginnen, wenn man sich nicht immer im Kreise drehen und nur schwächliche und unbedeutende Fortschritte machen will.

32.

Den alten Schriftstellern gebührt ihre Ehre, und zwar ohne Unterschied. Denn ich ziehe hier keinen Vergleich zwischen den Geistern und Talenten, sondern zwischen den Wegen, und ich übernehme nicht das Amt eines Richters, sondern eines Wegweisers.

33.

Ueber meinen Weg und über das auf demselben Entdeckte kann, wie ich offen erkläre, durch Vorausnahmen in der gebräuchlichen Weise kein richtiges Urtheil gefällt werden; denn man kann nicht verlangen, dass mein Verfahren den zum Richter annehme, der selbst vor Gericht gezogen werden soll.

34.

Meine Weise zu lehren und das Vorgebrachte zu erklären ist nicht leicht, da das in sich Neue trotzdem in der Weise des Alten aufgefasst zu werden pflegt.

35.

Borgia sagt von dem Zuge der Franzosen nach Italien, sie wären mit der Kreide in der Hand gekommen, um ihre Ruheplätze zu bezeichnen, und nicht mit Waffen, um Gewalt zu brauchen. Ebenso soll auch meine Lehre in die fähigen und geschickten Geister eintreten; denn Widerlegungen können da nicht angewendet werden, wo man über die Prinzipien und über die Begriffe selbst so wie über das Beweisverfahren nicht einig ist.

36.

So bleibt mir nur die einfache Weise der Belehrung, indem ich die Menschen zu dem Einzelnen, dessen Folge und Ordnung führe, und nur verlange, dass man einstweilen sich von seinen Begriffen befreie, und versuche, mit den Dingen selbst vertraut zu werden.

37.

Der Weg Derer, welche sich alles Urtheils enthielten, und mein Weg stimmen im Beginn überein; aber am Ende sind beide völlig getrennt und entgegengesetzt. Jene behaupten einfach, man könne nichts wissen; ich behaupte, dass man auf dem bisher üblichen Wege nicht viel von der Natur wissen könne; Jene haben dann das Ansehn der Sinne und des Verstandes zerstört; ich dagegen suche und bereite diesen Hülfe.

38.

Die Götzenbilder und falschen Begriffe, die von dem menschlichen Geist schon Besitz ergriffen haben und fest in ihm wurzeln, halten den Geist nicht blos so besetzt, dass die Wahrheit nur schwer einen Zutritt findet, sondern dass, selbst wenn dieser Zutritt gewährt und bewilligt worden ist, sie bei der Erneuerung der Wissenschaften immer wiederkehren und belästigen, so lange man nicht sich gegen sie vorsieht und nach Möglichkeit verwahrt.

39.

Es giebt vier Arten von Götzenbildern, welche den menschlichen Geist besetzt halten. Zur leichteren Darstellung habe ich ihnen besondere Namen gegeben; die erste Art nenne ich die Götzenbilder des Stammes; die zweite die der Höhle; die dritte die des Marktes; die vierte die des Theaters.

40.

Die Aufstellung der Begriffe und Sätze vermittelst der wahren Induktion ist sicherlich ein geeignetes Mittel, um die Götzenbilder abzuhalten und zu entfernen; aber auch die Beschreibung der Götzenbilder ist von grossem Nutzen; denn die Lehre von den Götzenbildern verhält sich zur Erklärung der Natur ähnlich wie die Lehre von den scholastischen Künsten zur gewöhnlichen Dialektik.

41.

Die Götzenbilder des Stammes haben ihren Grund in der menschlichen Natur, in dem Stamm oder Geschlecht der Menschen selbst. Denn es ist unrichtig, dass der menschliche Sinn das Maass der Dinge sei; vielmehr geschehen alle Auffassungen der Sinne und des Verstandes nach der Natur des Menschen, nicht nach der Natur des Weltalls. Der menschliche Verstand gleicht einem Spiegel mit unebener Fläche für die Strahlen der Gegenstände, welcher seine Natur mit der der letzteren vermengt, sie entstellt und verunreinigt.

42.

Die Götzenbilder der Höhle sind die Götzenbilder des einzelnen Menschen. Denn jeder Einzelne hat neben den Verirrungen der menschlichen Natur im Allgemeinen eine besondere Höhle oder Grotte, welche das natürliche Licht bricht und verdirbt; theils in Folge der eigenthümlichen und besonderen Natur eines Jeden, theils in Folge der Erziehung und des Verkehrs mit Andern, theils in Folge der Bücher, die er gelesen hat, und der Autoritäten, die er verehrt und bewundert, theils in Folge des Unterschiedes der Eindrücke bei einer voreingenommenen und vorurtheilsvollen Sinnesart gegen eine ruhige und gleichmässige Stimmung, und dergleichen mehr. Der menschliche Geist ist deshalb in seiner Verfassung bei dem Einzelnen ein sehr veränderliches, gestörtes und gleichsam zufälliges Ding. Deshalb sagt Heraklit richtig, dass die Menschen die Wissenschaften in ihren kleinen Welten suchen, aber nicht in der grossen und gemeinsamen.

43.

Es giebt auch Götzenbilder in Folge der gegenseitigen Berührung und Gemeinschaft des menschlichen Geschlechts, welche ich wegen des Verkehrs und der Verbindung der Menschen die Götzenbilder des Marktes nenne. Denn die Menschen gesellen sich zu einander vermittelst der Rede; aber die Worte werden den Dingen nach der Auffassung der Menge beigelegt; deshalb behindert die schlechte und thörichte Beilegung der Namen den Geist in merkwürdiger Weise. Auch die Definitionen und Erklärungen, womit die Gelehrten sich manchmal zu schützen und zu vertheidigen pflegen, bessern die Sache keineswegs. Denn die Worte thun dem Verstande Gewalt an, stören Alles und verleiten die Menschen zu leeren und zahllosen Streitigkeiten und Erdichtungen.

44.

Es giebt endlich Götzenbilder, welche in die Seele der Menschen aus den mancherlei Lehrsätzen der Philosophie und auch aus verkehrten Regeln der Beweise eingedrungen sind, und die ich die Götzenbilder des Theaters nenne; denn so viel wie philosophische Systeme erfunden und angenommen worden sind, so viel Fabeln sind damit vorgebracht und aufgeführt worden, welche aus der Welt eine Dichtung und eine Schaubühne gemacht haben. Ich meine hier nicht blos die schon vorhandenen oder die alten philosophischen Systeme und Sekten, da man ja noch mehr solcher Fabeln ersinnen und zusammensetzen kann; denn trotz der Mannichfaltigkeit des Irrthums ist doch die Ursache desselben überall die gleiche. Ich beziehe das nicht blos auf die allgemeine Philosophie, sondern auch auf manche Prinzipien und Lehrsätze der besonderen Wissenschaften, die durch Herkommen, Leichtgläubigkeit und Nachlässigkeit Geltung erlangt haben. Indess werde ich über diese einzelnen Arten von Götzenbildern noch ausführlicher und bestimmter sprechen müssen, damit der menschliche Geist dagegen geschützt bleibe.

45.

Der menschliche Geist setzt vermöge seiner Natur leicht eine grössere Regelmässigkeit und Gleichheit in den Dingen voraus, als er später findet. Und obgleich in der Natur Vieles nur einmal vorkommt oder voller Ungleichheiten ist, so legt der Geist doch den Dingen viel Gleichlaufendes, Uebereinstimmendes und Beziehungen bei, die es nicht giebt. Daher jene Erdichtungen, dass die Himmelskörper sich alle in vollkommenen Kreisen bewegen, und dass man alle gewundenen und Drachenlinien bis auf den Namen verworfen hat. Daher rührt das angebliche Element des Feuers mit seinem Kreise, nur damit im Verein mit den drei anderen Elementen eine Vierzahl zu Stande komme für Alles, was den Sinnen unterliegt. Den sogenannten Elementen wird auch beliebig ein zehnfaches gegenseitiges Verhältniss der fortschreitenden Feinheit beigelegt, und was dergleichen Träumereien mehr sind. Solches Spiel wird nicht blos mit den Lehrsätzen getrieben, sondern auch mit den einfachen Begriffen.

46.

Der menschliche Verstand zieht in das, was er einmal als wahr angenommen hat, weil es von Alters her gilt und geglaubt wird, oder weil es gefällt, auch alles Andere hinein, um Jenes zu stützen und mit ihm übereinstimmend zu machen. Und wenn auch die Bedeutung und Anzahl der entgegengesetzten Fälle grösser ist, so bemerkt oder beachtet der Geist sie nicht oder beseitigt und verwirft sie mittelst Unterscheidungen zu seinem grossen Schaden und Verderben, nur damit das Ansehn jener alten fehlerhaften Verbindungen aufrecht erhalten bleibe. Als deshalb jenem Mann im Tempel die aufgehangenen Votivtafeln Derer, welche für ihre Errettung aus dem Schiffbruch Geschenke geweiht hatten, gezeigt wurden, und man ihn mit der Frage bedrängte, ob er nun nicht das Walten der Götter anerkenne, so fragte er mit Recht: Aber wo sind denn Jene verzeichnet, die trotz ihrer ausgesprochenen Gelübde dennoch untergegangen sind? So verhält es sich mit allem Aberglauben, sowohl in der Astrologie als bei den Träumen, den Vorbedeutungen, den Rachegöttern u. s. w. Man erfreut sich an solchen eitlen Dingen und merkt es sich, wo es eingetroffen ist; die Fälle dagegen, welche fehlgeschlagen haben, werden, obgleich sie zahlreicher sind, nicht beachtet und übergangen. Aber in viel feinerer Weise kriecht dies Uebel in der Philosophie und den Wissenschaften umher, in denen das, was einmal beliebt worden, alles Andere, sei es auch viel fester und sicherer, ansteckt und sich unterwirft. Selbst wenn dabei jene erwähnte Freude und Eitelkeit nicht mitgewirkt hat, haftet doch dem menschlichen Verstande der eigenthümliche Fehler an, stets mehr dem Bejahenden als dem Verneinenden sich zuzuneigen, während er doch nach Recht und Ordnung sich zu beiden gleich verhalten sollte; ja, bei jedem wahrhaft bejahenden Lehrsatze ist sogar die Kraft des verneinenden Falles die stärkere.

47.

Der menschliche Geist wird von dem, was die Seele mit einem Male und plötzlich erschüttert und durchdringt, am meisten bewegt, und seine Phantasie pflegt sich damit zu erfüllen und zu erhitzen; alles Andere soll sich in nicht zu begreifender Weise ebenso verhalten wie das Wenige, was die Seele besetzt hält. Der Geist beschafft dazu Voraussetzungen und Erfindungen; aber zu jenen entfernteren und ungleichartigen Fällen, welche den Lehrsätzen erst die Feuerprobe geben, vermag er nicht überzugehen, wenn nicht ein harter Zwang und ein gewaltiges Gebot ihn dazu nöthigen.

48.

Der menschliche Verstand lodert auf, aber er vermag weder zu beharren noch anzuhalten; er treibt vorwärts, aber vergeblich. Deshalb kann man sich kein Ende und kein Aeusserstes der Welt vorstellen, vielmehr ist man genöthigt, immer noch etwas darüber hinaus anzunehmen; ebenso wenig kann man sich vorstellen, wie die Ewigkeit bis zu dem heutigen Tage hat ablaufen können, weil der gebräuchliche Unterschied zwischen dem Unendlichen von Vorn und dem Unendlichen von Rückwärts unbegründet ist; denn es folgte daraus, dass ein Unendliches grösser wäre als das andere, und dass das Unendliche ein Ende nähme und an das Endliche grenzte. Aehnlich verhält es sich mit der unendlichen Theilbarkeit der Linien; das Denken reicht dazu nicht aus.

Aber verderblicher zeigt sich diese Ohnmacht des Geistes bei der Auffassung der Ursachen. Denn das Allgemeinste der Natur muss von bejahendem Inhalte sein und gelten, wie es gefunden worden; es kann nicht wieder aus Ursachen abgeleitet werden. Dennoch verlangt der menschliche Verstand, der nicht ruhen kann, noch nach Höherem; bei solchem Streben nach dem Entfernteren fällt er in das Nähere zurück, nämlich in die Zwecke, die viel mehr dem Menschen angehören als dem Weltall.

Aus diesen Quellen ist die Philosophie in merkwürdiger Weise verdorben worden. Es zeigt aber den unerfahrenen und leichtsinnigen Philosophen, wenn er für das Allgemeinste nach Gründen verlangt, aber für das Untergeordnete und Niedere es nicht thut.

49.

Der menschliche Geist ist kein reines Licht, sondern erleidet einen Einfluss von dem Willen und den Gefühlen. Dies erzeugt jene "Wissenschaften für Alles, was man will"; denn was man am liebsten als das Wahre haben mag, das glaubt man am leichtesten. Der Geist verwirft deshalb das Schwere, weil ihm die Geduld zur Untersuchung fehlt; desgleichen das Maasshaltende, weil es die Hoffnungen beschränkt; das Höhere in der Natur aus Aberglauben; das Licht der Erfahrung aus Hochmuth und Anmaassung, damit es nicht scheine, als beschäftige sich der Geist mit Niedrigem und Vergänglichem; endlich das sonderbar Klingende wegen der Meinungen der Menge. Auf unzählige und oft unbemerkbare Weise drängt sich das Gefühl in das Denken und steckt es an.

50.

Aber das grösste Hemmniss und der grösste Anlass zu Irrthümern kommt dem menschlichen Verstand von dem Staunen, von der Ohnmacht und von den Täuschungen der Sinne; Alles, was die Sinne erschüttert, wird dann über das gestellt, wo dies nicht unmittelbar der Fall ist, wenn auch Letzteres das Mächtigere sein sollte. Deshalb hört die Betrachtung mit dem Sehen auf, und die unsichtbaren Dinge werden wenig oder gar nicht beobachtet. Deshalb bleibt dem Menschen alle Wirksamkeit der in den fühlbaren Körpern eingeschlossenen Geister verborgen und unerkannt. Auch alle feinere Umgestaltung in den Theilen der gröberen Gegenstände (die man gewöhnlich Veränderung nennt, obgleich es nur eine sehr kleine Bewegung ist) ist in dieser Weise verhüllt. Und doch kann, bevor nicht diese Geister und Umgestaltungen ermittelt und ans Licht gebracht sind, nichts Grosses in der Natur zur Ausführung gebracht werden. Ebenso ist die Natur der gewöhnlichen Luft und der Körper, die noch feiner als die Luft sind, und deren es eine grosse Zahl giebt, beinah unbekannt. Denn der Sinn für sich allein ist schwach und dem Irrthum ausgesetzt; auch helfen die Werkzeuge zur Erweiterung oder Verschärfung der Sinne nicht viel; vielmehr vollzieht sich die wahre Erklärung der Natur nur durch Einzelfälle und passende Versuche, wobei die Sinne nur über den Versuch, aber der Versuch über die Natur und den Gegenstand selbst das Urtheil sprechen.

51.

Der menschliche Verstand drängt seiner Natur nach zu dem Abstrakten, und das Fliessende hält er für ein Beharrliches. Es ist aber besser, die Natur zu zerschneiden als von ihr Abstrakta zu bilden. Ersteres that die Schule des Demokrit, die deshalb tiefer als die anderen in die Natur eindrang. Der Stoff muss in Betracht genommen werden, seine innere Gestaltung und Umgestaltung, die reine Thätigkeit und das Gesetz dieser Thätigkeit oder Bewegung; denn die Formen sind Erdichtungen der menschlichen Seele, man müsste denn jene Gesetze Formen der Thätigkeit nennen wollen.

52.

Der Art sind also die Götzenbilder, welche ich die des Stammes nenne. Sie entspringen entweder aus der überall gleichen Substanz des menschlichen Geistes, oder aus seinen Vorurtheilen, oder aus seiner beschränkten Natur, oder aus seiner Unruhe, oder aus dem Einfluss der Gefühle, oder aus der Schwäche der Sinne, oder aus der Art der Eindrücke.

53.

Die Götzenbilder der Höhle entstehen aus der besondern geistigen und körperlichen Natur des Einzelnen; auch aus der Erziehung, den Gewohnheiten und den Zufälligkeiten des Lebens. Die Fälle dieser Art sind mannichfach und zahlreich; ich will davon nur die erwähnen, welche die meiste Vorsicht erfordern und vorzugsweise die Erkenntniss in ihrer Reinheit beschädigen.

54.

Die Menschen lieben die Wissenschaften und die Betrachtung des Einzelnen, entweder weil sie sich für die Urheber und Erfinder davon halten, oder weil sie sich viel damit bemüht und daran gewöhnt haben. Wenn solche Personen sich zur Betrachtung des Allgemeinen und zur Philosophie wenden, so verdrehen und verderben sie dieselbe in Folge ihrer früheren Einbildungen. Dies zeigt sich vorzüglich bei Aristoteles, welcher seine Naturphilosophie gänzlich seiner Logik unterordnete und ihr damit die Nützlichkeit und Festigkeit benahm. Das Geschlecht der Chemiker erbaut dagegen aus wenigen Versuchen am Ofen eine phantastische und nur auf Weniges sich erstreckende Philosophie. Selbst Gilbert setzte, nachdem er den Magnet mit ausserordentlichem Fleisse beobachtet hatte, sofort eine Philosophie zusammen, wie sie zu diesem für ihn wichtigsten Gegenstande passen sollte.

55.

Der grösste und gleichsam Wurzel-Unterschied der Geister in Bezug auf Philosophie und Wissenschaften besteht darin, dass Manche besser und geschickter die Unterschiede der Gegenstände und Andere deren Aehnlichkeiten bemerken. Beharrliche und scharfsinnige Geister können in Betrachtungen verharren und bei jedem feinen Unterschiede anhalten und stehen bleiben; aber erhabene und Alles überblickende Geister erfassen auch die feinsten und allgemeinsten Aehnlichkeiten und stellen sie zusammen. Beide Arten der Geister gerathen leicht in das Uebermaass, indem sie nach Graden und Schatten der Dinge greifen.

56.

Manche Geister verlieren sich in die Bewunderung des Alterthums, andere in die Liebe und das Studium des Neuen, und nur wenige sind solchen Temperaments, dass sie Maass halten können und weder das von den Alten richtig Festgestellte bestreiten, noch das von den Neuen richtig Vorgebrachte verachten. Denn dergleichen bringt den Wissenschaften und der Philosophie grossen Schaden, da es mehr ein blosses Studium des Alterthums und der Gegenwart, aber kein Urtheilen ist. Die Wahrheit hängt nicht von dem Glück einer bestimmten Zeit ab, was veränderlich ist, sondern ist dem Licht der Natur und der Erfahrung, die unveränderlich sind, zu entnehmen. Deshalb muss man solchen Eifer von sich abhalten, und sorgen, dass der Geist dadurch nicht zur Beistimmung hingerissen werde.

57.

Betrachtungen der Natur und der Körper in ihrer Einfachheit hemmen und schwächen den Verstand; Betrachtungen der Natur und der Körper in ihrer Zusammensetzung betäuben und zersetzen den Geist. Dies zeigt sich am deutlichsten an der Schule des Leucipp und Demokrit, im Vergleich mit anderen Systemen. Jene verweilt so viel bei dem Einzelnen der Dinge, dass sie die gemeinsame Wirksamkeit unbeachtet lässt; die übrigen betrachten dagegen diese Wirksamkeit mit solchem Erstaunen, dass sie zur Einfachheit der Natur nicht hindurchdringen. Deshalb muss man mit diesen Betrachtungsweisen wechseln und eine neben der andern gebrauchen; dann wird der Verstand sowohl durchdringend als empfänglich, und die früher erwähnten daraus hervorgehenden Uebel und Götzenbilder werden vermieden.

58.

Solcher Art ist die wissenschaftliche Klugheit bei Abhaltung und Beseitigung der Götzenbilder der Höhle, welche entweder aus Vorurtheilen oder aus Uebertreibungen im Verbinden und Trennen, oder aus einer Vorliebe für bestimmte Zeiten, oder aus der Grösse oder Feinheit der Gegenstände entspringen. Im Allgemeinen muss der Beobachter der Natur gerade dem misstrauen, was seinen Verstand am meisten anspricht und fesselt. Bei solchen Gefühlseinwirkungen ist grosse Vorsicht nöthig, damit der Geist sich unparteiisch und rein erhalte.

59.

Die Götzenbilder des Marktes sind die lästigsten von allen; sie haben durch ein Bündniss der Worte und Namen den Geist für sich eingenommen. Die Menschen glauben, dass ihr Geist dem Worte gebiete; aber oft kehren die Worte ihre Kraft gegen den Geist um; davon sind die Philosophie und die Wissenschaften sophistisch und unthätig geworden. Die Worte werden meist nach der Auffassung der Menge den Dingen beigelegt, und diese trennt sie nach den Richtungen, welche dem gewöhnlichen Sinne am auffallendsten sind. Wenn dann ein schärferer Geist und eine genauere Beobachtung diese Bestimmungen ändern und mit der Natur mehr in Uebereinstimmung bringen will, so widerstehen die Worte, und deshalb endigen die grossen und feierlichen Disputationen der Gelehrten oft im Streit über Worte und Namen, während es nach dem verständigen Vorgange der Mathematiker rathsamer gewesen wäre, mit den Namen anzufangen und sie durch Definitionen ins Reine zu bringen. Doch können selbst solche Definitionen bei natürlichen und stofflichen Gegenständen diese Uebel nicht heilen; denn diese Definitionen bestehen selbst aus Worten, und Worte erzeugen Worte, so dass es also nothwendig wird, auf die einzelnen Fälle, ihre Folge und Ordnung zurückzugehen, wie ich bald zeigen werde, wenn ich zu der Art und Weise, Begriffe und Sätze zu bilden, gelange.

60.

Die Götzenbilder, welche die Worte in den Geist einführen, sind zwiefacher Art. Entweder sind es Namen von Dingen, die es nicht giebt (denn so wie es Dinge giebt, die aus Unachtsamkeit keinen Namen bekommen haben, so giebt es Namen, wo die Philosophie getäuscht hat, und der Gegenstand fehlt), oder es sind zwar Namen von wirklichen Dingen, aber sie sind verworren; schlecht begrenzt, voreilig und ungleich von den Dingen entlehnt. Zur ersten Art gehören z. B. Worte wie: Glück; das erste Bewegliche; die Sphären der Planeten; das Element des Feuers und ähnliche Erdichtungen, die aus eitlen und falschen Lehren hervorgegangen sind.

Diese Art von Götzenbildern kann leicht beseitigt werden; denn durch beharrliche Verleugnung und Beiseitschiebung solcher Lehren kann sie zerstört werden. Dagegen ist die zweite Art verwickelter und tiefer eingewurzelt, da sie aus schlechten und unvorsichtigen Abstraktionen entspringt.

Wir wollen z. B. ein Wort wie Feucht nehmen und sehen, wie sich das mit diesem Worte Bezeichnete verhält; es wird sich dann zeigen, dass dieses Wort: Feucht nur das verworrene Zeichen verschiedener Wirksamkeiten ist, aus denen kein Bestimmtes ausgetrennt werden kann. Denn Feucht bezeichnet das, was in andere Körper sich leicht ergiesst; auch das, was in sich nicht fest und bestimmbar ist; auch das, was überall leicht nachgiebt; auch das, was sich leicht trennt und zerstreut; auch das, was sich leicht verbindet und sammelt; auch das, was leicht fliesst und beweglich ist; auch das, was einem andern Körper leicht anhängt und ihn benetzt; auch das, was leicht flüssig wird oder zusammenfliesst, während es vorher fest war. Man ist daher bei der Bildung und Beilegung dieses Wortes so verfahren, dass in dem Satze: die Flamme ist feucht, der Sinn des Wortes ein andrer ist als in dem Satze: die Luft ist feucht, und wieder ein andrer in dem Satze: der feine Staub ist feucht, und ein andrer in dem Satze: das Glas ist feucht. Hieraus erhellt, dass dieser Begriff nur von dem Wasser und den gewöhnlichen und bekannten Flüssigkeiten ohne die erforderliche Berücksichtigung voreilig entlehnt worden ist.

Die Worte haben ihre Grade der Schlechtigkeit und der Falschheit. Die wenigst fehlerhafte Klasse bilden die für die Substanzen, namentlich für die untersten und gut abgeleiteten Arten; so ist der Begriff der Kreide, des Thones gut; der der Erde aber schlecht. Fehlerhafter ist schon die Klasse für die Vorgänge wie: Erzeugen, Verderben, Verändern. Am fehlerhaftesten ist die Klasse der Eigenschaften (mit Ausnahme der unmittelbar sinnlich wahrnehmbaren), wie: Schwer, leicht, dünn, dicht u. s. w.; wobei natürlich diese einzelnen Begriffe je nach der Menge dessen, was den Sinnen der Menschen sich dargeboten hat, bald besser, bald schlechter ausgefallen sind.

61.

Die Götzenbilder des Theaters sind nicht angeboren, noch heimlich dem Geiste beigebracht, sondern aus den Fabeln der Theorien und den verkehrten Regeln der Beweisführung eingeflösst und aufgenommen. Mit Widerlegungen dagegen aufzutreten, entspricht nicht dem von mir Gesagten; denn wo über die Prinzipien und über die Beweisarten keine Uebereinstimmung besteht, da hört alles Streiten und Widerlegen auf. Dies ist indess ein Glück; denn so verbleibt den Alten ihre Ehre. Diese wird nicht verkleinert, da es sich hier nur um den

Weg handelt. Das Sprichwort sagt: Ein Lahmer auf dem Wege überholt einen Läufer ausserhalb des Weges. Auch ist klar, dass, je geschickter und schneller dieser Läufer ausserhalb ist, er um so weiter sich verirren wird.

Meine Weise, die Wissenschaften aufzusuchen, ist so beschaffen, dass der Schärfe und Stärke des Geistes nicht viel übrig gelassen wird; vielmehr stellt sie die Geister und Anlagen einander eher gleich. Denn so wie zur Ziehung einer geraden Linie oder Beschreibung eines vollkommenen Kreises mit der blossen Hand viel Sicherheit und Uebung gehört, aber wenig oder gar keine, wenn das Lineal oder der Zirkel dazu benutzt wird, so verhält es sich auch mit meiner Verfahrungsweise. Wenn nun auch die Widerlegung einzelner Sätze wenig nützt, so will ich doch über die Sekten und die Arten jener Lehren Einiges sagen und dann Einiges über die schlechte Beschaffenheit der äusseren Zeichen und über die Ursachen so vielen Unglücks und eines so langen und gemeinsamen Beharrens im Irrthum beifügen, damit der Zutritt zur Wahrheit leichter werde, und der menschliche Geist bereitwilliger sich reinige und die Götzenbilder von sich weise.

62.

Der Götzenbilder des Theaters oder der Theorien giebt es viele; es können noch mehr entstehen und werden es vielleicht künftig. Denn wären nicht schon durch viele Jahrhunderte die Geister der Menschen mit Religion und Theologie beschäftigt gewesen, und wären die bürgerlichen Verfassungen, namentlich die monarchischen dergleichen Neuerungen, selbst in der Theorie nicht abgeneigt gewesen, so dass die Menschen nur mit Gefahr und Schaden für ihr Vermögen sich ihnen widmen konnten, und dabei nicht blos allen Lohnes entbehren, sondern auch dem Neide und der Verachtung sich aussetzen mussten, so würden unzweifelhaft schon bisher mehr Sekten in der Philosophie und Theorie, gleich denen, welche bei den Griechen in so grosser Mannichfaltigkeit blühten, gebildet worden sein. Denn so wie auf die Erscheinungen des Aethers verschiedene Ansichten über den Himmel gegründet werden können, so können in noch höherem Maasse auf die Erscheinungen der Philosophie verschiedene Lehrsätze gegründet und aufgestellt werden. Diese Fabeln des Theaters haben mit den auf den Dichter-Theatern vorkommenden das gemein, dass sie wie die für die Sinne ausgedachten Erzählungen zusammenhängender, zierlicher und den Wünschen der Zuhörer mehr entsprechend sind als die wahren Erzählungen aus der Geschichte. – Im Allgemeinen wird aber bei der Philosophie entweder Vieles aus Wenigem oder Weniges aus Vielem entnommen, so dass nach beiden Seiten die Philosophie auf einer zu schmalen Grundlage der Erfahrung und Naturkunde errichtet ist und nicht aus so Vielem, als sein sollte, sich entwickelt.

Die auf die Vernunft sich stützende Klasse der Philosophen greift aus der Erfahrung das Nächste und Verschiedenste auf, was weder sicher ermittelt noch genau untersucht und erwogen ist; alles Andere soll durch Ueberlegung und Anstrengung innerhalb des Geistes erlangt werden. – Es gab auch noch eine andere Art von Philosophen, die bei einzelnen Versuchen mit Fleiss und Genauigkeit aushielten, daraus die Philosophie zu entwickeln und zu bilden unternahmen und dabei alles Uebrige mit den sonderbarsten Wendungen von ihr abhielten. – Eine dritte Klasse mischte im Eifer ihres Glaubens und ihrer Gottesverehrung die Theologie und die Ueberlieferung ein; ja, bei Einzelnen ging die Eitelkeit so weit, dass sie die Wissenschaften von den höheren Geistern und Genien holten und ableiteten. So ist das Geschlecht der Irrthümer und der falschen Philosophie ein dreifaches: ein sophistisches, ein empirisches und ein abergläubisches.

63.

Ein deutliches Beispiel für das erste Geschlecht liefert Aristoteles, der seine Naturphilosophie durch seine Dialektik verdarb, als er die Welt aus den Kategorien zu Stande brachte, die menschliche Seele, die edelste Substanz, zu den Begriffen zweiter Ordnung ihrer Gattung nach rechnete, die Wirkungen des Dichten und Dünnen, vermöge deren die Körper grössere oder kleinere Ausdehnungen oder Räume einnehmen, durch die kühle Unterscheidung von Wirklichkeit und Möglichkeit erledigte, den einzelnen Körpern nur eine einzige und eigenthümliche Bewegung zutheilte, und wenn sie an einer andern Bewegung Theil nahmen, dies von fremden Bewegungen ableitete und vieles Andere nach seinem Belieben der Natur der Dinge auferlegte. Er war in seinen Antworten immer nur darauf bedacht, sich herauszuwinden und den Worten nach etwas Positives zu bieten; aber um die Wahrheit der Sache kümmerte er sich nicht. Dies erhellt am besten aus der Vergleichung seiner Philosophie mit den übrigen bei den Griechen gefeierten Systemen.

Die in ihren Bestandtheilen gleichartigen Stoffe des Anaxagoras; die Atome des Leucipp und Demokrit; der Himmel und die Erde des Parmenides; der Streit und die Freundschaft des Empedokles; die Auflösung der Körper in die unterschiedslose Natur des Feuers und ihre Rückkehr zu dem Dichten bei Heraklit haben etwas Naturphilosophisches und schmecken nach der Natur der Dinge, nach Erfahrung und Körpern, während die Physik des Aristoteles meist nur in dialektischen Ausdrücken sich hören lässt, was sich dann in seiner Metaphysik unter einem feierlichen Namen, als wäre sie mehr real und nicht nominal, wiederholt. Es wird Niemand täuschen, dass er in seinen Büchern über die Thiere und in seinen Problemen und Abhandlungen häufig von Versuchen spricht; denn er hatte seine Grundsätze aufgestellt, ohne die Erfahrung zu deren Bildung richtig benutzt zu haben, und erst nachdem er jene nach seinem Ermessen festgestellt hatte, führte er die Erfahrung wie eine Gefangene mit verrenkten Gliedern um diese Festsetzungen herum. Deshalb verdient er auch härteren Tadel als seine neueren Anhänger, das Geschlecht der scholastischen Philosophen, welche die Erfahrung ganz verlassen haben.

64.

Die empirische Gattung der Philosophie bringt unförmlichere und ungeheuerlichere Festsetzungen als die sophistische und rationale Gattung hervor; denn sie gründet sich nicht auf das Licht der gewöhnlichen Begriffe, das zwar schwach und oberflächlich, aber doch gewissermassen allgemein ist und auf Vieles sich bezieht, sondern auf eine beschränkte Anzahl dunkler Versuche. Deshalb kommt diese Philosophie Denen, welche sich mit diesen Versuchen täglich beschäftigen und dadurch ihre Phantasie verunreinigt haben, wahrscheinlich oder gewiss vor, während sie allen Andern unglaublich oder eitel erscheint. Einen auffallenden Beleg hiezu geben ihre chemischen Lehrsätze, dergleichen man gegenwärtig, mit Ausnahme etwa der Philosophie von Gilbert, sonst nicht weiter findet. Dessenungeachtet ist alle Vorsicht gegen die Philosophie geboten, weil ich schon voraussehe und vermuthe, dass wenn man einst in Folge meiner Einwürfe sich endlich zur Erfahrung wenden und den scholastischen Lehren den Abschied geben wird, man in unreifer und übermässiger Eile in Verstandessprüngen und im Fluge zu dem Höchsten und zu den Prinzipien der Dinge sich erheben wird; so dass von dieser Art der Philosophie grosser Schaden droht, und man dem Uebel schon jetzt entgegentreten muss.

65.

Das Verderbniss der Philosophie durch den Aberglauben und die Beimischung der Theologie reicht weit und bringt bald dem ganzen Systeme, bald einzelnen Theilen grossen Schaden. Denn der menschliche Geist ist ebenso dem Einfluss der Phantasie wie der gewöhnlichen Begriffe unterworfen. Die kampflustige und sophistische Philosophie legt dem Geist den Strick um; aber diese phantastische, sich aufblähende, halb dichterische Gattung schwächt den Geist. Denn in dem Menschen steckt ein Ehrgeiz des Wissens, wie des Wollens, namentlich in grossen und bedeutenden Geistern. Ein deutliches Beispiel dazu liefert unter den Griechen Pythagoras, bei dem es indess mit einem gröberen und lästigen Aberglauben verknüpft ist; gefährlicher und feiner zeigt sich aber diese Gattung bei Plato und seiner Schule. Dieser Uebelstand findet sich auch theilweise in den übrigen Systemen da, wo sie abstrakte Formen, Endzwecke und erste Ursachen einführen und dabei immer die mittlern überspringen und dergleichen mehr. Dagegen ist alle Vorsicht nöthig; denn das Schlimmste ist die Vergötterung des Irrthums. Es ist die Pest des Verstandes, wenn das Eitle noch verehrt wird. Dieser Eitelkeit haben aber einige Neuere mit grossem Leichtsinn sich überlassen, so dass sie ihre Naturphilosophie auf das erste Kapitel des ersten Buchs Mosis und auf das Buch Hiob und andere heilige Bücher zu gründen versucht haben. Sie haben das Lebendige unter dem Todten gesucht. Diese Eitelkeit ist umsomehr zu hindern und ihr entgegenzutreten, da aus der ungesunden Vermischung des Göttlichen und Menschlichen nicht blos eine phantastische Philosophie, sondern auch eine ketzerische Religion herauskommt. Es ist deshalb sehr heilsam, wenn mit nüchternem Verstande dem Glauben nur gegeben wird, was des Glaubens ist.

66.

So viel über diese schlechten Autoritäten philosophischer Systeme, welche auf die gewöhnlichen Begriffe, oder auf wenige Versuche, oder auf den Aberglauben gegründet sind. Es bleibt nun noch der fehlerhafte Stoff der Betrachtung, vorzüglich in der Naturphilosophie, zu untersuchen. Der menschliche Geist wird von dem Anblick der Vorzüge in den mechanischen Künsten angesteckt, wo die Körper durch Verbindung und Trennung zugleich verändert werden; er glaubt, Aehnliches geschehe auch mit den allgemeinen Eigenschaften der Dinge. Daraus sind jene Fabeln von den Elementen und ihrer Verbindung zur Bildung der natürlichen Körper entsprungen.

Wenn umgekehrt der Mensch wieder die Freiheit der Natur betrachtet, so stösst er auf die Gattungen der Dinge, der Thiere, der Pflanzen, der Mineralien, und kommt so leicht auf den Gedanken, in der Natur gewisse Ur-Formen anzunehmen, welche die Natur hervorzubringen strebt; die übrige Mannichfaltigkeit leitet er dann aus Hindernissen und Verirrungen ab, in welche die Natur bei Vollbringung ihres Geschäftes gerathen ist, oder aus dem Kampf verschiedener Arten und aus der Umwandlung der einen in die andere. Dieser erste Gedanke hat uns die elementaren Ur-Qualitäten, der zweite die verborgenen Eigenthümlichkeiten und spezifischen Kräfte gebracht, welche beide zu den nichtigen Abkürzungen der Naturforschung gehören, bei denen der Geist sich beruhigt und von Ernsterem abwendet. Dagegen leisten die Aerzte eine bessere Hülfe bei den zweiten Qualitäten und Wirksamkeiten der Dinge, wie die des Anziehens, des Abstossens, des Verdünnens, des Verdickens, des Ausdehnens, des Zusammenziehens, des Vertheilens, des Reifens u. s. w. Sie würden weit grössere Fortschritte hier gemacht haben, wenn sie nicht mit jenen beiden erwähnten Abkürzungen, nämlich den elementaren Qualitäten und spezifischen Kräften das übrige Richtige verdorben hätten, indem sie es auf jene ersten Qualitäten und ihre feinen und unmessbaren Mischungen zurückführten und nicht durch längere und fleissigere Beobachtung zu den dritten und vierten Qualitäten fortführten, sondern die Beobachtung zu früh abbrachen. Dergleichen Kräfte, wenigstens ähnliche, wenn auch nicht dieselben, sind nicht blos in den Arzneimitteln für den menschlichen Körper, sondern auch in den Veränderungen der übrigen Naturkörper zu erforschen.

Ein noch viel grösseres Uebel ist es aber, dass man die ruhenden Prinzipien, aus denen die Dinge werden sollen, und nicht die bewegenden Prinzipien, durch welche sie werden, betrachtet und aufsucht. Denn jene beziehen sich auf das Reden, diese auf die Werke. Jene gebräuchlichen Arten der Bewegung, welche man in der Naturphilosophie aufzählt, die Erzeugung, die Verderbniss, die Vermehrung, die Verminderung, die Veränderung, die Ueberführung, sind ohne den geringsten Werth. Man will damit sagen: Wenn ein sonst nicht bewegter Körper dennoch den Ort verändert, so ist dies eine Ueberführung; wenn er an seinem Orte bleibt, aber in der Beschaffenheit wechselt, so ist dies eine Veränderung; bleibt dabei die Masse und Quantität des Körpers nicht dieselbe, so soll dies eine Bewegung der Vermehrung oder Verminderung sein; ändert er aber seine Art und Substanz und wandert in etwas Anderes über, so soll dies eine Erzeugung und ein Untergang sein. Allein dies Alles ist blosses Geschwätz und dringt in die Natur nicht ein; es sind blosse Maasse und Zeiträume der Bewegung, aber keine Arten derselben; denn sie haben das Bishieher aber nicht das Wie und Aus welcher Quelle. Sie bezeichnen kein Begehren in den Körpern und keinen Vorgang in ihren Theilen, sondern sie entnehmen die Eintheilung nur davon, ob die Bewegung den Gegenstand in grober Weise den Sinnen anders als vorher darstellt. Selbst da, wo sie von den Ursachen der Bewegung etwas andeuten wollen und danach die Eintheilung bestimmen, führen sie mit der grössten Sorglosigkeit den Unterschied der natürlichen und gewaltsamen Bewegung ein, der nur den rohesten Begriffen entlehnt ist, weil in Wahrheit jede gewaltsame Bewegung auch eine natürliche ist, wenn nämlich ein fremdes Wirkende eine Eigenschaft auf andere Weise in Wirksamkeit bringt als vorher.

Wenn aber, dies bei Seite gelassen, Jemand z. B. bemerkt, dass den Körpern ein Begehren, sich gegenseitig zu berühren, innewohnt, so dass sie nicht gestatten, dass der Zusammenhang der Natur ganz zerrissen oder durchschnitten werde und ein Leeres entstehe; oder wenn Jemand sagt: es wohne in den Körpern ein Bestreben, sich in ihre natürliche Ausdehnung und Spannung zurück zu versetzen, so dass, wenn sie darüber ausgedehnt oder darunter zusammengedrückt werden, sie sofort streben, ihre frühere Gestalt und Ausdehnung wieder zu gewinnen und herzustellen; oder wenn Jemand sagt, es wohne in den Körpern das

Bestreben, sich mit dem ihnen verwandten zu Grösserem zu verbinden, weshalb das Dichte nach dem Umfang der Erde, das Feinere und Leichtere nach dem Umfang des Himmels strebt, so sind dies wahrhaft natürliche Arten der Bewegung während jene nur logischen und scholastischen Ursprungs sind, wie aus der Vergleichung mit den vorstehenden sich klar ergiebt. Ein anderer Uebelstand ist es, dass bei solchem Philosophiren und Betrachten alle Mühe zur Aufsuchung und Erörterung der Prinzipien der Dinge und der letzten Elemente der Natur verwendet wird, während doch aller Nutzen und alle Macht zu wirken nur in den mittleren liegt. Deshalb hört man nicht auf, die Natur begrifflich zu trennen, bis man jenen möglichen und gestaltlosen Stoff erreicht hat, und man hört nicht auf, die Natur zu zerschneiden, bis man zu jenem Untheilbaren (Atomen) gekommen ist; Bestimmungen, die selbst, wenn sie wahr wären, doch das Heil der Menschen wenig befördern könnten.

67.

Der Geist muss sich vorsehen, solchen Ausschreitungen der Philosophie beizustimmen; er hat da an sich zu halten, denn solche Ausschreitungen erzeugen und verewigen gleichsam die Götzenbilder, welche dann nicht mehr beseitigt werden können. Man überschreitet hier in zwiefacher Weise das rechte Maass; die eine Seite ist mit ihren Aussprüchen schnell fertig; sie macht die Wissenschaften zu einem willkürlichen Werk der Magister; die andere Seite hat das Enthalten von jeder Zustimmung und ein unbestimmtes Untersuchen ohne Ende eingeführt. Die Ersten drücken den Geist nieder, die Andern nehmen ihm die Kraft.

So schlug die Philosophie des Aristoteles zunächst die übrigen Philosophien, wie die Türken ihre Brüder, mit den Faustschlägen der Widerlegung nieder und erliess dann Bestimmungen über das Einzelne. Aristoteles stellte dann selbst wieder willkürliche Fragen auf und endigte damit, dass Alles gewiss und beschlossen sei, wie dies auch bei seinen Nachfolgern gilt und geübt wird.

Die Schule des Plato führte dagegen die Zurückhaltung der Zustimmung ein; Anfangs aus Scherz und Ironie, im Hass gegen die alten Sophisten Protagoras, Hippias und Andere, die nichts so sehr scheuten als den Schein, dass sie über etwas zweifelhaft sein könnten. Die neue Akademie erhob aber die Zurückhaltung der Zustimmung zum Lehrsatz und hielt absichtlich daran fest. Diese Weise ist allerdings anständiger als jene Willkür im Behaupten, sobald man die Untersuchung dadurch nicht verwirren will, sondern wie Pyrrho und die Ephektiker nur nach dem Wahrscheinlichen verlangt und nur nichts als unbedingt wahr gelten lässt. Hat indess der Geist einmal an der Auffindung der Wahrheit verzweifelt, so wird er in Allem schwächlich, und man wendet sich dann lieber zu unterhaltenden Disputationen, bespricht und erörtert Mancherlei, aber hält sich nicht innerhalb der strengen Untersuchung. – Ich habe indess schon im Beginn gesagt und wiederhole es ohne Unterlass: "Den Sinnen und dem Verstande der Menschen und ihrer Schwäche ist nicht der Glaube zu versagen, sondern Hülfe zu gewähren."

68.

So viel über die einzelnen Arten der Götzenbilder und deren Zubehör; mit festem und feierlichem Entschluss hat man ihnen zu entsagen; der Geist muss von ihnen befreit und gereinigt werden. Zu dem Reiche des Menschen, was in den Wissenschaften gegründet wird, darf kein anderer Eingang sein, als zu dem Himmelreiche, in welches nur in Kindesgestalt einzutreten gestattet ist.

69.

Die schlechten Beweisführungen sind gleichsam die Wälle und Hülfstruppen der Götzenbilder und das, was die Dialektik davon bietet, geht nur darauf aus, die Welt dem menschlichen Gedanken und die Gedanken den Worten zu unterwerfen und in deren Gewalt zu geben. Die Beweise sind aber gleichsam die Macht der Philosophie und der Wissenschaften; nachdem jene recht oder schlecht eingerichtet sind, ist es auch die ihnen folgende Philosophie und Betrachtung. Aber alle jene Beweise täuschen und gehören nicht hierher, deren man sich jetzt in dem allgemeinen Uebergang von den Sinnen und Dingen zu den Lehrsätzen und Folgerungen bedient. Dieser Fortgang ist viererlei Art und ebenso vierfach sind seine Mängel. Erstens sind die Eindrücke der Sinne selbst fehlerhaft; denn der Sinn versagt und täuscht; aber für das Versagen muss Anderes an die Stelle gesetzt werden, und gegen die Täuschungen muss die Berichtigung eintreten. Zweitens werden die Begriffe von den Eindrücken der Sinne schlecht abgeleitet; sie sind unbestimmt und verworren, während sie bestimmt und wohl begrenzt sein sollen. Drittens ist die Induktion schlecht, welche mittelst einfacher Aufzählung die Prinzipien der Wissenschaften ableitet, ohne die Ausschliessungen und Lösungen und Absonderungen anzuwenden, die man der Natur schuldig ist. Endlich ist jene Weise des Erfindens und Beweisens, welche zuerst die obersten Prinzipien aufstellt und dann die mittlern Sätze nach ihnen einrichtet und beweist, die Mutter des Irrthums und das Unglück aller Wissenschaften. Ich werde über das, was ich hier nur obenhin berühre, ausführlicher sprechen, wenn ich den wahren Weg zur Erklärung der Natur aufzeige, nachdem ich die Bussen und Reinigungen des Geistes vollendet haben werde.

70.

Das bei weitem beste Beweismittel ist die Erfahrung, wenn sie bei dem Versuche selbst stehen bleibt. Denn wird sie auf Anderes ausgedehnt, was für ähnlich gehalten wird, so wird sie ein trügerisches Ding, sobald diese Ausdehnung nicht richtig und ordentlich geschieht. Die jetzt gebräuchliche Art der Erfahrung ist blind und thöricht. Man irrt und schweift auf unsichern Wegen, bestimmt gleich nach dem, was man trifft, macht sich an Vieles, bringt aber wenig vorwärts, ist bald ausgelassen, bald zerstreut, und immer bleibt Anlass, weiter zu suchen. So kommt es, dass man leichtsinnig und nur spielend Versuche anstellt, indem man die bekannten Versuche nur wenig verändert, und gelingt es nicht, so wird man der Sache überdrüssig und giebt sie auf. – Wird aber auch ernster, beharrlicher und fleissiger an die Versuche gegangen, so wird doch alle Mühe nur auf die Erörterung eines Versuches verwendet, wie Gilbert es bei dem Magnet und die Chemiker bei dem Golde thun. Dies zeigt also von Unkenntniss wie von Kleinlichkeit, denn Niemand erkennt die Natur eines Gegenstandes aus ihm allein, sondern die Untersuchung muss auf das Gemeinsame mit Andern ausgedehnt werden. Man sucht zwar aus den Versuchen eine Art Wissenschaft und einzelne Lehrsätze zu gewinnen, aber meist wendet man sich in übereiltem Eifer vorzeitig zur Praxis; nicht des Nutzens und der Frucht wegen, sondern um in irgend einem neuen Werke ein Pfand dafür zu gewinnen, dass man auch in dem Uebrigen nicht ohne Nutzen arbeiten werde. Auch bietet man sich Andern feil, um eine bessere Meinung für das, womit man sich beschäftigt, zu erwecken. So kommt es, dass man, wie die Atalanta, vom Weg abgeht, um den goldenen Apfel aufzuheben, damit den Lauf unterbricht und den Sieg den Händen entschlüpfen lässt. Aber in dem rechten Wagen der Erfahrung muss man für dessen Lenkung zu Neuem die göttliche Klugheit und Ordnung zum Muster nehmen. Gott hat am ersten Tage nur das Licht erschaffen, und hat einen ganzen Tag auf dieses Werk verwendet und an diesem Tage nichts Stoffliches erschaffen. Ebenso ist bei jeder Erfahrung zunächst auf die Entdeckung der Ursachen und der wahren Grundsätze auszugehen, und es ist die lichtbringende Erfahrung, aber nicht die fruchtbringende aufzusuchen. Die richtig gefundenen und festgestellten Grundsätze führen zu keiner knappen, sondern zu einer umfangreichen Praxis; sie ziehen Massen und Haufen von Werken nach sich.

Ueber die Wege zu den Versuchen, die ebenso verstopft und verschlossen sind wie die Wege zu dem Urtheilen, werde ich später sprechen. Hier habe ich nur über die gemeine Erfahrung, als ein schlechtes Beweismittel, gehandelt. Die Ordnung fordert aber nun, dass ich über die früher erwähnten Anzeichen des schlechten Zustandes der Philosophie und der Forschung, sowie über die Ursachen dieser auf den ersten Blick so auffallenden und unglaublichen Sache Einiges beifüge. Denn die Kenntniss der Anzeichen bereitet die Zustimmung vor; die

Darlegung der Ursachen beseitigt die Wunder; beide nützen für eine leichtere und mildere Beseitigung der Götzenbilder aus der Seele.

71.

Unsere Wissenschaften haben wir von den Griechen; was die Römer und Araber und die Neuern hinzugefügt haben, ist nicht viel und erheblich; Alles ist auf der Grundlage des von den Griechen Entdeckten errichtet. Die Weisheit der Griechen war aber eine Professoren-Weisheit, die sich in Disputationen erging, eine Gattung, welche der Erforschung der Wahrheit am meisten abgewendet ist. Deshalb gebührt der Name eines Sophisten, welchen die, welche für Philosophen gelten wollten, verächtlich den alten Rednern vorwarfen und beilegten, wie dem Gorgias, dem Protagoras, dem Hippias, dem Polus, vielmehr der ganzen Gattung, dem Plato, dem Aristoteles, dem Zeno, dem Epikur, dem Theophrast und ihren Nachfolgern, dem Chrysipp, Carneades und allen Uebrigen. Sie unterscheiden sich nur darin, dass Erstere herumzogen und sich bezahlen liessen, die Staaten durchwanderten, mit ihrer Weisheit prahlten und Geld forderten; während die Andern vornehmer und anständiger waren, feste Wohnsitze hatten, Schulen eröffneten und unentgeltlich lehrten. Allein trotzdem waren Beide, wenn gleich sonst verschieden, doch ein handwerksmässiges Geschlecht, bei dem es nur auf das Disputiren abgesehen war. Sie bildeten Sekten und bekämpften die ketzerischen Lehren, so dass ihre Lehre, wie Dionys spöttisch von Plato sagte, nur ein Gerede müssiger Greise an unerfahrene Jünglinge war.

Von den alten Griechen, von Empedokles, Anaxagoras, Leucipp, Demokrit, Parmenides, Heraklit, Xenophanes, Philolaus und Anderen (den abergläubischen Pythagoras lasse ich bei Seite) sind, so viel wir wissen; keine Schulen gegründet worden; sie wendeten sich mehr schweigend, ernst und einfach, d. h. mit weniger Prahlerei und äusserm Schein an die Erforschung der Wahrheit. Deshalb haben sie sich auch, meines Erachtens, besser benommen. Allein ihre Werke sind von jenen leichtern, die der Fassungskraft und den Neigungen der Menschen mehr entsprachen und ihr mehr gefielen, im Laufe der Zeiten unterdrückt worden; denn die Zeit führt wie ein Strom das Leichte und Aufgeblasene uns zu, aber das Schwere und Feste lässt sie untersinken. Indess waren auch diese von den Fehlern ihres Volkes nicht ganz frei; sie waren ehrgeizig und eitel genug, um Sekten zu bilden und die Volksgunst zu gewinnen. So wie man aber bei Erforschung der Wahrheit sich zu solchen eiteln Schritten verleiten lässt, ist es mit dieser vorbei. Ich erwähne deshalb hier den Ausspruch oder die Weissagung eines ägyptischen Priesters über die Griechen, welcher sagt: "dass sie immer Kinder blieben und weder eine alte Wissenschaft noch eine Wissenschaft der Alten besässen." Allerdings gleichen sie dem Knaben in ihrer Neigung zum

Geschwätz und in ihrer Unfähigkeit, zu erzeugen; ihre Weisheit ist fruchtbar in Worten und unfruchtbar in Werken. Deshalb sind es keine guten Anzeichen für den Werth der herrschenden Philosophie, welche sich aus dem Ursprünge und dem Geschlechte derselben ergeben.

72.

Nicht viel besser als die aus der Natur des Ortes und des Volkes entnommenen Anzeichen sind die, welche sich aus der Natur des Zeitraumes und des Zeitalters ergeben. Die Kenntnisse umfassten der Zeit und der räumlichen Ausdehnung nach in jenem Zeitalter nur einen kleinen Theil der Erde, was der grösste Uebelstand, namentlich für die ist, welche Alles auf die Erfahrung stellen. Man hatte damals eine Geschichte, die sich nicht über tausend Jahre erstreckte und dabei diesen Namen nicht einmal verdiente; denn sie bestand nur aus Fabeln und Sagen der alten Zeit. Von den Erdstrichen und Ländern kannte man nur einen kleinen Theil; alle nördlichen Völker nannte man ohne Unterschied Scythen und alle westlichen Celten. Von Afrika kannte man nichts über die nächsten Theile von Aethiopien hinaus; von Asien nichts über den Ganges hinaus, und die Länder eines neuen Kontinents kannte man nicht einmal von Hörensagen oder aus sichern und bestimmten Mittheilungen. Viele Klimate und Erdstriche, in denen zahllose Völker leben und wohnen, hatte man für unbewohnbar erklärt und man rühmte die Wanderungen des Demokrit, des Plato, des Pythagoras als etwas Grosses, obgleich sie nicht weit reichten und kaum über die Vorstädte hinausgingen. In unserer Zeit sind aber die meisten Theile des neuen Kontinents und die Grenzen des alten vollständig bekannt geworden, und der Vorrath der Erfahrung ist in das Maasslose gewachsen. Will man daher nach Art der Astrologen aus der Zeit der Geburt und Erzeugung ein Anzeichen abnehmen, so können die Anzeichen für jene Philosophien nichts Grosses bedeuten.

73.

Von den Anzeichen ist keines sicherer und bedeutender wie das von den Früchten entlehnte. Denn die Früchte und Entdeckungen sind gleichsam die Bürgen, welche für die Wahrheit einer Philosophie einstehen. Und aus jenen Philosophien der Griechen und deren weiterer Entwickelung zu besondern Wissenschaften kann aus einem Zeitraum von so vielen Jahren kaum ein Versuch beigebracht werden, der sich auf die Erleichterung und Verbesserung des Zustandes der Menschen bezieht und durch die Spekulationen und Lehrsätze der Philosophie gewonnen worden ist. Celsus erkennt dies offen und klüglich an, indem er sagt: "Erst seien die Arzneimittel entdeckt worden, und nachher hätten die Menschen darüber philosophirt und die Ursachen erforscht und angegeben;

aber in umgekehrter Weise seien nie aus der Philosophie und der Kenntniss der Ursachen die Mittel entdeckt und entlehnt worden." Es kann deshalb nicht auffallen, wenn es bei den Aegyptern, welche Denen, die etwas Neues entdeckten, göttliche Ehren erwiesen, mehr Bilder von unvernünftigen Thieren wie von Menschen gegeben hat; denn jene haben in ihrem natürlichen Instinkt viele Entdeckungen zu Stande gebracht, wo die Menschen mit ihren Reden und Vernunftschlüssen nichts oder nur Unbedeutendes erreicht haben. Auch die Thätigkeit der Chemiker entdeckt Manches, aber mehr zufällig und oberflächlich, und durch einen gewissen Wechsel in den Versuchen, wie er bei den Handwerkern vorkommt, aber nicht in Folge der Kunst oder einer Theorie. Denn das, was sie sich darüber ausgedacht haben, stört die Versuche mehr, als dass es sie unterstützt. Auch Die, welche sich mit der sogenannten natürlichen Magie beschäftigen, haben Mancherlei entdeckt, was indess wenig Werth hat und mehr nach Betrug schmeckt.

So wie es nun in der Religion heisst, dass man den Glauben an den Werken erkenne, so kann man auch von der Philosophie treffend sagen, dass sie an ihren Früchten erkannt werde, und dass diejenige eitel ist, welche keine Früchte bringt; insbesondere wenn sie anstatt der Weintrauben und Oliven nur die Disteln und Dornen der Disputationen und Kämpfe hervorbringt.

74.

Man kann auch Anzeichen aus dem Zuwachs und dem Fortschritt der Philosophie und den Wissenschaften entnehmen. Denn was auf die Natur sich stützt, wächst und mehrt sich, aber was auf die Meinung sich stützt, wechselt und nimmt nicht zu. Jene Lehren gleichen daher Pflanzen, die von ihrem Stocke abgerissen worden, mit dem Leibe der Natur nicht mehr verbunden sind und von ihm nicht mehr ernährt werden. So ist es gekommen, dass die Wissenschaften während zwei Tausend Jahren, wie wir sehen, an ihren eigenen Spuren hängen geblieben sind und ohne irgend erheblich zu wachsen, in demselben Stande beharren, während sie bei ihrem ersten Begründer am meisten geblüht haben und dann abwärts gegangen sind. In den mechanischen Künsten, welche sich auf die Natur und das Licht der Erfahrung stützen, geschieht, wie wir sehen, das Gegentheil; so lange sie Mode sind, erfüllt sie gleichsam ein Geist, und sie leben und wachsen ohne Unterlass; erst sind sie roh, dann werden sie bequem, nachher verfeinert und fortwährend vermehrt.

75.

Es giebt noch ein anderes Anzeichen, sofern nämlich dieser Name hier passt, da es mehr ein Zeugniss ist, und zwar das stärkste von allen Zeugnissen, nämlich das eigene Bekenntniss jener ersten Begründer, welchen man jetzt nachfolgt. Denn selbst Die, welche so dreist über die Dinge absprechen, lassen doch von Zeit zu Zeit, wenn sie in sich gehen, Klagen über die Feinheit der Natur, über die Dunkelheit der Dinge und über die Schwäche des menschlichen Geistes erschallen. Wenn dies in einfacher Weise geschieht, so würde es vielleicht die Aengstlichen von weiterer Forschung abschrecken und Die, welche kräftigern und hoffnungsvollern Geistes sind, zum weitern Fortschritt antreiben und anreizen; allein Jene begnügen sich nicht damit, dass sie dies von sich selbst bekennen, sondern Alles, was sie oder ihre Lehrer nicht haben erkennen und erreichen können, wird von ihnen ausserhalb des Gebiets des Möglichen gestellt und für unerkennbar oder unausführbar erklärt. In ihrem Stolze und Neide verkehren sie die Schwäche der Erfinder in eine Verleumdung der Natur und in eine Verzweiflung aller Uebrigen. So kam es, dass die Schule der neuen Akademie, welche die Zurückhaltung der Zustimmung zum Grundsatz erhob, die Menschen zu immerwährender Finsterniss verurtheilte. Daher kommt die Meinung, welche die Formen oder die wahren Unterschiede der Dinge, die in Wahrheit die Gesetze der reinen Thätigkeit sind, für unerfindbar und dem Menschen unerreichbar erklärt. Daher kommen jene Meinungen in dem thätigen und ausübenden Theile der Wissenschaften, wonach die Wärme der Sonne von der des Feuers der ganzen Art nach verschieden sein soll, damit man ja nicht glaube, mit Hülfe des Feuers etwas den Naturerzeugnissen Aehnliches hervorbringen und bilden zu können. Daher jene Meinung, dass der Mensch nur zusammenstellen könne, die Mischung aber nur das Werk der Natur sei, damit man nicht hoffe, durch Kunst eine Erzeugung und Verwandlung der natürlichen Körper bereiten zu können. Durch diese Anzeichen lassen die Menschen sich leicht bestimmen; sie hüten sich deshalb, ihr Vermögen und ihre Kraft solchen verzweifelten Lehren und Personen anzuvertrauen.

76.

Auch das Anzeichen darf nicht übergangen werden, dass unter den Philosophen sonst so grosse Uneinigkeit geherrscht und eine so grosse Mannichfaltigkeit der Schulen bestanden hat. Dies zeigt, dass der Weg von den Sinnen zu dem Verstande nicht wohl zugerichtet gewesen ist, wenn derselbe Gegenstand der Philosophie, nämlich die Natur der Dinge, in so weit auseinander gehende und vielfache Irrthümer zerrissen und zerstreut werden konnte. Allerdings sind jetzt diese Gegensätze und Unterschiede der Lehrsätze in Bezug auf die Prinzipien und das ganze System meist erloschen; aber in den einzelnen Theilen der Philosophie bestehen unzählige Streitfragen und Uneinigkeiten; dies zeigt, dass es weder in der bisherigen Philosophie selbst, noch in den Arten ihrer Beweisführung etwas Gewisses und Gesundes giebt.

77.

Allerdings meint man jetzt, dass Alle in der Philosophie des Aristoteles übereinstimmen; denn mit dessen Auftreten seien die ältern Systeme erloschen und vergangen, und in den spätern Zeiten sei nichts Besseres entdeckt worden; deshalb sei diese so wohl begründet und gestellt, dass sie die Zeiten vor ihr und nach ihr in sich vereinigt habe.

Allein zunächst ist es falsch, wenn man meint, dass die frühern Systeme nach dem Bekanntwerden der Schriften des Aristoteles erloschen seien, vielmehr erhielten sie sich noch lange nachher bis zu Cicero's Zeit und bis in die folgenden Jahrhunderte. Nur als in der spätern Zeit die Barbaren das römische Reich überschwemmten, und die menschliche Gelehrsamkeit gleichsam Schiffbruch erlitt, hat sich die Philosophie des Aristoteles und Plato in den Fluthen der Zeit gleich Tafeln von leichtem und weniger festem Stoff oben erhalten. Auch jene angebliche Uebereinstimmung erscheint bei genauerer Prüfung als eine Täuschung. Denn die wahre Uebereinstimmung geht aus der Freiheit des Urtheils hervor, wenn zuvor die Sache erforscht worden ist, und man in derselben zusammentrifft. Allein die Meisten von Denen, welche der Philosophie des Aristoteles zustimmen, haben sich ihr aus Vorurtheil und auf das Ansehen Anderer hin gefügt; es ist deshalb mehr Nachbeterei und blindes Nachtreten als Uebereinstimmung. Hätte aber auch eine wahre und weit verbreitete Uebereinstimmung bestanden, so würde sie doch nicht als eine wahre und zuverlässige Autorität gelten können, vielmehr würde sie eine starke Vermuthung für das Gegentheil abgeben.

Denn das Schlimmste von Allen ist ein Fürwahrhalten, welches sich in Sachen des Geistes auf die Uebereinstimmung stützt; nur die göttlichen und die Staatsangelegenheiten machen hier eine Ausnahme, wo das Recht der Abstimmung gilt. Denn der Menge gefällt nur, was die Phantasie erregt oder den Verstand an die Knoten der gemeinen Begriffe befestigt, wie ich oben gesagt. Deshalb lässt sich der Ausspruch Phocion's von dem Handeln auch auf das Erkennen übertragen, wonach man sofort prüfen solle, ob man nicht geirrt und gefehlt habe, wenn die Menge zustimmt und Beifall klatscht. Dies Anzeichen gehört deshalb zu den widerwärtigsten.

Hiernach steht es schlecht mit dem Anzeichen für die Wahrheit und Gesundheit der jetzt geltenden Philosophie und Wissenschaften, mag man diese Anzeichen von dem Ursprunge der Wissenschaften, oder von ihren Früchten, oder von ihren Fortschritten, oder von den Geständnissen ihrer Begründer oder von der Zustimmung der Uebrigen abnehmen.

78.

Ich habe mich nun zu den Ursachen zu wenden, aus denen die Irrthümer entsprungen sind, und aus denen man so viele Jahrhunderte lang an ihnen festgehalten hat. Es sind dieser Ursachen so viele und mächtige, dass man sich nicht wundern darf, wenn das, was ich hier anführe, so lange den Menschen verborgen geblieben und entgangen ist. Vielmehr ist es wunderbar, wie dies jetzt endlich Einem der Sterblichen hat in den Sinn kommen und seinen Gedanken beschäftigen können. Man verdankt dies meines Erachtens auch mehr dem guten Glück als einer ausgezeichneten Fähigkeit, und es muss mehr für eine Geburt der Zeit als für eine Geburt des Geistes gelten.

Zuerst sinkt die grosse Zahl der Jahrhunderte, wenn man die Sache recht betrachtet, zu einer kleinen Spanne Zeit zusammen. Aus 25 Jahrhunderten, so weit die Erinnerung und das Wissen der Menschen reicht, kann man kaum sechs Jahrhunderte ausnehmen und ausziehen, welche für die Wissenschaften fruchtbar und für ihr Aufkommen nützlich gewesen sind; denn es giebt in den Zeiten, wie in den Ländern, Wüsten und Einöden. Man kann nur drei Umwälzungen und Perioden für die Wissenschaften annehmen; die eine geschah bei den Griechen, die zweite bei den Römern, die dritte bei uns, d. h. bei den westlichen Völkern Europa's, und keiner dieser Umwälzungen können mehr als zwei Jahrhunderte zugetheilt werden. Die Zwischenzeiten waren für das Emporkommen und Blühen des Wissenschafts-Staats unglücklich. Denn die Araber und Scholastiker verdienen keiner Erwähnung; sie haben in der Zwischenzeit die Wissenschaften durch eine Masse von Abhandlungen eher zertrümmert, als ihr Gewicht vermehrt.

So kann mit Recht als die erste und vornehmste Ursache des geringen Fortschrittes der Wissenschaften die Kürze der für sie zulässigen Zeiten aufgestellt werden.

79.

Als zweite Ursache von grosser und allgemeiner Bedeutung muss gelten, dass selbst in den Zeiten, wo die Geister der Menschen und die Wissenschaften am meisten oder wenigstens massig blühten, auf die Naturphilosophie der kleinste Theil der Arbeit verwendet worden ist, obgleich diese für die grosse Mutter aller Wissenschaften gelten muss, da alle Kräfte und Wissenschaften, wenn sie von diesem Stamm getrennt sind, vielleicht glänzend und bequem werden, aber keine erheblichen Fortschritte machen können. Es ist bekannt, dass nach Annahme und Aufkommen des christlichen Glaubens der grösste Theil der ausgezeichneten Geister sich der Theologie zuwendete; für diesen Gegenstand waren die grössten Belohnungen ausgesetzt, und Hülfsmittel aller Art wurden auf das Reichlichste dafür gewährt. Diese Beschäftigung mit der Theologie hat vorzüglich jenen dritten Theil der Zeit oder jene Periode für das westliche Europa ausgefüllt, und zwar umsomehr, als zu dieser Zeit die Wissenschaften zu blühen und die Streitigkeiten über die Religion sich zu erheben begannen.

Die zweite Periode bei den Römern ist hauptsächlich durch die Untersuchungen und Arbeiten in der Moralphilosophie, welche bei den Heiden die Stelle der Religion vertrat, ausgefüllt und verbracht worden. Die bessern Geister jener Zeit wendeten sich mehr den bürgerlichen Geschäften zu, da die Grösse des Römischen Reiches die Arbeit vieler Menschen erforderte. Jenes Zeitalter aber, wo anscheinend bei den Griechen die Naturphilosophie am meisten geblüht hat, war nur von kurzer Dauer; denn selbst in jenen alten Zeiten haben sich von den sieben sogenannten Weisen Alle mit Ausnahme des Thales der Moralphilosophie und den bürgerlichen Verhältnissen zugewendet. Später, nachdem Sokrates die Philosophie von dem Himmel auf die Erde herabgeholt hatte, wurde die Moralphilosophie noch überwiegender und zog die Geister noch mehr von der Natur ab. Aber selbst jene Zeit, wo man Untersuchungen über die Natur betrieb, wurde durch Streitigkeiten und durch den Ehrgeiz Derer, die mit neuen Lehrsätzen glänzen wollten, verdorben und nutzlos gemacht. Wenn so in jenen drei Perioden die Naturphilosophie in hohem Maasse vernachlässigt und gehemmt gewesen ist, kann ihr geringer Fortschritt, während man sich mit allem Andern beschäftigte, nicht auffallen.

80.

Hierzu kommt, dass die Naturphilosophie selbst bei den Männern, die sich ihr zuwendeten, kaum eine freie und vorurtheilslose Auffassung, namentlich in den neuern Zeiten, gefunden hat. Nur hie und da hat ein Mönch in seiner Zelle oder ein Vornehmer in der Musse seines Landlebens ein gutes Beispiel gegeben. Man hat zuletzt die Naturphilosophie wie eine Ueberfahrt und eine Fähre zu Anderem behandelt. So ist diese grosse Mutter der Wissenschaften in schmählicher Weise zu Mägdediensten herabgedrückt worden; sie muss bei den Aerzten und Mathematikern handlangern, den unreifen Geist der Jugend waschen und zurechtsetzen; sie vertritt nur die erste Flasche Medizin, damit die spätere besser und leichter genommen werde. Aber Niemand darf einen erheblichen Fortschritt in den Wissenschaften, namentlich in ihren praktischen Zweigen, erwarten, so lange die Naturphilosophie nicht bis zu den besondern Wissenschaften fortgeführt worden ist, und so lange nicht umgekehrt diese besondern Wissenschaften sich an die Naturphilosophie anlehnen werden. Deshalb fehlt der Astronomie, der Optik, der Musik, den meisten mechanischen Künsten, selbst der Medizin, und was noch merkwürdiger ist, der Moral- und Rechts-Philosophie und der Wissenschaft der Logik die nöthige Höhe und Tiefe; sie schwanken auf der Oberfläche und wechseln mit den Dingen. Nachdem jene besondern Wissenschaften abgetrennt und gebildet worden waren, wurden sie nicht mehr von der Naturphilosophie ernährt, obgleich sie doch aus den Quellen und aus der Erforschung der wahren Bewegungen, der Strahlen, der Töne, des Gewebes und der innern Gestaltung der Körper, der Gefühle und geistigen Auffassungen ihnen neue Kraft und Zuwachs gewähren konnte. Deshalb ist es kein Wunder, wenn die von ihren Wurzeln abgerissenen Wissenschaften nicht zunahmen.

81.

Es zeigt sich noch eine andere bedeutende und grosse Ursache, weshalb die Wissenschaften so wenig vorwärts gekommen sind; sie liegt darin, dass unmöglich der Wagen richtig vorwärts gehen kann, wenn das Ziel selbst fehlt und nicht feststeht. Das wahre und rechte Ziel der Wissenschaften ist aber, das menschliche Leben mit neuen Erfindungen und Mitteln zu bereichern. Der grosse Haufe bekümmert sich indess darum nicht, er arbeitet nur handwerksmässig und auf Lohn. Nur zufällig müht sich mitunter ein Künstler von schärferem und ehrgeizigem Geist um eine neue Erfindung; aber meist auf Kosten seines Vermögens. Dagegen fällt es den Meisten nicht ein, die Masse der Wissenschaften und Künste zu vermehren; sie sind zufrieden, wenn sie nur in dem vorhandenen Vorrath das haben, was zum Handwerk oder Gewinn oder zur Ehre und zu andern Vortheilen verwendet werden kann. Sucht einmal Einer aus dieser Menge die Wissenschaft mit freier Liebe und um ihrer selbst willen, so sucht doch selbst Dieser meist nur nach einem Wechsel in den Betrachtungen und Lehren, aber nicht nach der strengen und rauhen Erforschung der Wahrheit. Aber selbst wo dieses der Fall ist, sucht man doch die Wahrheit nur so, dass sie den Geist und Verstand in der Angabe der Ursachen von Dingen, die längst bekannt sind, befriedige; die Erkenntniss, welche das Pfand für neue Werke ist und das Licht neuer Grundsätze bietet, lässt man bei Seite.

Wenn so das Ziel der Wissenschaften noch von Niemand richtig aufgestellt worden ist, so darf man sich nicht wundern, wenn in dem, was nach diesem Ziele sich richten soll, der Irrthum sich einschleicht.

82.

Aber selbst wenn das so schlecht bei den Menschen abgesteckte Ziel der Wissenschaften auch richtig gestellt wäre, hat man doch einen durchaus irrthümlichen und unbrauchbaren Weg dazu gewählt. Es muss, wenn man dies richtig bedenkt, mit Staunen erfüllen, dass kein Sterblicher es sich hat angelegen sein lassen, dem menschlichen Geist von den Sinnen und der Erfahrung aus einen regelmässigen und gut beschaffenen Weg zu öffnen und zu bahnen, sondern dass man Alles der Finsterniss der Ueberlieferung, oder dem Wirbel und Tumult von Gründen, oder den Wellen und Umwegen des Zufalls und einer wüsten und rohen Erfahrung überlassen hat. Betrachtet man nüchtern und aufmerksam den Weg, der zur Erforschung und Erfindung von den Menschen benutzt worden, so wird man sicherlich zunächst ein vielfaches und kunstloses Verfahren antreffen, wie es den Menschen am natürlichsten ist. Dieses Verfahren besteht nun darin, dass Der, welcher sich an die Entdeckung begiebt und dafür zurecht macht, zuerst fragt und nachschlägt, was Andere darüber gesagt haben; dem fügt er sein eigenes Nachdenken hinzu, und nach vielem Hin- und Herdenken presst er seinen eigenen Geist und ruft ihn gleichsam an, ein Orakel von sich zu geben. Solch Verfahren hat aber keine Grundlage und dreht sich nur in Meinungen herum. Ein Anderer holt die Dialektik herbei, damit sie ihm bei der Erfindung helfe; allein sie gehört nur dem Namen nach hierher; denn die Dialektik erfindet nicht die Prinzipien und die wichtigen Lehrsätze, auf denen die Künste beruhen, sondern führt nur zu Sätzen, welche damit übereinstimmen. Verlangt man mehr zu wissen, drängt man die Dialektik und stellt man in seiner Geschäftigkeit sie über die Beweise und Auffindung der Prinzipien oder obersten Lehrsätze zur Rede, um jeder Kunst die Treue zu bewahren und ihr gleichsam durch einen Eid sich zu verpflichten, so wird man mit längst bekannten Antworten abgefertigt.

So bleibt die blosse Erfahrung übrig, welche, wenn man ihr begegnet, Zufall, und wenn man sie sucht, Versuch genannt wird. Diese Art Erfahrung ist aber nur ein Besen ohne Band und ein blosses Herumtappen, wie es des Nachts geschieht, wo man Alles befühlt, bis man zufällig den rechten Weg getroffen hat, während es sicherer und rathsamer gewesen wäre, den Tag abzuwarten oder ein Licht anzuzünden und dann den Weg zu betreten. Die richtig geordnete Erfahrung zündet erst das Licht an, zeigt dann bei Licht den Weg, beginnt mit der regelrechten und umfassenden Erfahrung, nicht mit der voreiligen und herumtappenden; daraus zieht sie die Lehrsätze, und mit den festgestellten Lehrsätzen verbindet sie neue Versuche; denn auch das göttliche Wort hat den Stoff der Welt nicht ohne Regel behandelt. Man höre deshalb auf, sich zu verwundern, dass die Laufbahn der Wissenschaften noch nicht beschlossen ist, da man den rechten Weg ganz verfehlt hat; die Erfahrung ist einsam und verlassen, verwirrt sich im Laufen wie in einem Labyrinth in sich selbst, während ein richtig eingerichtetes Verfahren auf sichern Pfaden durch die Wälder der Erfahrung zu den freien Plätzen der Lehrsätze führt.

83.

In Folge einer alten, aber aufgeblasenen und verderblichen Meinung oder Schätzung, dass die Majestät des menschlichen Geistes Schaden leide, wenn er sich viel und lange mit Versuchen und einzelnen sinnlichen und bestimmten Gegenständen beschäftige, ist dieses Uebel wunderbar gewachsen. Dergleichen Dinge waren zu mühsam zur Untersuchung, zu gemein für das Nachdenken, zu roh für die Darstellung, zu handwerksmässig für die Ausübung, zu zahllos der Menge nach und zu zart der Feinheit nach. So ist es bereits dahin gekommen, dass der rechte Weg nicht blos verlassen, sondern auch verschüttet und abgesperrt ist, und dass die Erfahrung verabscheut, wo nicht verlassen und schlecht geleitet wird.

84.

Die Menschen sind ferner in den Fortschritten bei den Wissenschaften gehemmt, ja gleichsam durch Zauber festgehalten worden, weil sie von Ehrerbietung vor dem Alterthum erfüllt waren, und das Ansehen, sowie zuletzt die einstimmige Meinung der Männer, welche in der Philosophie hochgestellt wurden, überwog. Diese Uebereinstimmung ist oben besprochen worden. Die Meinung aber, welche man über das Alterthum hegt, ist voll Nachlässigkeit und entspricht nicht einmal dem Worte. Denn das Greisen- und grossväterliche Alter der Welt gebührt unserer Zeit und nicht jenem jüngern Weltalter der frühern Zeit. Denn jene Zeit war nur in Rücksicht auf uns entfernt und älter, in Bezug auf die Welt aber neuer und jünger. So wie man nun in Wahrheit von einem erfahrenen Greise grössere Kenntniss der menschlichen Verhältnisse und ein reiferes Urtheil als von einem Jüngling erwartet, da Jener erfahrener ist und Vieles und Mancherlei gesehen, gehört und bedacht hat, so kann man auch von unserer Zeit, wenn sie ihre Kräfte kennte und sie versuchen und anstrengen wollte, viel mehr als von jenen alten Zeiten erwarten; denn unsere Zeit ist für die Welt die ältere, und sie ist um unzählige Versuche und Beobachtungen vermehrt und bereichert.

Es ist von grossem Werthe, dass durch die weiten Seefahrten und Wanderungen, die in unserer Zeit so zugenommen haben, Vieles entdeckt und bekannt geworden, was ein neues Licht über die Philosophie verbreiten kann. Es wäre auch eine Schande, wenn, nachdem die Verhältnisse der Erdkugel die Lage der Länder, der Meere, der Gestirne zu unserer Zeit bis an die äussersten Grenzen bekannt und beschrieben worden, die Grenzen der Geisteskugel auf die wenigen alten Entdeckungen beschränkt bleiben sollten. Bei den Autoren zeugt es aber von dem höchsten Kleinmuth, wenn sie den Urhebern Alles zuschreiben, aber dem Urheber der Urheber und folglich aller Autorschaft, d. h. der Zeit, ihr Recht nicht gewähren. Die Wahrheit heisst mit Recht die Tochter der Zeit und nicht der Autoren. Man kann sich deshalb nicht wundern, wenn das Alterthum, die Autoren und die Uebereinstimmung gleich einem Zauberstab die Kraft der Menschen so gefesselt haben, dass sie, gleich einem Verzauberten, mit den Dingen selbst nicht haben vertraut werden können.

85.

Indess liess nicht blos die Bewunderung des Alterthums, der Autoren und der gleichen Ansichten die Erfindungskraft des Menschen sich bei dem bereits Bekannten beruhigen; auch die Bewunderung der Werke selbst, die bis jetzt den Menschen zugänglich gemacht worden sind, hat dazu beigetragen. Betrachtet man die Mannichfaltigkeit der Dinge und die Schönheit der Vorrichtungen, welche die mechanischen Künste für die Kultur des Menschengeschlechts beschafft und eingeführt haben, so wird man mehr geneigt sein, den Reichthum der Menschen zu bewundern, als auf die Schwäche der Sinne zu achten, und man wird kaum bemerken, dass die ersten Beobachtungen der Menschen und Vorgänge der Natur, welche von allem jenem bunten Allerlei die Seele und das erste Bewegende sind, nicht eben zahlreich und weit her sind; das Uebrige betrifft nur eine ausharrende Geduld der Menschen und eine feine und geregelte Bewegung der Hände oder Werkzeuge. So ist z. B. die Anfertigung der Uhren gewiss ein Geschäft voll Feinheit und Sorgfalt, was die Himmelskörper in ihren Umdrehungen und den Pulsschlag der lebenden Wesen in seinen aushaltenden und regelmässigen Schlägen nachahmt; allein diese Sache ist lediglich von ein oder zwei Naturgesetzen bedingt.

Betrachtet man dagegen die Feinheiten in den freien Künsten oder bei der Zubereitung der Naturgegenstände durch mechanische Künste und Aehnliches, wie die Entdeckung der Bewegung der Himmelskörper in der Astronomie, der Harmonie in der Musik, des Buchstaben-Alphabets in der Grammatik, was in dem Chinesischen Reiche noch unbekannt ist, oder im Mechanischen die Werke der Diener des Bacchus und der Ceres, d. h. die Zubereitung des Weines und Bieres, der Bäckerwaaren, der feinen Speisen, destillirten Getränke und Aehnliches, und bedenkt und überlegt man, welche lange Perioden verlaufen, ehe dies Alles, was, mit Ausnahme der Destillation, schon den Alten bekannt war, auf den jetzigen Stand gebracht worden ist, wie wenig dabei das Beispiel der Uhr benutzt und von der Beobachtung und den Gesetzen der Natur Gebrauch gemacht worden ist, und wie leicht dergleichen entdeckt werden konnte, da die Beobachtung und Betrachtung dazu sich gleichsam aufdrängte, so wird man alles Verwundern bei Seite lassen und eher die menschliche Gesellschaft beklagen, dass in so vielen Jahrhunderten nur so Geringes und Unfruchtbares entdeckt worden ist. Aber selbst diese hier erwähnten Erfindungen sind älter als die Philosophie und die Künste des Verstandes, und man kann deshalb mit Recht sagen, dass mit dem Beginn der Vernunft- und dogmatischen Wissenschaften die Entdeckung nützlicher Dinge aufgehört hat.

Wendet sich Jemand von den Werkstätten zu den Bibliotheken, und bewundert er die ungeheure Mannichfaltigkeit der vorhandenen Bücher, so wird sein Staunen sich in das Gegentheil verkehren, wenn er den Gegenstand und Inhalt dieser Bücher untersucht und näher betrachtet. Wenn er da gesehen hat, dass die Wiederholungen kein Ende nehmen, und die Menschen immer dasselbe reden und treiben, so wird seine Bewunderung dieser Mannichfaltigkeit sich umwandeln in ein Verwundern über die Dürftigkeit und Geringfügigkeit dessen, was den Verstand der Menschen bis jetzt gefesselt und beschäftigt hat.

Wendet er sich aber zur Betrachtung dessen, was mehr für merkwürdig als verständig gilt, und betrachtet er die Werke der Alchymisten und Magier von innen, so wird er vielleicht schwanken, ob sie mehr belacht oder beweint zu werden verdienen. Der Alchymist hat ein unverwüstliches Hoffen; gelingt ihm etwas nicht, so ist nur sein Irrthum daran Schuld; er überlegt bei sich, dass er die Ausdrücke der Kunst oder der Autoren nicht recht verstanden; er passt auf die Ueberlieferungen und das Geflüster von Ohrenzeugen; er meint, dass er in den schwierigen Punkten und Theilen seines Verfahrens etwas versehen habe; er wiederholt deshalb die Versuche ohne Ende, und geräth er bei diesen Versuchen zufällig auf etwas, was wegen seiner Neuheit oder Nützlichkeit nicht zu verachten ist, so weidet er an solchen Ergebnissen seine Seele, rühmt und preist dies übermässig und vertröstet wegen des Uebrigen auf Hoffnungen. Dennoch kann man nicht leugnen, dass die Alchymisten Manches entdeckt und die Menschheit mit nützlichen Erfindungen beschenkt haben. Aber die Fabel von jenem Greise passt gut auf sie, welcher seinen Söhnen einen, angeblich in seinem Weinberge vergrabenen Schatz vermachte, von dem er nur die Stelle nicht zu wissen vorgab. So gruben die Söhne fleissig in dem Weinberg und fanden zwar keinen Schatz, aber die Weinlese wurde durch diese Bearbeitung reicher.

Dagegen haben Die, welche sich der natürlichen Magie befleissigten und Alles mit der Sympathie der Dinge erreichen wollten, nach müssigen und grundlosen

Vermuthungen den Dingen wunderbare Kräfte und Wirksamkeiten beigelegt, und wenn sie einmal etwas zu Stande gebracht haben, so diente es doch mehr dem Staunen und der Neugierde als dem Nutzen und Gebrauche. – Soll ich nun über die abergläubische Magie noch etwas bemerken, so ist es, dass diese geheimen und abergläubischen Künste bei allen Völkern und zu allen Zeiten und in allen Religionen nur in einzelnen Dingen ganz besonderer Natur etwas vermocht haben. Deshalb lasse ich sie bei Seite.

Zur Zeit kann es daher nicht auffallen, dass die Meinung, reich zu sein, die Ursache der Armuth gewesen ist.

86.

Das schon an sich einfältige und beinahe kindische Staunen der Menschen über die Künste und Wissenschaften ist durch die List und Schlauheit Derer gesteigert worden, welche die Wissenschaften betrieben und gelehrt haben. Diese fuhren sie in so anspruchsvoller und ehrgeiziger Weise ein und stellen sie derartig gestaltet und gleichsam personifizirt dem Anblicke der Menschen dar, dass man sie nach allen Richtungen hin für vollkommen und vollendet halten möchte. Betrachtet man die Methode und Eintheilungen Jener, so scheint Alles befasst und eingeschlossen zu sein, was auf den fraglichen Gegenstand Bezug haben kann und obgleich diese Glieder schlecht ausgefüllt und gleichsam nur leere Behälter sind, so treten sie doch dem gewöhnlichen Verstande gegenüber in der Gestalt und Weise der vollständigen Wissenschaft auf.

Die ersten und ältesten Forscher nach Wahrheit handelten dagegen offener und ehrlicher; sie pflegten die Erkenntniss, welche sie aus der Betrachtung der Dinge gewonnen hatten und für den Gebrauch zusammenfassen wollten, in Aphorismen, d. h. in einzelnen scharf begrenzten Sätzen auszusprechen und sich aller methodischen Verknüpfung zu enthalten; auch gaben sie sich nicht das Ansehen, als umfassten und lehrten sie die vollständige Kunst. Wie aber jetzt die Sache betrieben wird, kann man sich nicht wundern, dass die Menschen in dem nicht weiter forschen, was als vollendet und in allen seinen Theilen längst abgeschlossen dargestellt wird.

87.

Das Ansehen und Vertrauen auf das Alte ist durch die Eitelkeit und den Leichtsinn Derer erheblich gesteigert worden, die etwas Neues vorbrachten, namentlich in Bezug auf den praktischen Theil der Naturphilosophie. Es fanden sich Schwätzer und Phantasten, welche das menschliche Geschlecht theils durch dessen Leichtgläubigkeit, theils durch ihren Betrug mit Versprechen beluden;

sie verhiessen unter grossen Anpreisungen die Verlängerung des Lebens, die Hemmung des Alters, die Erleichterung der Schmerzen, die Ausbesserung natürlicher Mängel und der Täuschungen der Sinne, die Fesselung und die Erwekkung der Affekte, die Erleuchtung des Verstandes, die Umwandlung der Substanzen und die beliebige Verstärkung und Vermehrung der verschiedenen Bewegungen, die Mischungen und Veränderungen der Luft, die Ableitungen und Zuleitungen himmlischer Einflüsse, das Errathen zukünftiger Dinge, die Vorführung der Abwesenden, die Offenbarung des Verborgenen und Anderes mehr. Ueber diese Gabenspender ist kein richtigeres Urtheil gefällt worden als jenes, dass in Bezug auf die Lehren der Philosophie ihre eiteln Aussprüche sich von der wahren Kunst ebenso unterscheiden, wie in der Geschichte die Thaten Julius Cäsar's oder Alexander's des Grossen von den Thaten des Amadis von Frankreich und des Arthur von England. Denn jene berühmten Feldherren haben wirklich Grösseres verrichtet, als jene Schattenhelden in der Dichtung vollbracht haben und zwar auf dem Wege und in der Weise wirklichen Handelns, nicht auf dem der Fabeln und Wunder. Es ist daher nicht recht, wenn man den wahren Berichten nicht glauben will, weil sie durch Fabeln mitunter entstellt und verdorben sind.

Aber man kann sich nicht wundern, wenn den neuen Vorschlägen, namentlich in Bezug auf Ausführung von Werken grosser Schaden durch diese Betrüger zugefügt worden ist, welche Aehnliches vorgaben. Noch jetzt hat das Uebermaass solcher Eitelkeit und der Ekel davor jeden grossherzigen Sinn für dergleichen Unternehmen zerstört.

88.

Grösseren Schaden haben die Wissenschaften aber durch den Kleinmuth der Menschen und die Geringfügigkeit und Dürftigkeit der Aufgaben erlitten, welche der menschliche Verstand sich stellte. Und dabei hat sich, was das Schlimmste ist, dieser Kleinmuth mit Anmaassung und Stolz verbunden.

Zunächst zeigt sich in allen Künsten der schon allgemein gebräuchlich gewordene Vorbehalt, wonach die Lehrer die Schwäche ihrer Kunst nur der Natur zur Last legen. Was ihre Kunst nicht vermag, das soll nach ihrer Lehre auch der Natur selbst unmöglich sein. Freilich wird eine Kunst sich nicht verurtheilen, wenn sie selbst das Urtheil spricht. Sogar die jetzt gebräuchliche Philosophie hegt an ihrem Busen Sätze, womit man, genauer besehen, die Menschen bereden will, dass man von der Kunst oder Kraft des Menschen nichts Schwieriges und nichts, was die Natur bezwingen und bewältigen werde, erwarten dürfe; ein Beispiel dazu liefert das, was oben angeführt worden, wonach die Wärme, welche von den Gestirnen und die, welche von dem Feuer kommt, ganz verschieden und deren Mischung unmöglich sein soll. Bei genauerer Betrachtung zeigt sich dergleichen als eine boshafte Beschränkung der menschlichen Macht und als eine absichtliche und erkünstelte Verzweiflung, welche nicht blos die Voraussetzungen der Hoffnung stört, sondern auch alle Anreize und Nerven der Thätigkeit durchschneidet und selbst die Würfel der Erfahrung wegwirft. Solche Personen sind nur darum besorgt, dass ihre Kunst als vollkommen gelte; sie setzen in der eitelsten und verderblichsten Weise ihre Ehre darin, den Glauben zu verbreiten, dass das, was bis jetzt nicht entdeckt und begriffen worden, auch in der Zukunft nicht entdeckt und begriffen werden könne.

Selbst Die, welche etwas Neues zu entdecken sich mühen, verlangen doch beharrlich, nur Eins zu finden, ohne nach Weiterem zu suchen und zu forschen. Deshalb sind die Natur des Magneten, die Ebbe und Fluth des Meeres, die Verhältnisse am Himmel und Anderes, was etwas Geheimnissvolles an sich hat, bis jetzt mit sehr wenig Glück behandelt worden; denn es ist die grösste Thorheit, die Natur eines Gegenstandes nur in ihm allein zu erforschen, da diese Natur in dem einen oft verhüllt und verborgen, in anderen offenbar und handgreiflich ist und dort Staunen erregt, während hier sie nicht einmal beachtet wird.

So geschieht es mit der Eigenschaft des Festen, welches beim Holze und bei den Steinen nicht beachtet wird, sondern mit dem Namen des Dichten abgefertigt wird, ohne dass weiter über diese Scheu vor Trennung und Lösung der Stetigkeit Untersuchungen angestellt werden. Und doch zeigt sich in den Wasserblasen dieselbe feine und merkwürdige Erscheinung, indem diese Blasen sich mit kleinen Häutchen überziehen, die zierlich nach Art von Halbkugeln gebildet sind, um für einen Augenblick dies Zerreissen der Stetigkeit aufzuhalten.

Gerade das, was man für ein Geheimniss hält, zeigt sich in Anderem offenbar und gewöhnlich; es würde nie zum Vorschein kommen, wenn die Versuche und die Beobachtung nur bei jenem stehen blieben.

Im Allgemeinen gilt es in den mechanischen Künsten als etwas Neues, wenn Jemand alte Erfindungen nur glatter und feiner macht, oder glänzend verziert oder mit einander verbindet und zusammenbringt, oder bequemer für den Gebrauch einrichtet, oder den Gegenstand in grösserem oder kleinerem Umfange wie bisher anfertigt u.s.w.

Man kann sich daher nicht wundern, dass edlere und des Menschen würdigere Erfindungen nicht zu Tage kommen, da man mit solchen kleinen und kindischen Aufgaben sich begnügt, daran seine Freude hat und meint, damit etwas Grosses verfolgt und erreicht zu haben.

89.

Es darf auch nicht übersehen werden, dass die Naturphilosophie zu allen Zeiten einen listigen und zähen Gegner in dem Aberglauben und blinden und maasslosen Religionseifer gehabt hat. Schon bei den Griechen sieht man, wie die, welche zuerst die natürlichen Ursachen des Blitzes und der Stürme den daran nicht gewöhnten Ohren der Menschen predigten, deshalb des Unrechts gegen die Götter beschuldigt worden sind. Nicht viel besser sind von einigen alten christlichen Kirchenvätern Die behandelt worden, welche auf Grund der sichersten Beweise, denen heute kein vernünftiger Mensch sich entgegenstellt, die Erde für eine Kugel erklärt und deshalb Gegenfüssler angenommen haben. Ja, wie die Sachen stehn, ist die Besprechung der Natur durch die Schriften und das Verfahren der scholastischen Theologen jetzt noch schwieriger und gefährlicher geworden. Indem sie die Theologie zur Verstärkung ihrer Macht geordnet und zu einer Wissenschaft gestaltet haben, ist zugleich die kampflustige und dornige Aristotelische Philosophie mit dem religiösen Inhalt mehr als recht vermengt worden. Dahin zielen, wenn auch in andrer Weise, sogar die Arbeiten Derer, welche sich nicht scheuen, die Wahrheit der christlichen Religion aus den Prinzipien und Aussprüchen der Philosophen herzuleiten oder dadurch zu bestätigen. Sie feierten die Hochzeit des Glaubens und der sinnlichen Wahrnehmung als eine rechtmässige mit vieler Pracht und Herrlichkeit und erfreuten die Geister durch ein angenehmes Wechseln in den Gegenständen; aber in Wahrheit vermischten sie Göttliches mit Menschlichem, was sich nicht verträgt. In diesen Mixturen von Theologie und Philosophie wird nur das jetzt in der Philosophie Geltende zugelassen und alles Neue, auch wenn es besser ist, abgewiesen und vertilgt. So zeigt sich, dass der Zugang zu einer verbesserten Philosophie durch die Thorheit einzelner Theologen beinah ganz versperrt worden ist. Andere befürchten in ihrer Einfalt, dass eine tiefere Erforschung der Natur über die erlaubte Grenze der Mässigung hinausgehe; sie beziehen und verdrehen das, was über die göttlichen Mysterien in der heiligen Schrift gegen Die, welche in den göttlichen Geheimnissen wühlen, gesagt ist, auf das Verborgene in der Natur, wofür doch kein Verbot besteht. Andere überlegen und bedenken in pfiffiger Weise, dass, wenn die mittleren Sätze nicht gekannt sind, das Einzelne leichter auf die göttliche Führung und Zucht im vermeintlichen Interesse der Religion zurückgeführt werden könne. Aber das heisst so viel, als Gott durch die Lüge gefällig sein. Andere fürchten das Beispiel, und dass die Bewegungen und Veränderungen in der Philosophie sich auch auf die Religion ausdehnen und erst da enden möchten. Andere endlich besorgen, es möchte bei der Naturforschung etwas entdeckt werden, was die Religion namentlich bei den Ungelehrten umstürzen oder schwächen könnte.

Allein diese beiden letzten Besorgnisse schmecken nach irdischer Weisheit. Man vertraut in den Winkeln seines Geistes und in seinen geheimsten Gedanken nicht der Festigkeit des Glaubens und der Herrschaft der Religion über die Sinne, sondern glaubt und fürchtet, dass durch die Erforschung der Wahrheit in den natürlichen Dingen der Religion Gefahr drohen könne. Wer die Sache aber wohl überlegt, der sieht, dass die Naturphilosophie nächst dem Worte Gottes das beste Mittel gegen den Aberglauben und das erprobteste Stärkungsmittel für den Glauben ist. Deshalb wird sie mit Recht der Religion als ihre treueste Magd beigegeben; jene offenbart den Willen Gottes, diese seine Macht. Denn Jener sprach die Wahrheit, der da sagte: "Ihr irrt, wenn ihr die Schriften und die Macht Gottes nicht kennt." Er mischte und vereinigte durch ein besonderes Band die Verkündung des Willens und das Nachdenken über die Macht.

Man kann sich deshalb nicht wundern, wenn das Anwachsen der Naturphilosophie ins Stocken kommt, da die Religion, welche das Meiste über die Gemüther der Menschen vermag, durch die Thorheit und den blinden Eifer Einiger auf die Seite der Gegner übergetreten und fortgerissen worden ist.

90.

Ferner sind es die Gebräuche und Einrichtungen der Schulen, Akademien, Kollegien und ähnlicher Verbindungen, welche, obgleich zu dem Sitz der Gelehrten und zur Pflege der Gelehrsamkeit bestimmt, doch alle dem Fortschritt der Wissenschaften sich feindlich zeigen. Die Vorlesungen und Uebungen sind da so eingerichtet, dass es Niemand leicht beikommt, etwas Anderes als das Gewohnte zu bedenken und zu betrachten. Unternimmt es einmal Einer oder der Andere, seine Urtheilskraft frei zu gebrauchen, so muss er die Arbeit allein übernehmen, und der Verkehr mit den Anderen nützt ihm nichts. Aber selbst wenn er das erträgt, wird er doch erfahren, dass dieser Eifer und diese Grossherzigkeit ihm schwere Hindernisse für sein Fortkommen bereiten. Denn an diesen Orten ist die wissenschaftliche Ausbildung wie eine Gefangene auf die Schriften einiger Autoren beschränkt, und Der, welcher davon abweicht, wird sofort als ein unruhiger Kopf, der nach Neuerungen strebe, verschrieen.

Allein zwischen den bürgerlichen Wesen und den Wissenschaften besteht ein grosser Unterschied; denn eine neue Volksbewegung und eine neue Wahrheit sind nicht gleich gefährlich. In bürgerlichen Dingen ist selbst eine Veränderung zum Bessern wegen der damit verbundenen Störungen bedenklich. Die bürgerliche Gesellschaft ruht auf der Autorität, der Gemeinsamkeit, dem Ruf und der Meinung, und nicht auf Beweisen; aber in den Künsten und Wissenschaften soll, wie in den Schmelzhütten, Alles von dem Lärm neuerer Vorrichtungen und weiterer Fortschritte erfüllt sein.

So verhält sich die Sache nach der Vernunft; aber man benimmt sich nicht danach, und diese hier beschriebene Verwaltung und Verfassung der Gelehrtenrepublik hat auf die Vermehrung der Wissenschaften hart gedrückt.

91.

Aber wenn auch solcher Neid aufhören sollte, so genügt doch, um den Fortschritt der Wissenschaften aufzuhalten, dass die dahin zielenden Versuche und Anstrengungen der Belohnung entbehren. Die Pflege der Wissenschaften und der Lohn sind nicht beisammen. Die Fortschritte der Wissenschaften gehen von grossen Geistern aus, aber der Lohn und der Preis der Wissenschaften ist bei der Menge oder bei den vornehmsten Personen, deren Gelehrsamkeit selten bedeutend, oder auch nur mittelmässig ist. Solche Fortschritte entbehren nicht blos des Lohnes und der Unterstützung, sondern auch der rühmenden Anerkennung im Volke; denn sie gehen über die Fähigkeiten der Menschen hinaus und werden von dem Winde der öffentlichen Meinung leicht vertrieben und ausgelöscht.

So kann man sich nicht wundern, wenn ein Geschäft nicht vorgeschritten ist, an das keine Ehre sich knüpfte.

92.

Aber das grösste Hinderniss für den Fortschritt der Wissenschaften und für das Aufsuchen neuer Aufgaben und neuer Gebiete liegt in der Muthlosigkeit der Menschen, die zu schnell etwas für unmöglich halten. Selbst kluge und ernste Männer haben bei solchen Dingen durchaus kein Vertrauen; man schützt die Dunkelheit der Natur vor, oder die Kürze des Lebens, oder die Täuschungen der Sinne, oder die Schwäche des Verstandes, oder die Schwierigkeiten der Versuche und Aehnliches. So meint man, für die Wissenschaften beständen Perioden nach den Zeiten und Altern der Welt; eine Ebbe und eine Fluth; zu Zeiten trete ein Wachsthum und eine Blüthe ein, zu andern sänken die Wissenschaften und lägen darnieder, und zwar so, dass wenn sie ein bestimmtes Maass und Höhe erreicht hätten, ein weiterer Fortschritt unmöglich sei. Hofft und verspricht daher Jemand etwas Grosses, so gilt dies für das Zeichen eines schwachen und unreifen Geistes, und für ein Unternehmen, was zwar fröhlich beginne, aber im Fortgang schwer werde und mit Verwirrung ende. Da ernste und verständige Männer solchen Ansichten sich leicht zuneigen, so muss man ernstlich sorgen, dass man nicht aus Liebe für die schönste und beste Sache in Strenge des Urtheils nachlasse, und man muss fleissig schauen, welche Hoffnungen und von welcher Seite sich zeigen. Die Pläne für Unbedeutendes sind bei Seite zu lassen, vielmehr ist das Dauerhafte zu erforschen und zu erwägen. Selbst der Rath der Rechtsgelehrten ist zu hören und zu befolgen, welche die ausdrückliche Vorschrift geben, nicht zu trauen und in menschlichen Dingen das Schlimmere zu vermuthen.

So bleibt noch Einiges über die Hoffnung zu sagen, denn ich mache keine leeren Versprechen und will den menschlichen Verstand nicht vergewaltigen oder überlisten, sondern man soll freiwillig der Führung meiner Hand folgen. Das wirksamste Mittel, die Hoffnung zu erwecken, ist, dass ich die Menschen zu dem Einzelnen heranführe, wie dasselbe insbesondere in meinen Tafeln der Erfindungen vertheilt und geordnet ist (es gehört theils zu dem zweiten, theils zu dem vierten Theile meiner Grossen Erneuerung der Wissenschaften). Dies ist dann schon nicht blos die Hoffnung, sondern auch die Sache selbst. Damit indess Alles allmählich geschehe, fahre ich in meinem Unternehmen auf Vorbereitung der Geister fort, wobei jene Aufzeigung der Hoffnung keinen geringen Theil dieser Vorbereitung bildet. Denn ohne diese Hoffnung bewirkt das Uebrige, anstatt zu erheitern und den Eifer für die Nachforschung zu steigern, eher eine traurige Stimmung; es drückt die Meinung über den Werth des jetzigen Wissens noch tiefer als bisher herab und lässt die unglückliche Lage noch mehr empfinden und erkennen. Deshalb muss man die Gründe darlegen und bekannt machen, weshalb die Erfüllung der Hoffnungen hier mit Wahrscheinlichkeit erwartet werden kann. So machte es auch Columbus, ehe er seine wunderbare Seereise durch den Atlantischen Ozean antrat; er setzte auseinander, weshalb man neue Länder und Erdtheile ausser den schon bekannten zu treffen mit Sicherheit annehmen könne; anfangs verwarf man seine Gründe, aber nachher hat die Erfahrung sie bestätigt; sie waren der Anfang und die Ursache der grössten Ereignisse.

93.

Den Anfang muss man aber mit Gott machen; denn das, was in dieser Sache unternommen wird, muss wegen seiner ausgezeichnet guten Natur offenbar von Gott kommen, der der Urheber des Guten und der Vater des Lichtes ist. Bei göttlichen Werken hat aber selbst der kleinste Anfang ein glückliches Ende. Und was von dem Geistigen gesagt ist: "Das Reich Gottes kommt nicht von äusserlichen Dingen", das gilt auch für jedes grössere Werk der göttlichen Vorsehung; Alles schreitet ohne Lärm und Geräusch ruhig vorwärts, und die Sache ist schon in voller Wirksamkeit, ehe die Menschen glauben und merken, dass sie wirkt. Auch ist die Prophezeihung Daniel's über die letzten Zeiten der Welt nicht zu übersehen: "Viele werden vorübergehen, und vielerlei Art wird die Wissenschaft sein." Sie lehrt und deutet klar an, es sei bestimmt, d. h. von der Vorsehung, dass die Durchwanderung der Welt, die nach so vielen langen Seereisen beinah erreicht ist oder wenigstens nahe bevorsteht, und die Vermehrung der Wissenschaften in dasselbe Zeitalter fallen werden.

94.

Es folgt nun der allerwichtigste Grund, um guten Muthes zu sein; nämlich der Grund, welcher aus den Irrthümern der Vergangenheit und den falschen bis jetzt betretenen Wegen sich ergiebt. Denn jener Ausspruch ist treffend, mit dem Jemand seinen Tadel über die schlechte Verwaltung eines Staates aussprach: "Was für die Vergangenheit sich als das Schlimmste darstellt, muss als das Beste für die Zukunft gelten. Wenn Ihr Alles, was Eure Pflicht erfordert, gethan hättet, und Eure Lage trotz dem nicht besser geworden wäre, so würde keine Hoffnung für eine Besserung übrig bleiben. Allein da Eure Lage nicht durch sich selbst, sondern durch Eure Irrthümer schlecht geworden ist, so ist eine grosse Aenderung zum Bessern zu hoffen, sobald Ihr Eure Irrthümer ablegt und verbessert." – So wäre unzweifelhaft es eine kühne und verwegene Meinung, dass es besser werden könnte, wenn man in der langen Zeit der Jahre den rechten Weg im Entdecken und im Anbau der Wissenschaften eingehalten gehabt hätte. Hat man dagegen in dem Wege sich geirrt gehabt und die Anstrengungen an dem ungehörigen Ort verwendet, so folgt, dass die Schwierigkeit nicht in den Dingen selbst liegt, die nicht in unserer Gewalt sind, sondern in dem menschlichen Verstande und in dessen Gebrauch und Verwendung, wo Medizin und Hülfsmittel angewendet werden können. Deshalb war es das Beste, gerade diese Irrthümer vor Augen zu stellen; denn so viel als in der Vergangenheit durch diese Irrthümer Hindernisse bestanden haben, so viel sind jetzt Gründe zur Hoffnung auf die Zukunft vorhanden. Wenn auch in dem Bisherigen dies bereits berührt worden, so soll es doch jetzt kurz in einfachen, ungeschminkten Worten dargelegt werden.

95.

Die, welche die Wissenschaften bearbeiteten, waren entweder Empiriker oder Dogmatiker. Jene sammeln und verbrauchen nur, wie die Ameisen; Letztere aber, welche mit der Vernunft beginnen, ziehen wie die Spinnen das Netz aus sich selbst heraus. Das Verfahren der Bienen steht zwischen beiden; diese ziehen den Saft aus den Blumen in Gärten und Feldern, aber behandeln und verdauen ihn durch eigne Kraft. Aehnlich ist das Geschäft der Philosophie; es stützt sich nicht ausschliesslich oder hauptsächlich auf die Kräfte der Seele, und es nimmt den von der Naturkunde und den mechanischen Versuchen gebotenen Stoff nicht unverändert in das Gedächtniss auf, sondern verändert und verarbeitet ihn im Geiste. Deshalb können auf das engere und festere Bündniss beider Vermögen, des versuchenden nämlich und des denkenden, was bis jetzt noch nicht bestanden hat, die besten Hoffnungen gebaut werden.

96.

Die Naturphilosophie verfährt zur Zeit noch nicht aufrichtig, sondern ist angesteckt und verderbt, und zwar in der Schule des Aristoteles durch die Logik, in der Schule des Plato durch die natürliche Theologie, in der zweiten Schule des Plato, des Proklus und Anderer durch die Mathematik, die der Naturphilosophie die Grenze setzen, aber sie nicht hervorbringen und erzeugen soll. Sonach ist von einer reinen und unvermengten Naturphilosophie das Beste zu erwarten.

97.

Bisher ist noch Niemand so festen und strengen Geistes gewesen, dass er sich entschlossen und vorgesetzt hätte, die gemeinen Theorien und Begriffe gänzlich zu vertilgen, und den Verstand, nachdem Alles darin verlöscht und ausgeglichen worden, von Neuem auf das Einzelne zu richten. Deshalb ist das Denken der Menschen, wie es jetzt geübt wird, ein Mischmasch und Gemenge von zu viel Vertrauen und zu viel Zufall und von kindischen, im ersten Beginn gewonnenen Begriffen. Wenn aber Jemand in reifem Alter und mit gesunden Sinnen und gewiegtem Verstande sich von Neuem zur Erfahrung und zu dem Einzelnen wendet, so kann man Besseres erwarten. Und hierbei verspreche ich mir das Glück eines Alexander des Grossen, und Niemand soll mich der Eitelkeit zeihen, ehe er das Ende der Sache gehört hat, was alle Eitelkeit abthun soll. Denn über Alexander und seine Thaten hat Aeschines gesagt: "Wir leben fürwahr kein sterbliches Leben, sondern sind dazu geboren, dass die Nachwelt das Ungeheuerlichste erzähle und verkünde", als wenn er die Thaten Alexander's für Wunder gehalten hätte. Aber später hat Titus Livius die Sache besser erkannt und durchschaut, indem er von Alexander sagte: "Er habe gut daran gethan, das Eitle muthig zu verachten." Und ein ähnliches Urtheil, hoffe ich, wird man in späteren Zeiten auch über mich fällen, was dahin lauten wird: "Ich hätte nichts Grosses geleistet, sondern nur das für gross Gehaltene klein gemacht. Zur Zeit ruht indess, wie gesagt, alle Hoffnung nur auf der Erneuerung der Wissenschaften, die von der Erfahrung aus regelrecht wieder erweckt und neu aufgerichtet werden müssen, und Niemand hat, wie ich glaube, behauptet, dass dies schon geschehen oder vorgeschlagen worden sei.

98.

Bisher waren die Grundlagen der Erfahrung, zu der ich mich jetzt wenden muss, entweder gar nicht oder nur schwach vorhanden, und die Masse und der Stoff des Einzelnen war weder nach Zahl, noch nach Art, noch nach Gewissheit in passender oder irgend genügender Weise bis jetzt beschafft und gesammelt worden. Vielmehr haben die Gelehrten in ihrer Trägheit und Leichtgläubigkeit blosse Gerüchte über das Vorgekommene und gleichsam das blosse Gerede und Gesäusele zum Aufbau und zur Befestigung ihrer Philosophie verwendet und solchem das Gewicht vollgültiger Zeugnisse beigelegt. Gleich einem Reiche oder Staate, in welchem die Beschlüsse und Geschäfte sich nicht nach den Schreiben und Berichten der Gesandten und glaubwürdiger Geschäftsträger bestimmen, sondern nach dem Stadt- und Strassengeschwätz, herrscht ein solches Treiben ähnlich in der Philosophie in Bezug auf die Erfahrung. In der Naturgeschichte findet man nichts, was richtig untersucht, festgestellt, gezählt, gewogen, gemessen worden, und doch ist alles Unbestimmte und Schwankende bei den Beobachtungen trügerisch und treulos für die Belehrung.

Vielleicht klingt dies sonderbar, und vielleicht scheinen diese Klagen wenig begründet, da ein so grosser und durch die Mittel eines so grossen Königs unterstützter Mann, wie Aristoteles, eine so genaue Geschichte über die Thiere geschrieben hat, und Andere sie mit noch grösserem Fleisse, wenn auch mit weniger Aufsehn vermehrt haben, und wieder Andere zahlreiche Erzählungen und Geschichten über die Pflanzen, die Metalle und Fossilien verfasst haben. Allein man achte und merke auf das, was jetzt geschieht. Es ist ein Unterschied zwischen der Naturgeschichte, die um ihrer selbst willen gefertigt ist, und der, welche gesammelt worden, um den Geist richtig zu belehren und die Philosophie zu begründen. Die erste unterscheidet sich von der letzten vorzüglich dadurch, dass sie die Mannichfaltigkeit der natürlichen Arten, aber nicht die Versuche in den mechanischen Künsten enthält. Schon in dem bürgerlichen Leben treten der Verstand und die geheimen Neigungen und Empfindungen der Seele bei Demjenigen, der in das Treiben desselben gestellt ist, besser hervor, als bei Dem, der fern davon steht, und ähnlich offenbaren sich die Geheimnisse der Natur mehr dem Pressen und Drängen der Kunst, als wenn Alles in seinem natürlichen Laufe fortgeht.

Deshalb lässt sich nur dann Gutes für die Naturphilosophie hoffen, wenn die Naturkunde, welche ihre Stütze und Grundlage bildet, in bessern Stand gebracht sein wird; vorher aber nicht.

99.

In der Menge mechanischer Versuche herrscht gerade an solchen grosser Mangel, welche für die Belehrung des Geistes am werthvollsten und förderlichsten sind; denn dem Handwerker liegt es nicht an Erforschung der Wahrheit, und er denkt und rührt seine Hände nur so lange, als es zur Vollendung seiner Arbeit nöthig ist. Aber auf den weiteren Fortschritt der Wissenschaften kann man nur dann mit Recht hoffen, wenn die Naturkunde vorzugsweise solche Versuche aufnimmt und sammelt, die zwar keinen unmittelbaren Nutzen haben, aber zur Entdeckung der Ursachen und der Gesetze dienen. Solche Versuche nenne ich lichtbringende im Gegensatz zu den fruchtbringenden. Jene sind von der vortrefflichen Beschaffenheit, dass sie niemals täuschen, noch die Arbeit vergeblich werden lassen. Da ihr Zweck nicht auf die Herstellung eines Werkes, sondern auf die Entdeckung einer natürlichen Ursache gerichtet ist, so erfüllen sie ihren Zweck, mögen sie ausfallen, wie sie wollen, denn sie entscheiden die Frage.

100.

Es ist aber nicht blos die Zahl der Versuche zu vermehren und die Art derselben gegen die bisherige zu ändern, sondern es muss durch eine andere Methode eine andere Ordnung und Regel bei der Fortsetzung und Beförderung der Erfahrung eingeführt werden. Denn eine unbestimmte, nur sich selbst überlassene Erfahrung ist, wie erwähnt, ein reines Herumtappen und betäubt nur die Menschen, anstatt sie zu belehren; wenn aber die Erfahrung nach einer festen Regel in Ordnung und Zusammenhang vorschreitet, so lässt sich Besseres für die Wissenschaften hoffen.

101.

Wenn der Stoff und Vorrath einer solchen Naturgeschichte und Erfahrung, wie es die Aufgabe des Geistes und der Philosophie verlangt, gesammelt und vorhanden sein wird, so genügt es dann aber nicht, dass der Verstand diesen Stoff beliebig behandelt und in das Gedächtniss einprägt; denn schon die Berechnung der täglichen Ausgaben einer Wirthschaft kann man nicht blos im Kopfe ausführen und merken. Dennoch hat man sich bis jetzt bei Entdeckungen mit dem Nachdenken ohne Aufzeichnung begnügt, und die Versuche sind noch nicht schriftlich befestigt worden, obgleich doch nur Entdeckungen, die auf solchen Dokumenten beruhen, zu beachten sind. Kommt diese Methode in Uebung, so ist von einer solchen schriftlich befestigten Erfahrung Besseres zu erwarten.

102.

Bei der grossen Zahl und Masse des Einzelnen, was durch seine Zerstreuung und Ausbreitung den Geist spaltet und irre führt, ist von einem blossen Anführen und leichten Versuchen und Uebersichten wenig zu erwarten, vielmehr muss das, was zu einem bestimmten Gegenstande gehört, geordnet und mit Hülfe von Tafeln zusammengestellt werden, die zur Entdeckung geeignet sind und in ihrer guten Anordnung lebenden Wesen gleichen. Deshalb muss der Verstand an solche Tafeln, als vorbereiteten und geordneten Hülfsmitteln, sich halten.

103.

Wenn das Einzelne in seinem Reichthum hergerichtet und geordnet gleichsam vor Augen gestellt ist, so darf man dann nicht gleich zu neuem Einzelnen und zur Erfindung neuer Werke übergehen; sollte es geschehen, so darf man wenigstens sich nicht damit begnügen. Denn wenn auch alle Versuche in allen Künsten gesammelt und geordnet sein werden, so dass ein Mensch sie alle kennen und prüfen kann, so wird allerdings schon durch die Uebertragung der Versuche aus der einen Kunst in die andere viel Neues entdeckt werden können, was für Staat und Leben von Nutzen ist, und was ich die gelehrte Erfahrung nenne. Allein dies wäre immer noch das Geringere; Grösseres ist zu hoffen von dem neuen Licht der aus dem Einzelnen nach festen Regeln und Weisen abgeleiteten Grundsätze, die auf neues Einzelne führen und es andeuten. Denn das Leben bewegt sich nicht auf der Ebene, sondern bergauf und bergab; erst schreitet man zu den Grundsätzen hinauf und dann zu den Werken hinab.

104.

Es ist aber nicht zulässig, dass der Geist von dem Einzelnen sofort zu den entlegenen und allgemeinsten Grundsätzen, die man die Prinzipien der Künste und Dinge nennt, überspringe und überfliege, wobei dann deren Wahrheit für unveränderlich gilt und die mittleren Grundsätze danach eingerichtet und abgemessen werden. Allerdings lässt sich der Geist durch einen natürlichen Drang dazu verleiten, und er ist durch die syllogistischen Beweisführungen schon lange dazu angeleitet und daran gewöhnt worden. Aber um die Wissenschaften wird es nur dann gut stehn, wenn man auf einer richtigen Leiter von Stufe zu Stufe ohne Unterbrechung und Sprünge von dem Einzelnen zu den unteren Lehrsätzen, dann höher zu den mittleren und nur zuletzt zu den allgemeinsten aufsteigt. Denn die untersten Sätze sind wenig von der Erfahrung des Einzelnen verschieden; aber jene ersterwähnten höchsten und allgemeinsten sind nur Ausgeburten des Denkens, inhaltslos und unzuverlässig. Dagegen sind die mittleren Sätze die wahren zuverlässigen und lebendigen, auf denen das Leben und Wohl der Menschen beruht. Ueber diesen stehen endlich auch ganz allgemeine Grundsätze, aber solche, die nicht inhaltslos sind, und die durch jene mittleren Sätze in Schranken gehalten werden.

Sonach soll man dem menschlichen Geist keine Flügel, sondern eher ein Bleigewicht beigeben, was alles Springen und Fliegen hemmt. Bis jetzt ist dies noch nicht geschehen, und wenn es geschehen sollte, kann Besseres von den Wissenschaften gehofft werden.

105.

Für die Feststellung der Lehrsätze ist eine andere als die bisher gebräuchliche Art der Induktion zu bilden; sie soll nicht blos zur Entdeckung und zum Beweis der sogenannten Prinzipien dienen, sondern auch für die mittleren und niederen Sätze, ja überhaupt für Alles. Denn die blos auf die einfache Abzählung sich stützende Induktion ist ein kindisches Ding und führt nur zu unsicheren Schlüssen; sie bleibt der Gefahr entgegengesetzter Fälle ausgesetzt und stützt sich meistens auf die wenigen Fälle, welche gerade zur Hand sind. Dagegen muss die Induktion, welche für die Entdeckung und Beweise der Wissenschaften und Künste nützen soll, die Fälle durch Aussonderung und Zurückweisung, wo es nöthig ist, trennen, und dann, je nachdem die verneinenden Fälle es gestatten, aus den bejahenden ihre Schlüsse ziehen. Dies ist bis jetzt weder geschehen noch versucht worden, Plato ausgenommen, welcher für die Gewinnung seiner Definitionen und Ideen dieser Art der Induktion sich mitunter bedient. Zu einer guten und richtigen Einrichtung solcher Induktionen und Beweise ist Vielerlei nöthig, an das bisher noch Niemand gedacht hat; denn freilich ist dazu mehr Arbeit nöthig, als man bisher auf den Syllogismus verwendet hat. Diese Induktion muss nicht blos zur Entdeckung der Lehrsätze, sondern auch zur Bestimmung der Begriffe benutzt werden.

Auf diese Art von Induktion kann man grosse Hoffnung setzen.

106.

Bei der Ableitung der Lehrsätze mittelst solcher Induktion muss auch geprüft und erprobt werden, ob der aufgestellte Satz nur dem Maasse der Einzelfälle, aus denen er abgeleitet ist, angepasst ist, oder ob er von weiterem und grösserem Umfange ist. Im letzteren Falle muss man sehen, ob diese Weite und dieser Umfang durch neue Einzelfälle, die man beachtet, gleich Bürgen bestätigt wird, damit man nicht in den bekannten stecken bleibt oder durch zu weite Fassung in Schatten und inhaltsleere Formen statt in das Feste und Bestimmte gerathe.

Wenn man so verfahren sollte, wird endlich eine sichere Hoffnung erglänzen.

107.

Hier ist auch nochmals an das über die Naturphilosophie und die nach ihr eingerichteten besonderen Wissenschaften Gesagte zu erinnern. Man muss alles Zerschneiden und Verstümmeln der Wissenschaften vermeiden; sonst kann auf den Fortschritt wenig gerechnet werden.

108.

Dass man nicht verzagen, sondern Muth fassen soll, habe ich schon gesagt. Man muss den Irrthümern früherer Zeiten entweder Lebewohl sagen oder sie berichtigen. Indess ist nachzusehen, ob sonst noch etwas zu Hoffnungen berechtige. Da findet sich, dass man auch ohne zu suchen und in andrer Absicht viel Nützliches gleichsam zufällig und gelegentlich entdeckt hat; unzweifelhaft wird man daher viel mehr entdecken, wenn man darauf absichtlich ausgeht und dabei nicht hastig und abspringend, sondern regelmässig und geradeaus verfährt. Wenn auch Jemand ein oder das andere Mal durch glücklichen Zufall etwas gefunden hat, was dem angestrengt und absichtlich Suchenden entgangen ist, so wird doch Alles in Allem genommen das Entgegengesetzte als Regel gelten. Deshalb kann von einer verständigen und bewussten Leitung und Führung der Menschen mehr und Besseres und mit geringeren Opfern erwartet werden, als wenn man blos nach thierischem Instinkt oder ähnlich verfährt, auf welchem Wege bisher die Entdeckungen gemacht worden sind.

109.

Auch der Umstand erweckt die Hoffnung, dass manche bisherige Erfindungen der Art sind, dass Niemand vorher eine Ahnung davon gehabt, sondern dergleichen als Unmöglichkeiten verächtlich behandelt hat. Denn die Menschen prophezeien gern über Neues nach dem Beispiel des Alten und gemäss ihrer danach gebildeten und verbildeten Phantasie. Diese Art zu urtheilen ist aber höchst trügerisch, da Vieles, was sich aus den Quellen der Dinge schöpfen lässt, nicht in den bekannten Bächen fliesst.

Hätte z. B. Jemand vor Erfindung der Feuerwaffen sie nur nach ihren Wirkungen beschrieben, und gesagt, man habe eine Erfindung gemacht, durch welche die grössten Mauern und Wälle aus weiter Entfernung erschüttert und niedergeworfen werden könnten, so würde man über die Gewalt der vorhandenen Maschinen und Vorrichtungen mannichfach nachgedacht haben, um sie durch Gewichte und Räder, oder durch Vermehrung der Widerstösse und Schläge zu verstärken; aber Niemand würde auf einen feurigen Dampf, der sich plötzlich und gewaltsam ausdehnt und aufbläht, in seiner Phantasie gerathen sein, vielmehr würde man dergleichen gänzlich verworfen haben, weil man nie ein Beispiel davon gesehen habe, und weil Erdbeben und Blitze wegen der Grösse dieser Naturvorgänge von den Menschen nicht nachgemacht werden können.

Hätte in ähnlicher Weise Jemand vor Entdeckung der Seide gesagt, man habe eine Art Fäden entdeckt, die zu Kleidern und Hausrath gebraucht werden könnten und die leinenen und wollenen Fäden in Feinheit und Festigkeit, sowie in Glanz und Weichheit bei Weitem überträfen, so würde man gleich an irgend eine Pflanzenfaser oder an das feine Haar eines Thieres oder an die Federn und den Flaum von Vögeln gedacht haben; aber auf das Gewebe eines kleinen Wurmes, was alljährlich in solcher Menge neugebildet wird, wäre man nicht gekommen, und hätte Jemand ein Wort von solchem Wurm fallen lassen, so würde er als ein Träumer verspottet worden sein, weil er von neuen Werken der Spinnen rede.

Hätte ebenso Jemand vor Erfindung des Kompasses erzählt: Es sei ein Instrument erfunden worden, durch welches die Hauptpunkte des Himmels erkannt und unterschieden werden könnten, so würde man der Verfertigung der feinsten astronomischen Instrumente nachgegangen und in der Hitze der Phantasie Vieles und Mancherlei erörtert haben; aber man würde es nicht geglaubt haben, dass sich etwas auffinden lasse, dessen Bewegung mit der des Himmels so genau stimme und doch nicht zum Himmel gehöre, sondern blos aus einem steinernen und metallischen Stoff bestehe.

Dennoch ist Dies und Anderes, was so lange Zeit den Menschen verborgen war, nicht durch die Philosophie und die Künste der Vernunft, sondern durch Zufall und gelegentlich entdeckt worden, und es gehört zu dem, was, wie erwähnt, von dem bisher Bekannten völlig verschieden war und ihm so fern stand, dass es mittelst blosser Begriffe niemals hätte erreicht werden können.

Deshalb kann man hoffen, dass die Natur in ihrem Busen noch vieles Vortreffliche verborgen halte, was mit dem bisher Erfundenen keine Verwandtschaft und Aehnlichkeit hat, sondern weit ab von den Wegen der Einbildungskraft liegt und noch nicht erfunden ist. Unzweifelhaft wird es im Fortgang und Verlauf der Jahrhunderte zum Vorschein kommen, ebenso wie es mit dem Früheren auch geschehen ist; aber auf dem von mir dargelegten Wege wird dies schneller und entschiedener geschehen, und es kann damit auf einmal erfasst und vorausgenommen werden.

110.

Dennoch finden sich andere Entdeckungen dieser Art, welche bestätigen, dass der Mensch selbst an vortrefflichen Entdeckungen, die ihm gleichsam vor den Füssen liegen, vorübergehen und sie übersehen kann. Denn das Schiesspulver, das Seidengespinnst, der Kompass, der Zucker, das Papier und ähnliche Erfindungen scheinen auf gewissen natürlichen Eigenschaften der Dinge zu beruhen; dagegen ist bei der Buchdruckerkunst Alles offen und in die Augen fallend; aber trotzdem hat man nicht bemerkt, dass die Lettern zu setzen zwar mehr Arbeit fordert, als die Buchstaben mit der Hand zu schreiben, aber dass jene, einmal gesetzt, zu zahllosen Abdrücken benutzt werden können, während die von der Hand gezogenen Buchstaben nur zu einer Schrift zureichen. Auch hatte man vielleicht nicht bemerkt, dass die Dinte so verdickt werden kann, dass sie nicht fliesst, sondern nur färbt, namentlich wenn die Buchstaben erhaben sind und darüber hin der Druck erfolgt. So hat man diese vortreffliche Erfindung, die so viel zur Verbreitung der Kenntnisse beiträgt, viele Jahrhunderte entbehrt. Die menschliche Seele ist indess auf dieser Fahrt nach Erfindungen oft so linkisch und so schlecht vorbereitet, dass sie zuerst verzagt und bald nachher wieder sich selbst verachtet. Zuerst kann sie nicht glauben, dass so etwas erfunden werden kann, und ist es erfunden, so scheint es ihr wieder unglaublich, dass dies den Menschen so lange habe entgehen können. Deshalb kann man auch hier Hoffnungen hegen; es giebt noch eine Masse neuer Erfindungen, die nicht blos aus zu ermittelnden unbekannten Verfahrungsweisen, sondern auch aus der Uebertragung, Verbindung und weiteren Anwendung der bereits bekannten, mittelst der erwähnten schriftlich befestigten Erfahrung abgeleitet werden können.

111.

Ebenso kann es die Hoffnung stärken, wenn man bedenkt, was die Menschen an Scharfsinn, Zeit und Vermögen für Dinge und Arbeiten von weit geringerem Werthe und Nutzen aufgewendet haben. Würde nur ein Theil davon auf das Gesunde und Ernste verwendet, so würden keine Schwierigkeiten bleiben, die nicht zu überwinden wären. Ich musste dies erwähnen, weil nach meiner Ansicht die Sammlung der Naturbeschreibungen und Versuche, wie sie mir vorschwebt und wie sie sein soll, ein grosses, gleichsam königliches Unternehmen von vieler Arbeit und grossen Kosten ist.

112.

Inmittelst braucht Niemand die Menge des Einzelnen zu fürchten, vielmehr kann sie die Hoffnung nur verstärken. Denn die einzelnen Erscheinungen der

Natur und der Künste sind nur eine Handvoll gegen die Erdichtungen des Denkens, nachdem man die Gewissheit der Dinge verlassen hat und in dem Abstrakten sich bewegt. Und das Ende dieses Lebens steht fest und ist vielleicht nahe; aber bei dem Andern giebt es kein Aufhören, sondern nur eine Verwickelung ohne Ende. Denn bisher hat man sich nur wenig bei der Erfahrung aufgehalten und sie nur leicht durchforscht, aber mit den Unterlagen und Erdichtungen des Verstandes hat man unendliche Zeit verschwendet. Wäre nur bei mir Jemand gegenwärtig, der auf die Fragen über die Vorgänge der Natur antwortete, so würden die Ursachen der Dinge in wenig Jahren entdeckt und alle Wissenschaften zu Stande gebracht sein.

113.

Auch mein eigenes Beispiel kann einige Hoffnung gewähren; und ich sage das des Nutzens wegen, nicht um mich zu rühmen. Wer noch kein Vertrauen hat, schaue auf mich, einen Mann, der unter den Männern gleichen Alters am meisten mit Staatsgeschäften beladen ist, dabei von schwacher Gesundheit ist, der viel Zeit verschwenden muss und hier keinem Beispiel und keiner Spur eines Vorgängers folgen kann, und der mit Keinem der Sterblichen deshalb Rücksprache genommen hat. Dennoch habe ich den rechten Weg beharrlich aufgesucht, und indem ich meinen Geist der Sache unterordnete, glaube ich diese etwas weiter vorwärts gebracht zu haben. Und nun bedenke man, was und wie viel mehr von Männern, die volle Musse haben, und was von gemeinsamer Arbeit in einer längeren Reihe von Jahren erwartet werden kann, nachdem ich den Weg gezeigt habe, und zwar einen Weg, auf dem nicht blos Einzelne Platz haben, wie es bei jenem Wege des reinen Denkens der Fall ist, sondern wo die Arbeiten und Leistungen vorzüglich bei Sammlung von Erfahrungen sich passend vertheilen und dann wieder verbinden lassen. Denn die Menschen werden erst dann ihre Kräfte kennen lernen, wenn nicht unendlich Viele dasselbe, sondern Jeder etwas Besonderes vornehmen wird.

114.

Endlich aber müsste man, wenn auch der Wind der Hoffnung von dem neuen Erdtheil viel schwächer und dunkler herüber wehte, doch den Versuch machen, wenn man nicht ganz verzagten Gemüthes sein will. Denn es ist oft dieselbe Gefahr, ob man eine Sache gar nicht versucht, oder ob sie nicht gelingt; jenes kann zu unermesslichem Guten führen, bei diesem ist höchstens einige Mühe verloren. Und nach Allem, was ich gesagt und noch nicht gesagt habe, scheint genügende Hoffnung für Jeden vorzuliegen, wenn er nur eifrig ist im Versuchen und klug und nüchtern im Glauben.

115.

Soviel zur Beseitigung der Verzweiflung, einer der Ursachen, welche den Fortschritt der Wissenschaften am meisten verzögern und hindern. Auch die Zeichen und Ursachen des Irrthums, der herrschenden Trägheit und Unwissenheit sind besprochen worden, von denen die feineren sich dem Urtheil der Menge und den Sinnen entziehen und das betreffen, was über die Götzenbilder des menschlichen Geistes oben gesagt worden ist.

Hiermit schliesst der niederreissende Theil meiner Erneuerung der Wissenschaften. Er vollzieht sich durch eine dreifache Verwerfung; erstens durch die Verwerfung der menschlichen Vernunft in ihrem natürlichen, sich selbst überlassenen Zustande; zweitens durch die Verwerfung der Beweise; endlich durch die Verwerfung der Theorien oder der hergebrachten Philosophien und Lehren. Die Widerlegung ist so geschehen, wie sie möglich war, nämlich durch die Zeichen und durch die Beweiskraft der Ursachen; eine andere Widerlegung konnte ich nicht geben, da ich in den Prinzipien und Beweisen meine besonderen Ansichten habe.

So wäre es nun Zeit, dass ich mit der Kunst und Regel der Naturerklärung selbst begänne; indess bleibt noch Etwas, was nicht übergangen werden darf. Da ich nämlich in diesem ersten Buche meiner Aussprüche die Geister auf das Verständniss und die Annahme des Folgenden vorbereiten will, so müssen die Geister, nachdem sie gereinigt, abgeschoren und geglättet worden, in eine gute Stellung und auf einen anziehenden Standpunkt für das, was ich vortragen will, gebracht werden. Denn in neuen Dingen entspringen die Vorurtheile nicht blos aus der Zähigkeit der alten Meinungen, sondern auch aus den falschen Einbildungen und Vorstellungen über das, was kommen wird. Deshalb will ich nach Möglichkeit eine gute Meinung für das, was ich beibringe, zu erwecken suchen, die wenigstens so lange und gleichsam als Zins gelten mag, bis man die Sache selbst kennen wird.

116.

Erstens möge man nicht glauben, dass ich nach dem Beispiel der alten Griechen oder einiger Neueren, wie des Telesius, Patricius, Severinus eine neue Sekte für die Philosophie bilden will. Dies ist nicht meine Absicht, auch hätte es für das Glück der Menschen wenig Bedeutung, ob Jemand die oder jene inhaltsleere Ansichten über die Natur und Prinzipien der Dinge aufstellt. Wollte ich dies, so könnte ich unzweifelhaft viel Altes herbeiholen und viel Neues aufstellen; so hat man ja mancherlei Erklärungen für die Himmelserscheinungen aufgestellt, die alle mit denselben stimmen, aber unter einander sich widersprechen. Auf dergleichen nutzloses Spiel des Meinens verwende ich aber keine Mühe; meine Absicht ist, zu versuchen, ob in Wahrheit die Grundlagen der Macht und Grösse des Menschen fester gelegt und deren Grenzen weiter ausgedehnt werden können. Ich habe zwar hier und da in einzelnen Dingen schon Manches richtiger und sicherer als bisher erkannt, was bessere Früchte tragen wird, und was ich in dem fünften Theile meiner Erneuerung der Wissenschaften zusammengestellt habe; aber deshalb werde ich doch keine allgemeine und vollständige Theorie vortragen, da die Zeit noch nicht reif dazu ist. Ich kann nicht einmal auf ein so langes Leben hoffen, dass ich den sechsten Theil der Erneuerung, der für die aus der richtigen Naturerklärung hervorgehende Philosophie bestimmt ist, zu Ende bringen könnte; ich bin zufrieden, wenn ich in den mittleren Jahren nüchtern und mit Nutzen arbeite, einstweilen den Samen der reinen Wahrheit für die Nachwelt ausstreue und wenigstens den Anfang mit den grossen Dingen mache.

117.

So wie ich keine neue Sekte gründen will, so mag ich auch keine neuen Werke vorgeben oder versprechen. Man kann mir allerdings vorhalten, dass ich der Werke so oft erwähne und Alles darauf berechne, mithin selbst ein Pfand für solche Werke gewähren müsse. Allein mein Weg und mein Verfahren ist, wie ich schon oft gesagt habe und hier wiederhole, nicht Werke aus Werken und Versuche aus Versuchen, wie die Empiriker, zu entnehmen, sondern ich entnehme aus den Werken und Versuchen die Ursachen und die Gesetze und aus den Ursachen und Gesetzen wieder neue Werke und Versuche, wie rechte Ausleger der Natur zu thun haben. In meinen Tafeln der Erfindung, welche den vierten Theil meiner Erneuerung bilden, und in den einzelnen Beispielen, die ich in dem zweiten Theile anführe, sowie in meinen Bemerkungen über Geschichte, welche der dritte Theil bringt, wird Jedermann bei mässigem Scharfsinn und Fleiss überall die Andeutungen und Beschreibungen von manchem bedeutenden Werke finden; aber trotzdem bekenne ich offen, dass die Naturkunde, welche ich aus den Büchern und eignen Untersuchungen mir erworben habe, noch nicht so vollständig und zuverlässig ist, um für eine richtige Auslegung zu genügen und auszuhelfen. Ist daher Jemand schon durch die blosse Uebung in Versuchen zu mechanischen Arbeiten geschickt und geneigt, und ist er scharfsinnig in Erfindung von Werken, so mag er sich dem ergeben, und er wird aus meiner Geschichte und meinen Tafeln Vieles gleichsam im Vorbeigehen abpflücken und zu seinen Werken benutzen können und so zur Zeit die Zinsen beziehen, bis er das Kapital erlangen kann. Ich habe indess Grösseres in Absicht und verdamme deshalb jeden leichtsinnigen und unzeitigen Aufenthalt in diesen Dingen, die an die oft genannten Aepfel der Atalanta erinnern. Ich verlange nicht kindisch nach den goldenen Aepfeln, sondern setze Alles auf den Sieg im Wettlauf der Kunst mit der Natur, und eile nicht, das Moos oder die grüne Saat vorschnell zu mähen, anstatt die reife Frucht zu ernten.

118.

Sicherlich wird Mancher bei dem Durchlesen meiner Geschichte und meiner Tafeln für die Erfindungen einzelnes Unsichere und Falsche in den Versuchen antreffen und deshalb glauben, dass meine Entdeckungen auf falschen oder schwankenden Grundlagen und Prinzipien ruhen. Allein dies will nichts sagen, und dergleichen ist im Anfange unvermeidlich. Es ist ebenso, als wenn in Schrift und Druck ein oder der andere Buchstabe falsch gestellt oder eingeordnet ist; dies stört den Leser wenig, da der Sinn leicht den Irrthum verbessern lässt. Vielleicht meint man auch, dass in meine Naturgeschichte viele falsche Versuche aufgenommen sein mögen, die dann durch die später entdeckten Ursachen und Gesetze widerlegt und beseitigt werden würden. Allein wenn in der Naturgeschichte und in den Versuchen grosse, zahlreiche und fortgehende Irrthümer sich befänden, so würde der Verstand und die Kunst auch im glücklichsten Falle sie nicht verbessern und berichtigen können. Wenn in meiner Naturgeschichte, wo Alles mit grossem Fleiss, Strenge und mit beinah abergläubischer Vorsicht geprüft und gesammelt worden ist, dennoch im Einzelnen manches Falsche und mancher Irrthum sich findet, was soll man dann von der gewöhnlichen Naturgeschichte erwarten, welche bisher und vor der meinigen mit solcher Nachlässigkeit und Leichtsinn zusammengestellt worden ist, oder von der Philosophie und den Wissenschaften, die auf solchem Sand oder vielmehr auf solchen Untiefen errichtet sind. Deshalb mag sich also Niemand durch dergleichen Bedenken irre machen lassen.

119.

In meiner Geschichte und meinen Versuchen kommt manches Geringe und Gemeine vor; auch manches Niedrige und Rohe; selbst manches Spitzfindige und rein Spekulative und scheinbar Unnütze; dies kann möglicher Weise von dem Studium derselben abwendig machen. Indess möge man in Betreff des sogenannten Gewöhnlichen bedenken, dass man bisher allerdings nur die Ursachen des Seltenen auf das, was häufiger vorkommt, bezogen und letzterem angepasst, aber nach den Ursachen dessen, was häufig geschieht, nicht gefragt hat; vielmehr gilt dies als zugestanden und anerkannt. So fragt man nicht nach der Ursache der Schwere, der Umdrehung der Himmelskörper, der Wärme, der

Kälte, des Lichts, des Harten, des Weichen, des Lockern, des Dichten, des Flüssigen, des Festen, des Lebendigen, des Leblosen, des Aehnlichen und des Unähnlichen, selbst nicht nach der Ursache des Organischen, vielmehr wird das Alles für klar und deutlich angesehen; man streitet und urtheilt nur über das, was nicht so häufig vorkommt und nicht so bekannt ist. Ich weiss jedoch, dass man über seltene und auffallende Dinge weder urtheilen noch Neues entdecken kann, wenn man nicht die Ursachen des Gewöhnlichen und die Ursachen dieser Ursachen erforscht und gefunden hat, und deshalb muss ich auch die gewöhnlichsten Dinge in meine Naturgeschichte mit aufnehmen.

Nichts ist der Philosophie hinderlicher gewesen, als dass man bei allen bekannten und häufigen Vorkommnissen sich um deren Betrachtung nicht gekümmert, sondern sie obenhin angenommen hat, ohne nach ihren Ursachen zu fragen. So kommt es, dass die Belehrung über unbekannte Dinge meist nicht so nöthig ist als die Aufmerksamkeit auf bekannte.

120.

Was nun den Nutzen der Dinge anlangt, so gehören hässliche Dinge, für deren Nennung, wie Plinius sagt, man erst um Erlaubniss bitten muss, ebenso in meine Naturgeschichte wie die schönsten und kostbarsten. Die Naturgeschichte wird davon nicht beschmutzt; die Sonne dringt ebenso in Paläste wie in Kloaken, ohne sich zu beschmutzen, und ich will nicht ein Kapitol oder eine Pyramide dem menschlichen Stolze erbauen und weihen, sondern ich will einen heiligen Tempel nach dem Muster der Welt in dem menschlichen Geiste begründen. Deshalb folge ich auch jedem einzelnen Gegenstande. Was des Seins würdig ist, ist auch des Wissens würdig, denn das Wissen ist das Bild des Seins, und das Gemeine hat Dasein wie das Schöne. So wie selbst aus widrigen Stoffen, aus Moschus und Zibeth oft die schönsten Gerüche entwickelt werden, so bricht mitunter aus niedrigen und schmutzigen Gegenständen Licht und Belehrung in hohem Maasse hervor. Doch genug davon, da diese Art von Widerwillen nur für Kinder und Weiber gehört.

121.

Dagegen verdient es eine sorgfältigere Erklärung, dass in meiner Geschichte der gewöhnlichen Auffassung und dem nur an Gegenwärtiges gewöhnten Verstande Vieles als gesucht oder nutzlos vorkommen wird. Hierbei kann ich vor Allem nur sagen, dass ich von Anfang ab bis jetzt nur lichtbringende, aber nicht fruchtbringende Versuche gemacht habe, nach dem Beispiel der Schöpfung Gottes, welcher, wie gesagt, am ersten Tage nur das Licht erschuf, diesem einen ganzen Tag einräumte und kein stoffliches Werk an diesem Tage einmengte.

Hält man dergleichen für nutzlos, so ist es ebenso, als wenn man das Licht für nutzlos halten wollte, weil es an einem stofflichen und festen Gegenstande fehlt. Eine wohl geprüfte und bestimmte Erkenntniss der einfachen Eigenschaften gleicht aber dem Licht; sie gewährt den Eingang, durch den man zu Allem dringen kann; sie umfasst und zieht mit ihrer Macht ganze Massen und Haufen von Werken und die Quelle für die vornehmsten Lehren nach sich, wenn sie auch an sich selbst von keinem grossen Nutzen ist. So sind auch die Buchstaben für sich und einzeln ohne Bedeutung und Nutzen, und doch sind sie gleich den Urstoffen für die Bildung und Einrichtung einer Rede unentbehrlich. Auch der Samen der Dinge mit seiner starken Kraft ist ausserhalb seines Prozesses zu nichts nütze, selbst die Strahlen des Lichts verbreiten in ihrer Zerstreuung und ohne Zusammentreffen keinen Segen.

Wenn aber Jemand an der spekulativen Spitzfindigkeit Anstoss nimmt, was müsste der von den Scholastikern sagen, die solchen Spitzfindigkeiten im Uebermaass sich überlassen haben. Dabei bewegten sich ihre Spitzfindigkeiten nur in Worten oder, was ebenso viel ist, in bekannten Begriffen, nicht in den Dingen und in der Natur; dergleichen waren nicht blos im Beginn, sondern auch in ihrem Fortgange ohne Nutzen. Ihre Spitzfindigkeiten gleichen nicht den meinigen, die zwar anfangs keinen Nutzen, aber in ihren Folgen einen unendlichen Nutzen zeigen.

Man sei überzeugt, dass aller Scharfsinn im Disputiren und Reden, der den entdeckten Lehrsätzen nur nachfolgt, verspätet und verkehrt ist; die wahre und passende oder wenigstens die vornehmste Zeit für das scharfe, in das Finstere eindringende Denken ist die, wo die Erfahrung erwogen und die Lehrsätze festgestellt werden sollen. Jene scholastischen Spitzfindigkeiten pressen und drücken die Natur, aber sie erfassen und verstehen sie nicht. Der Ausspruch über die Gelegenheit oder das Glück, dass es an der Stirn behaart, aber am Hinterkopfe kahl sei, gilt auch, wenn man ihn auf die Natur überträgt. Wenn man in der Naturgeschichte das Gewöhnliche, Niedrige, sehr Feine und scheinbar Nutzlose verachtet, so gilt dafür der Ausspruch jener Frau, welche, als ein übermüthiger Fürst ihre Bitte nicht erhören wollte, weil der Gegenstand zu werthlos und für seine Majestät zu niedrig sei, ihm gleich einem Orakel sagte: "So höre auf, ein König zu sein!" Wer diesen Dingen wegen ihrer Gemeinheit und Niedrigkeit keine Aufmerksamkeit zuwenden will, der wird sicherlich die Herrschaft über die Natur weder erlangen noch führen können.

122.

Man wird auch vielleicht entgegnen, dass ich etwas Schweres und Wunderbares beginne, wenn ich alle Wissenschaften und alle Lehrer mit einem Schlage beseitige, ohne einen der Alten zur Hülfe und Unterstützung herbeizuholen, und auf meine eigne Kraft allein mich verlasse.

Es würde mir nun allerdings, wenn ich weniger offen verfahren wollte, nicht schwer geworden sein, das, was ich gesagt, auf alte Zeiten, noch vor den Griechen zurückzuführen, in denen die Naturwissenschaften vielleicht in grösserer Blüthe, wenn auch mehr im Verborgenen, standen, da sie noch nicht in die Pfeifen und Hörner der Griechen gerathen waren; oder ich hätte Einzelnes selbst auf die Griechen zurückführen und so mir Ehre und Beistimmung verschaffen können, nach der Weise neu aufkommender Männer, die sich aus irgend einem alten Stammbaum durch der Genealogen Gunst einen Adel aufbauen und beilegen. Allein ich habe mich auf die Anschaulichkeit der Dinge verlassen und alle Mittel der Erdichtung und des Betruges gescheut. Auch ist es für meine Aufgabe gleichgültig, ob das, was entdeckt werden soll, schon den Alten bekannt war, und ob es im Wechsel der Dinge und Zeiten zum Aufgehenden oder zum Untergehenden gehört; wie es ja auch keine Sorge machen kann, ob jene Insel Atlantis ein neuer Erdtheil ist, und ob sie den Alten schon bekannt war, oder erst jetzt entdeckt worden ist. Denn die Entdeckungen hat man in dem Lichte der Natur und nicht in der Finsterniss der alten Zeit zu suchen. Was aber jenen allgemeinen Vorwurf anlangt, so wird Jeder, der sich die Sache recht überlegt, ihn für wahrscheinlicher und bescheidener halten, als wenn er nur gegen Einzelnes erhoben worden wäre. Hätten die Irrthümer nicht die obersten Begriffe betroffen, so hätte manche richtige Erforschung andere schlechte verbessern müssen; allein da der Irrthum die Grundlagen betraf und man dadurch die Dinge mehr vernachlässigte und übersah, als falsch und schlecht beurtheilte, so kann man sich nicht wundern, wenn man da nichts erreicht hat, wo man nichts gethan hatte; wenn man das Ziel nicht erlangt hat, da man sich keines vorgesetzt und aufgestellt hatte, und wenn man auf dem Wege nicht zu Ende gekommen ist, da man ihn nicht betreten und inne gehalten hatte.

Was den Vorwurf der Anmaassung anbetrifft, so wird allerdings, wenn Jemand aus freier Hand und mit blossem Auge eine Linie gerader oder einen Kreis vollkommener ziehen zu können behauptet als ein Anderer, man zu einer Vergleichung der Geschicklichkeiten veranlasst; behauptet aber Jemand, dass er mittelst des Lineals oder des Zirkels eine Linie gerader oder einen Kreis vollkommener, als ein Anderer nach dem blossen Augenmaasse, beschreiben könne, so wird man ihn allerdings für keinen Grosssprecher halten. Möge dies nicht blos für diesen meinen ersten Versuch und Anfang gelten, sondern auch für Die, welche sich der Sache später widmen. Denn meine Art, in den Wissenschaften Entdeckungen zu machen, stellt die Geister gleich und lässt für die Auszeichnung Einzelner wenig Raum, da Alles nach festen Regeln und Beweisen behandelt wird. Was ich geleistet habe, ist deshalb, wie ich bereits zu Oefterem gesagt, mehr das Ergebniss des Glückes als der Geschicklichkeit, mehr die Geburt der Zeit als des Geistes. Denn der Zufall herrscht sicherlich ebenso in dem Denken des Menschen wie in seinen Werken und Thaten.

123.

Deshalb gilt von mir jener die Sache so gut treffende Scherz: "Es ist unmöglich, dass Die, welche Wasser und welche Wein trinken, den gleichen Geschmack empfinden." Bisher hat man in alten und neueren Zeiten den rohen Saft von den Wissenschaften gleich dem Wasser getrunken, wie er von selbst aus dem Verstande träufelte oder wie er durch die Dialektik wie aus einem Brunnen mittelst des Rades geschöpft wurde. Ich aber trinke und setze ein Getränk vor, was aus zahllosen Trauben gezogen ist, die reif und gezeitigt waren, einzeln ausgelesen und abgesucht worden, dann in der Kelter gepresst und zuletzt in den Fässern geklärt und gereinigt worden sind. Es kann deshalb nicht auffallen, wenn ich mit den Anderen nicht übereinstimme.

124.

Wahrscheinlich wird man mir auch entgegnen, dass ich nicht das wahre und beste Ziel für die Wissenschaften aufgestellt habe, obgleich ich doch dasselbe bei Anderen tadele. Denn die Betrachtung der Wahrheit stehe viel höher und sei werthvoller als alle Nützlichkeit und Grösse der einzelnen Dinge; jenes lange und absichtliche Verharren bei der Erfahrung, bei dem Stoff und den Schwankungen der einzelnen Dinge fessele den Geist gleichsam an den Boden, stürze ihn in eine Hölle voll Verwirrung und Störung und hemme und trenne ihn von der Heiterkeit und Ruhe der reinen Weisheit, welche ein viel götterähnlicherer Zustand sei.

Diesem Vorwurf stimme ich gern bei, denn gerade das, was man dabei im Sinne hat und bezweckt, ist das, was ich vorzugsweise und vor Allem betreibe. Denn ich gründe das Bild der Welt in dem menschlichen Geiste so, wie sie besteht, und nicht, wie sie Jeder aus seinen eigenen Sinnen sich ausgedacht hat. Dies kann aber ohne die sorgfältigste Zerlegung und Zertheilung der Welt nicht geschehen. Deshalb verlange ich die Beseitigung jener thörichten Modelle und Nachäffungen der Welt, welche man in den philosophischen Systemen phantastisch aufgerichtet hat. Man bedenke nur, wie ich schon oft bemerkt, den grossen

Unterschied zwischen den Götzenbildern des menschlichen Geistes und den Ideen des göttlichen Geistes. Jene sind nur willkürliche Abstraktionen, diese sind aber die wahren Zeichen des Schöpfers an seinen Geschöpfen, dem Stoffe durch wahre und ausgewählte Linien eingezogen und eingebildet. Deshalb sind gerade die Dinge selbst die Wahrheit und der Nutzen, und die Werke sind höher als Pfänder der Wahrheit zu schätzen, als weil sie die Annehmlichkeiten des Lebens erhöhen.

125.

Man wird mir vielleicht auch entgegnen, ich bleibe nur auf der betretenen Bahn, und schon die Alten hätten denselben Weg wie ich eingeschlagen. Man wird deshalb wahrscheinlich glauben, dass auch ich, nach so viel Vorbereitung und Zurüstung, doch endlich bei einem jener philosophischen Systeme anlangen werde, welche bei den Alten gegolten haben. Denn auch diese hätten, sagt man, im Beginn ihrer Forschungen sich eine grosse Menge wichtiger Beispiele und einzelner Fälle gesammelt und in ihren Schriften nach Titeln und Abtheilungen geordnet und von da aus ihre Systeme und ihre Kunst entwickelt. Erst nachdem sie diese Sachen erkannt, hätten sie darüber Aussprüche gethan und diese mit Beispielen zur Erläuterung und Bestätigung hier und da belegt; dagegen hätten sie es für überflüssig und lästig gehalten, die Bemerkungen über das Einzelne und die Nachträge und Erläuterungen dazu bekannt zu machen; vielmehr hätten sie es wie bei den Bauten gemacht, wo man ebenfalls nach vollendetem Bau die Maschinen und Leitern von dem Platze entferne.

Allerdings muss man annehmen, dass sie so verfahren sind. Wer indess das Frühere noch im Gedächtniss hat, kann auf diesen Einwurf oder vielmehr auf diese Bedenken leicht antworten. Die Art, wie die Alten ihre Forschungen und Erfindungen betrieben, haben sie selbst beschrieben, und sie kann aus ihren Schriften entnommen werden. Man schwang sich dabei von einzelnen Fällen und Beispielen mit Hinzunahme einiger bekannten Begriffe und einiger Sätze aus den herrschenden Meinungen, wie sie am meisten gefielen, gleich zu den allgemeinsten Schlüssen und Prinzipien der Wissenschaften auf. Die Wahrheit dieser Prinzipien galt dann für fest und unerschütterlich, aus ihnen wurden dann die niederen Sätze abgeleitet und bewiesen, und so die Kunst gebildet. Wurden später neue Fälle oder Beispiele gefunden und beigebracht, die mit diesen Annahmen sich nicht vertrugen, so wurden sie durch spitzfindige und künstliche Unterscheidungen und Erklärungen der Regeln darin untergebracht oder auf grobe Weise als Ausnahmen beseitigt. Dagegen wurden die Ursachen der nicht entgegenstehenden Fälle umständlich und mühsam jenen Prinzipien angepasst. Aber ihre Naturgeschichte und Erfahrung war durchaus nicht so, wie sie sein sollte, und jenes sofortige Hinaufschwingen zu dem Allgemeinsten hat Alles verdorben.

126.

Man wird mir vielleicht auch entgegnen, dass ich mit meiner Forderung, nicht sofort abzusprechen und die Prinzipien festzustellen, sondern durch die mittleren Stufen zu dem Allgemeinsten richtig vorzuschreiten, eine Enthaltung des Urtheils vertheidige und so mit den alten Skeptikern zusammentreffe. Allein ich bereite und verlange nicht ein Enthalten, sondern ein Wohlverhalten des Urtheils. Die Sinne verleugne ich nicht, sondern unterstütze sie, und den Verstand verachte ich nicht, sondern leite ihn. Es ist besser, dass man weiss, was die Aufgabe fordert, und nicht schon meint, sie ganz zu wissen, als dass man sie ganz zu wissen meint und doch von dem, was nöthig ist, noch nichts weiss.

127.

Man wird auch, wenn nicht als Einwand, doch als Zweifel hinstellen, ob ich hier blos von der Naturphilosophie spreche, oder auch von den übrigen Wissenschaften, und ob auch die Logik, die Ethik, die Politik auf dem von mir verlangten Wege vollendet werden solle. Allerdings soll das von mir Gesagte für Alles gelten. So wie schon die gewöhnliche Logik, welche durch den Syllogismus regiert, nicht blos auf die Natur-Wissenschaft, sondern auf alle sich erstreckt, so umfasst auch die meinige, welche durch die Induktion vorschreitet, sie alle. Denn meine Naturgeschichte und meine Tafeln der Erfindung umfassen auch den Zorn, die Furcht, die Schaam und Aehnliches; auch die Fälle des bürgerlichen Lebens. Sie enthalten ebenso die geistigen Vorgänge des Gedächtnisses, des Verbindens, des Trennens, des Urtheilens u. s. w., wie das Warme, das Kalte, das Licht, das Wachsthum und Aehnliches. Allein meine Art zu erklären sieht, nachdem die Geschichte vorbereitet und geordnet ist, nicht blos auf die Bewegungen und Wendungen des Geistes, wie die gewöhnliche Logik, sondern auch auf die Natur der Dinge; ich leite den Verstand so, dass er sich der Natur der Dinge auf alle entsprechende Weise anpassen kann. Deshalb lehre ich bei der Darstellung meiner Kunst der Erklärung Vieles und Mancherlei, was sich auf die Entdeckung der Beschaffenheit des Zustandes und der Art des Gegenstandes, um den es sich handelt, nach irgend einer Seite hin bezieht.

128.

Es wäre Unrecht, wenn man meinte, dass ich die Philosophie, die Künste und Wissenschaften, deren man bedarf, zerstören und verwüsten wolle; im Gegentheil liegt deren Anwendung, Anbau und Ehre mir am Herzen. Ich will in keiner

Weise hinderlich sein, dass die einmal zur Geltung gekommenen Wissenschaften, welche die Disputationen ernähren und die Reden verzieren, für die bestehenden Lehrämter und zum Besten der bürgerlichen Verhältnisse benutzt werden und in Geltung bleiben und wie gewisse Geldstücke nach dem Uebereinkommen unter den Menschen umlaufen; ja, ich erkläre sogar offen, dass das, was ich beibringe, dazu wenig beitragen wird, weil es dem grossen Haufen nur durch die Wirkungen und Werke begreiflich gemacht werden kann. Wie aufrichtig ich es meine, wenn ich von meiner Liebe und meinem guten Willen für die hergebrachten Wissenschaften spreche, das erhellt aus meinen in die Oeffentlichkeit gelangten Schriften, vorzüglich aus den Büchern über den Fortschritt der Wissenschaften. Ich werde deshalb in dieser Hinsicht mit Worten nichts weiter auszuführen suchen. Allein ich behaupte wiederholt und ausdrücklich, dass auf die jetzt übliche Weise keine grossen Fortschritte in den Lehren und in der Betrachtungsweise der Wissenschaften geschehen, und dass sie zu grossen Werken nicht führen werden.

129.

Noch bleibt mir Einiges über die Vortrefflichkeit meines Zieles zu sagen. Hätte ich es eher gethan, so hätte es mehr als ein frommer Wunsch erscheinen können; aber jetzt, wo die Hoffnung begründet und falsche Vorurtheile beseitigt worden sind, wird es grösseres Gewicht haben. Hätte ich selbst schon Alles vollendet und zu Ende gebracht, und müsste ich nicht Andere zur Theilnahme und Gemeinschaft der Arbeit einladen, so würde ich dergleichen vermeiden, da es leicht als eine Anpreisung meiner Verdienste ausgelegt werden kann. Allein da ich die Thätigkeit Anderer zu schärfen und die Geister zu wecken und zu entzünden habe, so ist es nöthig, Einiges hierüber den Menschen vorzuhalten.

Erstens scheint die Einführung bedeutender Erfindungen bei Weitem die erste Stelle unter den menschlichen Handlungen einzunehmen. Schon die alten Zeiten sind dieser Meinung gewesen; denn man erwies den Entdeckern von Neuem göttliche Ehre, während Die, welche sich in bürgerlichen Dingen verdient gemacht hatten, wie die Begründer von Staaten und Reichen, die Gesetzgeber, Die, welche das Vaterland von langen Uebeln befreit oder Tyrannen bekämpft hatten u. s. w., nur die Ehren von Heroen erhielten. Und man wird bei richtiger Vergleichung dies Urtheil der alten Zeiten ganz angemessen finden. Denn die Wohlthaten der Erfinder fallen dem ganzen menschlichen Geschlechte zu, während die bürgerlichen Wohlthaten nur bestimmten Ländern zu Gute kommen. Auch dauern diese nicht über einige Menschenalter hinaus; jene aber in alle Ewigkeit. Auch kann die Verbesserung der bürgerlichen Zustände in der Regel nicht ohne Gewalt und Störung geschehen, aber die Erfindungen beglücken und thun wohl, ohne Jemand zu verletzen oder zu betrüben. Die Erfindungen gleichen neuen Schöpfungen und sind Nachahmungen der göttlichen Werke, wie der Dichter singt:

Den bekümmerten Sterblichen hatte fruchtbringende Saaten

Einst das berühmte Athen, zuerst unter Allen, gegeben;

Dies hat Gesetze gemacht und neues Leben geschaffen.

Auch ist es merkwürdig, dass selbst Salomo in der Blüthe seiner Macht, wo Gold, prächtige Bauwerke, Dienerschaft und Mannschaft, eine Flotte, der Ruhm seines Namens und die Bewunderung der Menschen ihm zugehörte, den Ausspruch that: "der Ruhm Gottes sei, die Dinge zu verhüllen; der Ruhm der Könige sei, die Dinge zu erforschen."

Man erwäge auch den grossen Unterschied, der zwischen der Lebensweise in einem gebildeten Lande Europa's und dem in einer wilden und barbarischen Gegend des neuen Indiens besteht. Man wird diesen Unterschied so gross finden, dass man mit Recht sagen kann, der Mensch ist für den Menschen ein Gott, nicht blos wegen der Hülfe und der Wohlthaten, sondern auch für die Lehenszustände überhaupt, und dies bewirken nicht der Himmel, nicht die Körper, sondern allein die Kunst.

Auch ist es gut, wenn man die Kraft, die Güte und die Folgen der Erfindungen betrachtet; nirgends tritt dies deutlicher hervor, als bei jenen dreien, die dem Alterthum unbekannt waren, und deren Anfänge, obgleich sie in die neuere Zeit fallen, doch dunkel und ruhmlos sind; nämlich die Buchdruckerkunst, das Schiesspulver und der Kompass. Diese drei haben die Gestalt der Dinge und die menschlichen Zustände auf der Erde verändert; die eine in den Wissenschaften, die andre im Kriegswesen und die dritte in der Schifffahrt. Zahllose Veränderungen sind ihnen gefolgt, und keine Herrschaft, keine Sekte, kein Gestirn scheint je grössere Wirkung und grösseren Einfluss auf die menschlichen Verhältnisse ausgeübt zu haben als diese mechanischen Dinge.

Es lassen sich in Bezug auf die hier behandelten Fragen drei Arten oder Grade des Ehrgeizes bei den Menschen unterscheiden. Bei der ersten Art will man seine eigne Macht in seinem Vaterlande vermehren; das ist die gemeine und niedrige Art; bei der zweiten soll die Macht und Herrschaft des Vaterlandes über das menschliche Geschlecht erhöht werden; diese Art hat grössern Werth, aber auch grössere Begierden. Will dagegen Jemand die Macht und Herrschaft des menschlichen Geschlechts selbst über die Natur erneuern und erweitern, so ist diese Art des Ehrgeizes, wenn man ihn so nennen kann, gesunder und edler als alle anderen. Nun beruht aber die Herrschaft des Menschen über die Dinge blos auf den Künsten und Wissenschaften. Denn man kann der Natur nur gebieten, wenn man ihr gehorcht. Schon der Nutzen einer einzelnen Erfindung hat die Menschen oft so erregt, dass sie den Erfinder, weil er das ganze menschliche Geschlecht sich durch eine Wohlthat verpflichtete, für ein Wesen höherer Art gehalten haben; wie viel erhabener erscheint es da, das zu erfinden, was alle anderen Erfindungen erleichtert?

Demnach muss ich gestehen, dass ich dem Lichte zwar sehr dankbar bin, weil ich dadurch den Weg finden, die Kunst üben, lesen und die Menschen erkennen kann; aber dennoch ist die Betrachtung des Lichtes selbst eine viel vortrefflichere und schönere Sache als sein mannichfacher Nutzen. Ganz ebenso ist auch die blosse Betrachtung der Dinge, wie sie sind, ohne Aberglauben und Betrug, ohne Irrthum und Verwirrung in sich selbst werthvoller als die Früchte aller Erfindungen.

Wenn endlich Jemand den Verfall der Wissenschaften und Künste der Bosheit, dem Luxus und Aehnlichem zur Last legt, so möge dies Niemand glauben. Denn dies kann man von allen irdischen Gütern sagen; vom Verstand, von der Tapferkeit, den Kräften, der Gestalt, dem Reichthum, selbst von dem Lichte und Anderem. Möge nur das menschliche Geschlecht erst sein Recht über die Natur wieder gewinnen, was ihm nach der göttlichen Verleihung gebührt, und möge es dieses Recht voll ausüben. Den rechten Gebrauch wird dann die gesunde Vernunft und die Religion schon bestimmen.

130.

Es ist nun Zeit, dass ich die Kunst der Naturerklärung selbst darlege. Ich glaube das Nützlichste und Wahrste in ihr vorzutragen; allein deshalb behaupte ich doch nicht, dass sie so unbedingt nothwendig sei, und dass ohne sie nichts vollbracht werden könnte, und dass sie vollkommen sei. Vielmehr würde, wenn man sich die wahre Kunde von der Natur und den Erfahrungen immer gegenwärtig hielte, sich damit vertraut machte und sich zu Zweierlei bequemte, einmal, die angenommenen Vorurtheile abzulegen und dann zur Zeit den Geist von den allgemeinsten und diesen nächsten Grundsätzen noch zurückzuhalten, man durch die eigne, echte Kraft des Geistes allein, ohne weitere künstliche Anleitung, zu meiner Erklärungsweise gelangen.

Denn diese Erklärung ist nur die wahre und natürliche That des Geistes, nachdem man die Hindernisse weggeräumt hat. Indess wird durch meine Vorschriften Alles zugänglicher und zuverlässiger werden; aber ich behaupte deshalb nicht, dass ihnen nichts zugesetzt werden könnte; vielmehr muss ich, der ich den Geist nicht in seiner Kraft für sich, sondern in seiner Verbindung mit den Dingen betrachte, anerkennen, dass mit den Erfindungen auch die Kunst des Erfindens wachsen könne.

Zweites Buch.

1.

Es ist das Werk und Ziel der menschlichen Macht, in einem gegebenen Körper eine oder mehrere neue Eigenschaften zu erzeugen und einzuführen; aber es ist das Werk und Ziel der menschlichen Wissenschaft, die Form einer gegebenen Eigenschaft, oder ihr eigentliches Wesen, oder ihre wirkende Natur, oder die Quelle ihres Entstehens zu entdecken, mit welchen Worten die Sache noch am besten bezeichnet werden kann. Diesen zwei obersten Werken ordnen sich zwei andere von zweitem und niederem Range unter; dem erstern die Umwandlung der einzelnen Körper aus einem in den andern, soweit dies überhaupt möglich ist; dem andern die Entdeckung des geheimen stetigen Vorganges bei aller Zeugung und Bewegung von der offenbaren Ursache und dem offenbaren Stoffe aus zur innern Form und die Entdeckung der verborgenen innern Gestaltung der ruhenden, nicht in Bewegung befindlichen Körper.

2.

Wie schlimm es mit der jetzt geltenden menschlichen Wissenschaft steht, ergiebt sich aus den Aussprüchen, die Jedermann gelten lässt. So sagt man mit Recht: "Die wahre Erkenntniss ist die Erkenntniss durch die Ursachen." Auch ist die Eintheilung der Ursachen nicht übel, wonach vier Arten unterschieden werden; der Stoff, die Form, das Wirkende und das Ziel. Davon ist das Ziel für die Wissenschaften ohne Nutzen, ja schädlich; es gilt nur für das menschliche Handeln. An der Entdeckung der Form hat man verzweifelt. Das Wirkende und der Stoff sind in der Weise, wie man sie in voller Absonderung aufsucht und aufstellt, ohne Rücksicht auf den verborgenen Uebergang zur Form, nur oberflächliche und äusserliche Annahmen, welche zur wahren thätigen Wissenschaft nichts beitragen. Ich habe indess nicht vergessen, dass ich oben es als einen Irrthum des menschlichen Geistes bezeichnet und mich dagegen erklärt habe, wenn er das Wesen des Seins in die Form verlegt. Denn allerdings ist in der Natur nichts wahrhaft wirklich als nur die einzelnen Körper mit ihren reinen und gesetzmässigen Wirksamkeiten; aber in der Wissenschaft ist dies Gesetz, seine Erforschung, Entdeckung und Erklärung die Grundlage des Wissens wie des

Wirkens. Dieses Gesetz und seine einzelnen Bestimmungen verstehe ich unter dem Worte "Form"; zumal dies Wort Geltung erlangt hat und gebräuchlich geworden ist.

3.

Wer die Ursache einer Eigenschaft, z. B. der weissen Farbe oder der Wärme nur an einzelnen Gegenständen kennt, dessen Wissen ist noch unvollkommen, und wer die Wirkung nur bei einzelnen Gegenständen und nicht bei allen, die überhaupt dafür geeignet sind, hervorbringen kann, dessen Macht ist gleichfalls noch unvollkommen. Wer aber nur die wirksame und stoffliche Ursache kennt, welche Ursachen fliessend sind und nur die Vermittler und Ursachen für die Form bei einzelnen Dingen sind, der kann wohl zu neuen Entdeckungen bei ähnlichem und zubereitetem Stoffe gelangen; aber die höher liegenden Schranken der Dinge durchbricht er nicht. Wer dagegen die Formen kennt, der erfasst die Einheit der Natur in den verschiedensten Stoffen; er vermag das aufzudecken und hervorzubringen, was bis jetzt noch nicht erreicht worden, und was weder der Wechsel in der Natur noch mühsamen Versuche, noch selbst der Zufall verwirklicht haben würden, und auf das das Denken der Menschen überhaupt nicht gekommen sein würde. Deshalb folgt aus der Entdeckung der Formen die wahre Auffassung und die unbeschränkte Macht.

4.

Da die Wege zur menschlichen Macht und zur Wissenschaft eng verbunden und ziemlich dieselben sind, so ist es in Folge der verderblichen, eingewurzelten Gewohnheit, sich in dem Abstrakten zu bewegen, sicherer, die Wissenschaften von den Grundlagen aus zu beginnen, welche sich auf den thätigen Theil beziehen; dieser hat dann den betrachtenden Theil zu bezeichnen und zu bestimmen. Wir wollen deshalb sehen, welche Anweisung, Anleitung und Ableitung man am liebsten haben möchte, um in einem gegebenen Körper eine bestimmte Eigenschaft zu erzeugen und herzustellen, und dies soll in den einfachsten und verständlichsten Ausdrücken geschehen.

Wenn z. B. Jemand dem Silber die gelbe Farbe des Goldes oder eine Vermehrung seines Eigengewichts mitzutheilen wünscht, ohne die Gesetze seines Stoffes zu verletzen; oder wenn man einen undurchsichtigen Stein durchsichtig, oder dem Glase die Zähigkeit, oder einem unorganischen Körper das Wachsen beibringen möchte, wäre zu fragen, welche Vorschrift oder Anweisung man am liebsten dafür zu erhalten wünschte.

Zuerst wird man sicher wünschen, dass etwas gezeigt werde, was keine vergebliche Arbeit macht und den Versuch nicht fehlschlagen lässt. Zweitens wird man wünschen, nicht an bestimmte Mittel und besondere Verfahrungsweisen gebunden und gefesselt zu werden. Denn dann kann leicht aus dem Versuch nichts werden, weil man nicht das Vermögen und die Gelegenheit hat, diese Mittel zu kaufen und sich zu verschaffen. Giebt es noch andere Mittel und andere Arten ausser jenen vorgeschriebenen, um eine solche Eigenschaft hervorzubringen, so hätte man sie sich vielleicht verschaffen können, aber die beschränkte Vorschrift schliesst sie aus und hindert so den Erfolg. Drittens wird man wünschen, dass ein Weg gezeigt werde, der nicht ebenso schwer wie die Aufgabe selbst ist, vielmehr der Ausführbarkeit näher steht. Deshalb gilt von einer wahrhaften und vollständigen Anweisung zu einer Praxis die Regel, dass sie sicher und nicht zu beschränkt, sondern anleitend sei, oder der Art, dass man die Thätigkeit damit beginnen kann.

Dies trifft dann mit der Entdeckung der wahren Form zusammen. Denn die Form einer Eigenschaft ist der Art, dass mit ihrer Setzung auch die Eigenschaft unfehlbar darauf folgt. Deshalb ist die Form immer vorhanden, wenn die Eigenschaft vorhanden ist; sie bejahet diese Eigenschaft allgemein und ist immer in ihr enthalten. Diese Form ist auch der Art, dass mit ihrer Entfernung die betreffende Eigenschaft ausnahmslos verschwindet. Sie ist deshalb überall da nicht vorhanden, wo diese Eigenschaft fehlt; sie beseitigt sie immer mit sich zugleich und ist in ihr allein enthalten. Endlich ist die wahre Form so beschaffen, dass sie die betreffende Eigenschaft aus einer Quelle des Wesens ableitet, die Mehreren innewohnt und die, wie man sagt, der Natur bekannter ist als selbst die Form. Deshalb gilt von einem wahren und vollständigen Grundsatz des Wissens die Regel und der Ausspruch, dass eine Eigenschaft angegeben werde, welche sich in die gegebene Eigenschaft umwandeln kann, und die doch die Besonderung einer der Natur bekannten Eigenschaft ist, welche somit die wahre Gattung darstellt. Beide Aussprüche, sowohl der für das Handeln wie der für das Wissen, sind dasselbe und das, was in der Wirksamkeit das Nützlichste ist, ist im Wissen auch das am meisten Wahre.

5.

Der Lehr- oder Grundsatz über die Umwandlung der Körper ist von doppelter Art. Zuerst kann man den Körper wie einen Haufen oder eine Verbindung einfacher Eigenschaften auffassen. So verbinden sich bei dem Golde die Eigenschaften, dass es gelb ist, ein bestimmtes Eigengewicht hat, dass es gehämmert und zu bestimmten Gestalten ausgedehnt werden kann, dass es nicht flüchtig wird und im Feuer von seiner Menge nichts verliert, dass es einen besondern Fluss hat, und dass es in besonderer Weise aufgelöst und getrennt werden kann. Aehnliches gilt von den übrigen Eigenschaften, die im Golde angetroffen werden. Dieser Lehrsatz leitet also die Sache aus den Formen der einfachen Eigenschaften ab. Denn wenn man die Formen und Wege kennt, wie das Gelbe, das Gewicht, die Dehnbarkeit, die Festigkeit, der Fluss, die Auflösung und alles Uebrige, in den richtigen Graden und Weisen beigebracht werden kann, so wird man diese Eigenschaften auch in einem Körper zu verbinden verstehen und vermögen, und daraus folgt dann die Umwandlung in Gold.

Diese Art des Verfahrens gehört zur ursprünglichen Thätigkeit. Denn die Weise des Erzeugens ist bei einer einfachen Eigenschaft dieselbe, wie bei mehreren zusammen; man wird höchstens in der Ausführung mehr beschränkt, wenn man Mehreres verlangt, weil es schwer ist, viele Eigenschaften zu verbinden, die nur auf den betretenen und gewöhnlichen Wegen sich leicht vereinigen. Dennoch schreitet diese Art der Thätigkeit, welche sich auf die einfachen Eigenschaften selbst bei einem konkreten Körper richtet, nach dem vor, was in der Natur beständig, ewig und allgemein ist, und sie bahnt der Macht der Menschen eine so breite Strasse, wie man sie bei der gegenwärtigen Lage der Dinge kaum fassen oder sich vorstellen kann.

Die zweite Art der Lehrsätze hängt von der Entdeckung der verborgenen Vorgänge ab; sie schreitet nicht mittelst einfacher Eigenschaften vorwärts, sondern mittelst vollständiger Körper, wie man sie in dem gewöhnlichen Lauf der Natur antrifft. So kann es sich z. B. um die Untersuchung handeln, aus welchen Anfängen, in welcher Art und durch welchen Vorgang das Gold, oder ein anderes Metall, oder ein Stein erzeugt werde, und zwar von dem ersten Ursprung und der rohen Anlage ab bis zu seiner vollständigen mineralischen Natur; oder um die Untersuchung des Vorganges, wie die Pflanzen entstehen, von den ersten Verbindungen der Säfte in der Erde ab, oder von dem Samen ab bis zur ausgebildeten Pflanze einschliesslich der ganzen Reihe ihrer Veränderungen und des verschiedenen und stetigen Wirkens der Natur; oder es handelt sich um die ordentliche Erklärung der Erzeugung der Thiere vom Anfange ab bis zur Geburt, oder um Aehnliches bei andern Körpern. Denn diese Untersuchung beschränkt sich nicht blos auf die Erzeugung der Körper, sondern auch auf andere Bewegungen und Wirksamkeiten der Natur. So kann es sich z. B. um den ganzen Prozess der Ernährung mit seinen einzelnen stetigen Vorgängen handeln, von der ersten Aufnahme des Nährmittels bis zur vollständigen Umwandlung; oder um die willkürliche Bewegung der Thiere von dem ersten Eindruck in dem Vorstellen und dem fortgehenden Streben der Geister ab bis zur Biegung und Bewegung der Glieder; oder um die beginnende Bewegung der Zunge und der Lippen und übrigen Organe bis zur Aussprache der artikulirten Worte. Denn auch dies betrifft konkrete oder verbundene und in Thätigkeit befindliche Eigenschaften, die gleichsam als besondere und eigenthümliche Gewohnheiten der Natur, aber nicht als fundamentale und allgemeine Gesetze, welche die Formen begründen, gelten können. Dennoch muss man anerkennen, dass diese Art ausführbarer ist und uns näher steht und mehr Hoffnung gewährt als jene erste.

Der praktische Theil beginnt in Uebereinstimmung mit dem theoretischen Theil seine Wirksamkeit von dem aus, was in der Natur gewöhnlich angetroffen wird, und geht von da aus zu dem Nächsten und zu dem davon nicht sehr Entfernten weiter; dagegen ist die tiefere, bis auf die Wurzel dringende Wirksamkeit gegen die Natur ebenfalls von den obersten Grundsätzen abhängig. Selbst da, wo der Mensch nicht handeln, sondern nur erkennen kann, wie bei den Vorgängen am Himmel, wo es dem Menschen nicht möglich ist, auf die Himmelskörper einzuwirken, sie zu verändern und umzugestalten, wird doch die Erforschung der Thatsachen und der Wahrheit der Vorgänge, ebenso wie die Erkenntniss der Ursachen und der Zusammenwirkung auf jene obersten und allgemeinsten Grundsätze über die einfachen Eigenschaften zurückgeführt, wie dies bei der freiwilligen Umdrehung, bei der magnetischen Anziehung oder Kraft, und Anderem geschieht, die noch weiter als auf die Himmelskörper sich erstreckten. Denn Niemand kann hoffen, die Frage, ob bei der täglichen Bewegung die Erde oder der Himmel sich umdreht, zur Entscheidung zu bringen, bevor er nicht die Natur der freiwilligen Bewegung begriffen hat.

6.

Der verborgene Prozess, den ich erwähnt, ist etwas ganz Anderes, als was die Menschen bei der jetzigen Verfinsterung ihres Geistes sich leicht vorstellen können. Denn ich verstehe darunter nicht gewisse Maasse, oder Zeichen, oder sichtbare Stufen des Fortschritts in den Körpern, sondern jenen stätigen Prozess, welcher zum grossen Theil nicht sinnlich wahrnehmbar ist. So muss man z. B. bei allen Zeugungen und Umwandlungen der Körper untersuchen, was verloren geht und entfliegt, was bleibt, was hinzukommt, was sich ausdehnt, was sich zusammenzieht, was sich verlängert, was abgetrennt wird, was stösst und was anhält, was herrscht, was unterliegt und Anderes mehr. Auch ist dies nicht blos bei der Erzeugung und Umwandlung der Körper zu ermitteln, sondern bei jeder andern Veränderung und Bewegung muss in ähnlicher Weise ermittelt werden, was vorhergeht, was nachfolgt, was anreizt und was nachlässt, was die Bewegung veranlasst, was regiert und Aehnliches. Dies Alles ist in den Wissenschaften, wie sie jetzt von der feisten und durchaus unfähigen Minerva gewebt werden, unbekannt und unermittelt. Da aber alle Wirksamkeit in der Natur durch die kleinsten Theile sich vollzieht, oder wenigstens durch Theile, die so klein sind, dass sie den Sinnen entgehen, so darf Niemand hoffen, die Natur beherrschen und umwandeln zu können, bevor er nicht jenen Prozess, so weit als nöthig, begriffen und sich eingeprägt hat.

7.

Auch die Erforschung und Entdeckung der verborgenen innern Gestaltung der Körper ist etwas ebenso Neues, wie die Entdeckung des verborgenen Prozesses und der Form. Denn zur Zeit befinden wir uns durchaus noch in dem Vorhof der Natur und bereiten uns keinen Zugang zu dem Innern. Niemand wird aber einen bestimmten Körper mit einer neuen Eigenschaft versehen, oder in einen neuen Körper mit Glück passend verwandeln können, bevor er nicht eine richtige Kenntniss des Körpers erlangt hat, der verändert oder umgewandelt werden soll. Ohnedem wird er in nutzlose Versuche und in schwierige und verkehrte Versuchungsweisen gerathen, welche der Natur des zu bearbeitenden Körpers nicht entsprechen. Deshalb muss auch dieser Weg vollständig geöffnet und gebahnt werden.

Auf die Zerlegung der organischen Körper wie des menschlichen und thierischen wird mit Recht und mit Nutzen Mühe verwendet; es ist dies ein feines Geschäft und eine gute Erforschung der Natur. Indess bleibt diese Art der Zerlegung noch sichtbar und sinnlich wahrnehmbar und findet nur in den organischen Körpern statt; sie ist noch etwas, was sich gleich darbietet und auf der Hand liegt im Vergleich zu der Zerlegung der verborgenen Gestaltung der als gleichartig geltenden Körper, namentlich der bestimmt gestalteten Körper und ihrer Theile, wie z. B. das Eisen, die Steine und die gleichartigen Theile der Pflanzen, Thiere, wie die Wurzeln, die Blätter, Blüthen, das Fleisch, das Blut, die Knochen u. s. w. Doch hat die menschliche Thätigkeit sich auch auf diese Dinge gerichtet. Denn dahin zielt die Trennung der gleichartigen Körper durch Destillation und andere Arten der Auflösung, welche die Ungleichheit der Verbindung durch die Sammlung der gleichartigen Theile darlegen will. Auch dies ist von Nutzen und hilft zu dem, was ich suche; doch trügt es auch oft, weil man Vieles auf Rechnung der Trennung stellt und so auffasst, als hätte es schon vorher in dem ganzen Körper bestanden, obgleich doch in Wahrheit das Feuer, die Wärme und andere auflösende Mittel es erst neu hinzu bringen und anfügen.

Indess ist auch dies nur erst ein geringer Theil der Arbeit für die Auffindung der innern Gestaltung in den zusammengesetzten Körpern; denn diese Gestaltung ist viel zu fein und genau, als dass sie durch die Wirkungen des Feuers nicht vielmehr gestört als ermittelt und klar gelegt werden sollte. Deshalb darf die Trennung und Auflösung der Körper nicht durch das Feuer, sondern muss durch den Verstand und durch die wahre Induktion mit Hülfe von Versuchen geschehen; andere Körper müssen in Vergleich genommen, und die einfachen Eigenschaften und deren Formen müssen ausgesondert werden, welche in dem verbundenen Körper beisammen sind und in einander stecken. Man muss von dem Vulkan zur Minerva übergehen, wenn man das wahre Gewebe und die innere Gestaltung der Körper an's Licht bringen will, von denen alle verborgenen sogenannten Eigentümlichkeiten und Kräfte der Dinge abhängen, und nach welchen sich alle Regeln über die wirksame Veränderung und Umgestaltung derselben bestimmen. So muss man z. B. ermitteln, welches in einem Körper die Geister, und welches sein greifbares Wesen ist, und ob jene Geister in Menge und Ueberfluss oder nur in nüchternem und geringem Maasse vorhanden sind; ob sie dünn oder dick sind, ob luftig oder feurig, ob scharf oder unthätig, ob schwach oder stark, ob im Zunehmen oder Abnehmen, ob getrennt oder stetig zusammenhängend, ob übereinstimmend mit der äussern Umgebung, oder in Widerstreit u. s. w. In ähnlicher Weise ist mit den fühlbaren Theilen zu verfahren, die ebenso viel Unterschiede annehmen wie die Geister; es sind ihre Haare, ihre Fibern und ihr ganzes Gewebe zu untersuchen. Auch die Stelle der Geister innerhalb der körperlichen Masse, deren Poren, Gänge, Adern und Zellen und die rohen Anfänge oder Versuche zu einem organischen Körper gehören zu dieser Ermittelung. Allein auch hier wie bei jeder Entdeckung der innern Gestaltung kommt das wahre und deutliche Licht, was alle Dunkelheit und Spitzfindigkeit vertreibt, nur von den obersten Grundsätzen.

8.

Indess wird deshalb der Gegenstand nicht auf Atome zurückgeführt, wobei das Leere und ein nicht fertiger Stoff vorausgesetzt werden müsste, was Beides unrichtig wäre, sondern nur auf seine wahren kleinsten Theile, wie sie der Versuch ergiebt. Auch braucht Niemand diese Aufgabe als unlöslich anzusehen, vielmehr wird, je mehr die Untersuchung auf die einzelnen Eigenschaften sich richtet, Alles desto klarer und durchsichtiger werden. Die Arbeit wendet sich damit von dem Verwickelten zu dem Einfachen, von dem Unmessbaren zu dem Messbaren, von dem Unfassbaren zu dem Berechenbaren, von dem Grenzenlosen und Unbestimmten zu dem Bestimmten und Festen, ähnlich wie es mit den Buchstaben der Worte und mit den Tönen der Akkorde sich verhält. Am besten schreitet aber die Naturforschung vor, wenn das Physische in dem Mathematischen endet. Auch die Menge und die Brüche braucht Niemand zu fürchten; denn in den durch Zahlen zu erledigenden Dingen kann man ebenso leicht das

Tausend wie die Eins setzen und vorstellen, und den tausendsten Theil von Etwas ebenso leicht wie das ungetheilte Eine.

9.

Aus jenen beiden Arten der Grundsätze, die oben angegeben worden, ergiebt sich die wahre Eintheilung der Philosophie und der Wissenschaften, indem ich dabei die gebräuchlichen Worte, welche die Sache noch am besten bezeichnen, in meinem Sinn nehme. Demnach bildet die Erforschung der in ihrer Weise und nach ihren Gesetzen ewigen und unveränderlichen Formen die Metaphysik; dagegen bildet die Erforschung der wirkenden Ursachen und des Stoffes und des verborgenen Prozesses und der verborgenen innern Gestaltung die Physik, da dies Alles den gewöhnlichen und gemeinen Lauf der Natur und nicht die fundamentalen und ewigen Gesetze der Natur betrifft. An diese schliessen sich zwei praktische Wissenschaften; nämlich die Mechanik an die Physik und die Magie in ihrer reinen Bedeutung an die Metaphysik, da die Wege der Magie weiter gehen und ihre Herrschaft über die Natur grösser ist.

10.

Nachdem so das Ziel für die Darstellung gesetzt worden, gehe ich zu den Regeln über und zwar nach einer so wenig als möglich verkehrten oder gestörten Ordnung. Die Mittel für die Naturerklärung umfassen im Allgemeinen zwei Theile; der erste zieht und entwickelt die Lehrsätze aus der Erfahrung; der zweite zieht und entwickelt neue Versuche aus den Lehrsätzen. Der erste Theil sondert sich in drei Abschnitte, von denen einer die Sinne, der zweite das Gedächtniss und der dritte die Seele oder den Verstand unterstützt. Zuerst muss aber eine genügende und gute Naturgeschichte und eine Sammlung der Versuche beschafft werden, um die Grundlage der Arbeit zu bilden. Denn man soll nicht erdichten, nicht ausdenken, sondern auffinden, was die Natur thut und erträgt. Der Inhalt der Naturgeschichte und Versuche ist aber so mannichfach und durcheinander geworfen, dass er den Verstand verwirrt und zerstreut, wenn er nicht in einer passenden Ordnung aufgestellt und vorgelegt wird. Deshalb muss man zweitens Tafeln und Zusammenstellungen der einzelnen Fälle machen und diese so einrichten, dass der Verstand sie übersehen kann. Aber wenn dies geschieht, bleibt doch der Verstand, wenn er sich selbst und seinen eigenen Bewegungen überlassen wird, ungeeignet und ungeschickt zur Gewinnung der Grundsätze; er bedarf vielmehr einer Leitung und eines Schutzes. Deshalb ist drittens die richtige und wahre Induktion anzuwenden, welche als der wahre Schlüssel zur Naturerklärung anzusehen ist. Dabei ist mit dem Ende zu beginnen und von da rückwärts zu dem Anderen überzugehen.

11.

Die Entwickelung der Formen geschieht in folgender Art: Für eine bestimmte Eigenschaft muss zunächst eine Uebersicht aller bekannten Fälle für den Verstand aufgestellt werden, so weit sie bei den verschiedensten Gegenständen doch in dieser Eigenschaft übereinstimmen. Diese Zusammenstellung ist rein historisch zu machen und jede voreilige Betrachtung oder feinere Unterscheidung davon abzuhalten. So ist z. B. die Untersuchung der Form des Warmen folgendergestalt umzustellen:

Fälle, die in der Eigenschaft des Warmen übereinstimmen.

1.Die Sonnenstrahlen, vorzüglich im Sommer und des Mittags.

2.Die zurückgeworfenen und zusammengedrängten Sonnenstrahlen, wie es zwischen Bergen oder durch Wände und vorzüglich durch Brennspiegel geschieht.

3.Die feurigen Lufterscheinungen.

4.Die zündenden Blitze.

5.Die Flammenausbrüche aus den Höhlen der Berge.

6.Jedwede Flamme.

7.Alles Feurige in fester Form.

8.Die heissen natürlichen Wasser.

9.Die erhitzenden oder erwärmten Flüssigkeiten.

10.Der heisse Dunst und Rauch und die Luft selbst, die eine sehr starke und wüthende Hitze annimmt, wenn sie in Schmelzöfen eingeschlossen ist.

11.Die aus dem natürlichen Zustand der Luft hervorgehenden heissen Winde, ohne Unterschied der Jahreszeiten.

12.Die unterirdische, in gewissen Höhlen eingeschlossene Luft, namentlich während des Winters.

13.Alle feurigen Stoffe, wie die Wolle, die Pelze der Thiere und das Gefieder der Vögel, haben einige Wärme.

14.Die dem Feuer eine Zeit lang nahe gewesenen Körper und zwar jeder Art, die festen wie die flüssigen, die dichten wie die luftigen und die Luft selbst.

15.Die Funken, welche durch Schlagen des Stahls aus dem Kiesel herausspringen.

16.Jeder stark geriebene Körper, sei es Stein oder Holz oder Tuch. Deshalb fangen die Axen und Naben der Räder manchmal Feuer, und deshalb pflegen die Westindier sich mittelst Reibens Feuer zu machen.

17.Grünes und feuchtes Gras, was eingeschlossen und zusammengepresst ist, wie die in Körbe gepackten Rosen oder Erbsen. Deshalb schlägt das feucht eingebrachte Heu manchmal in Flammen aus.

18.Der gebrannte Kalk, wenn er mit Wasser besprengt wird.

19.Das Eisen, wenn es durch ätzende Wasser in einem Glase aufgelöst wird, ohne dass Feuer dazu benutzt wird; ebenso das Zinn, obgleich nicht so kräftig.

20.Die Thiere, hauptsächlich und dauernd in ihren innern Theilen, wenn man auch bei den Insekten die Wärme wegen der Kleinheit ihrer Körper nicht fühlen kann.

21.Der Pferdemist und alle frischen Exkremente der Thiere.

22.Das Vitriol-Oel wirkt wie die Wärme in Verbrennung der Leinwand.

23.Das Origan-Oel und ähnliche Oele wirken wie die Wärme bei Verbrennung der Zähne.

24.Der starke und rektifizirte Weingeist wirkt wie die Wärme; deshalb gerinnt das hineingeworfene Eiweiss und wird weiss, als wenn es gekocht wäre; das darin eingetauchte Brod vertrocknet und verhärtet wie geröstetes Brod.

25.Die aromatischen und erhitzenden Kräuter, wie der Drachant, die alte Brunnenkresse u. s. w., die zwar weder ganz, noch pulverisirt, sich warm anfühlen, aber doch auf der Zunge und beim Kauen eine heisse und brennende Empfindung verursachen.

26.Der Essig und alles Saure auf einem Gliede, wo die Oberhaut fehlt, wie auf dem Auge, der Zunge, auf Wunden und offenem Fleische. Sie erregen da einen Schmerz, der sich wenig von dem durch Hitze veranlassten unterscheidet.

27.Auch starke und heftige Kälte bringt ein Gefühl wie von Brennen hervor; denn es heisst ja: "Es brennt die durchdringende Kälte des Nordwindes."

28.Noch manches Andere.

Ich pflege solche Aufstellung "die Tafel des Wesens und der Gegenwart" zu nennen.

12.

Dann ist zweitens eine Uebersicht der Fälle zu machen, wo die betreffende Eigenschaft fehlt. Denn die Form muss, wie erwähnt, da fehlen, wo die Eigenschaft fehlt, und da sein, wo diese da ist. Alles hier anzuführen, würde kein Ende nehmen; deshalb sind hier nur solche verneinende Fälle den bejahenden gegenüberzustellen, und der Mangel ist nur bei solchen Gegenständen zu beachten, welche denen, wo die Eigenschaft da ist und sich zeigt, sehr verwandt sind. Diese Aufstellung pflege ich die "Tafel der Abweichung oder der Abwesenheit im Nächsten" zu nennen.

Tafel der nächsten Fälle, wo die Eigenschaft des Warmen fehlt.

1.

Dem ersten bejahenden Fall entspricht als erster verneinender Fall: Die Strahlen des Mondes, der Sterne, der Kometen werden nicht als warm empfunden; ja die strengste Kälte pflegt bei Vollmond einzutreten. Doch meint man, dass die grössern Fixsterne, wenn die Sonne in ihre Nähe kommt oder an ihnen vorbeigeht, die Wärme der Sonne steigern und sie kräftiger machen, wie dies geschieht, wenn die Sonne in den Hundstagen im Sternbild des Löwen steht.

2.

Zweitens in Bezug auf den zweiten bejahenden Fall. Die Strahlen der Sonne erwärmen in der sogenannten mittlern Region der Luft nicht, was man gewöhnlich und wohl richtig daraus erklärt, dass diese Gegend weder der Sonne, von der die Strahlen ausgehen, noch der Erde, von der sie zurückgeworfen worden, nahe genug ist. Dies bestätigt sich an den Gipfeln der Berge, wo der Schnee, wenn sie nicht zu steil sind, niemals schmilzt. Dem entgegen hat man bemerkt, dass auf der Spitze des Pic's von Teneriffa und in den Anden von Peru die Gipfel der Berge schneefrei sind, und der Schnee hier nur in den niedern Regionen sich findet; auch ist die Luft auf jenen Spitzen nicht kalt, sondern nur dünn und scharf, so dass sie auf den Anden durch ihre zu grosse Schärfe die Augen reizt und bluten macht und ebenso den Magenmund erregt und Brechen veranlasst. Auch die Alten haben bemerkt, dass auf dem Gipfel des Olymp die Luft so dünn war, dass man bei seiner Besteigung in Essig und Wasser getauchte Schwämme mit sich führen musste, die man in Mund und Nase steckte, weil die dünne Luft für das Athmen nicht hinreichte. Auch erzählt man von dem Gipfel des Olymp, es habe dort eine solche Heiterkeit und Ruhe geherrscht, und es habe sich weder Schnee, noch Regen, noch Wind da gezeigt, so dass die Buchstaben, welche von den Opfernden mit den Fingern in die Asche der Opfer auf dem Altar des Jupiter eingeschrieben worden, sich bis zu dem nächsten Jahre unversehrt erhalten hätten. – Auch heutzutage unternimmt man die Besteigung des Pic's von Teneriffa des Nachts und nicht am Tage; nach Sonnenaufgang treiben und erinnern die Führer, schnell herabzusteigen, weil die dünne Luft gefährlich sei und die Geister auflöse und ersticke.

3.

Drittens in Bezug auf den zweiten bejahenden Fall. Das Zurückwerfen der Sonnenstrahlen in den Polargegenden bewirkt nur eine schwache oder gar keine Wärme. So wurden die Niederländer, welche in Nova Zembla überwintert hatten und mit dem Anfange des Monats Juli ihr Schiff von den Eismassen, die es umlagerten, befreit und gelöst zu sehen hofften, in dieser Hoffnung getäuscht und genöthigt, sich dem Boote anzuvertrauen. Deshalb scheinen die direkten Sonnenstrahlen wenig zu vermögen, selbst über eine Ebene, und auch die zurückgeworfenen nur wenig, wenn sie nicht vervielfacht und verbunden werden, wie dann geschieht, wenn die Sonne sich mehr der senkrechten Stelle nähert. Die einfallenden Strahlen machen dann spitzere Winkel und die einzelnen Strahlen sind einander näher; steht aber die Sonne schief, so sind die Winkel stumpf, und deshalb stehen die einzelnen Strahlen weiter von einander ab. Doch muss man sich gegenwärtig halten, dass es viele Wirkungen der Sonnenstrahlen auch in Bezug auf die Wärme geben kann, welche für unsern Gesichtssinn nicht erheblich genug sind und daher für uns zu keiner Erwärmung führen, die aber in Bezug auf andere Körper doch die Wirksamkeit des Warmem haben.

4.

Viertens in Bezug auf den zweiten Fall. Man mache folgenden Versuch. Man nehme einen künstlichen Spiegel, der umgekehrt wie ein Brennspiegel gearbeitet ist und stelle ihn zwischen die Hand und die Sonnenstrahlen und beobachte, ob dieser Spiegel die Wärme der Sonne so vermindert, wie der Brennspiegel sie vermehrt und verstärkt. Denn es ist bekannt, dass die Lichtstrahlen, je nachdem der Spiegel eine ungleiche Dicke in der Mitte gegen seine Seiten hat, die Bilder bald mehr auseinander, bald mehr zusammenziehen. Dasselbe wird sich auch in Bezug auf die Wärme beobachten lassen.

5.

Fünftens in Bezug auf den zweiten Fall. Man versuche sorgfältig, ob nicht durch die stärksten und besten Brennspiegel die aufgefangenen und gesammelten Mondstrahlen irgend ein Grad von Wärme herbeiführen. Wäre dieser Wärmegrad vielleicht für das Gefühl zu fein und zart, so nehme man jene Gläser zu Hülfe, welche die kalte oder warme Beschaffenheit der Luft anzeigen und lasse die durch den Brennspiegel gesammelten Mondesstrahlen auf den obern Theil eines solchen Glases fallen und beobachte, ob eine Herabdrückung des Wassers durch die Wärme eintritt.

6.

Sechstens in Bezug auf den zweiten Fall. Man halte ein Brennglas über einen heissen Körper, der nicht leuchtet und strahlt, wie heisses Eisen oder Erz, sondern wie heisses Wasser und Aehnliches nicht feurig ist, und beobachte, ob die Wärme hier ebenso, wie bei den Sonnenstrahlen dadurch vermehrt und verstärkt wird.

7.

Siebentes in Bezug auf den zweiten Fall. Man benutze auch den Brennspiegel für die gewöhnliche Flamme.

8.

Achtens in Bezug auf den dritten Fall. Die Kometen, wenn man diese zu den Lufterscheinungen rechnen darf, zeigen keinen regelmässigen und offenbaren Einfluss auf die Vermehrung der Jahreswärme, obgleich man bemerkt hat, dass sie oft Dürre zur Folge haben. Selbst glänzende Balken und Säulen und Spalten des Himmels und Aehnliches zeigen sich mehr im Winter als im Sommer und hauptsächlich bei harter und trockener Kälte. Blitze, Wetterleuchten und Donnern kommen wieder im Winter selten vor, sind dagegen zur Zeit der grossen Hitze häufig. Die Sternschnuppen hält man gewöhnlich für eine klebrige Masse, welche glänzt und entzündet ist, aber keine stärkere feurige Natur hat. Hierüber wird anderwärts die Untersuchung erfolgen.

9.

Neuntens in Bezug auf den vierten Fall. Es giebt mitunter ein Wetterleuchten, was zwar leuchtet, aber nicht brennt; es erfolgt immer ohne Donner.

10.

Zehntens in Bezug auf den fünften Fall. Die Vulkane und Flammenausbrüche kommen ebenso in den kalten Ländern wie in den heissen vor; so in Island und Grönland. Auch die Bäume sind in kalten Ländern brennbarer, öliger und harziger als in heissen Ländern, wie die Tannen, Fichten und andere ergeben. Dagegen ist noch nicht genügend erforscht, in welcher Lage und Bodenbeschaffenheit diese Flammenausbrüche erfolgen; es kann deshalb hier noch kein verneinender Fall dem bejahenden entgegengestellt werden.

11.

Elftens in Bezug auf den sechsten Fall. Jede Flamme ist stets mehr oder weniger heiss, so dass hier kein verneinender Fall vorhanden ist. Doch sollen die sogenannten Irrlichter, die auch manchmal aus den Wänden heraustreten, wenig Hitze haben, gleich der Flamme des Weingeistes, die sanft und gelinde ist. Noch gelinder erscheint die Flamme, welche nach den glaubwürdigen Berichten ernster Geschichtschreiber mitunter das Haupt und die Haare von Knaben und Mädchen umgeben hat, und die so mässig war, dass sie das Haar umfloss, ohne es zu verbrennen. Sicher ist auch, dass bei Pferden, die auf dem Wege schwitzen, des Nachts bei heiterm Wetter ein Leuchten ohne merkliche Hitze stattfindet. Auch ist bekannt, dass vor wenig Jahren das Schoosstuch eines Mädchens, nachdem es etwas bewegt und gerieben worden, geleuchtet hat. Man hat dies für ein Wunder gehalten, obgleich es vielleicht von dem Alaun und den Salzen gekommen ist, mit denen das Schoosstuch gefärbt war, und die etwas dicker und wie eine Kruste dem Tuche anhafteten und daher bei dem Reiben zerbrachen. Aber ganz sicher ist es, dass aller Zucker, sowohl der künstliche wie natürliche, wenn er nur hart ist, im Dunkeln bei dem Zerbrechen oder Zerschlagen leuchtet. Aehnlich leuchtet auch das salzige und das Meerwasser, wenn es des Nachts mit dem Ruder heftig geschlagen wird. Auch bei Stürmen leuchtet der heftig bewegte Schaum des Meeres; die Spanier nennen dies Leuchten die Lunge des Meeres. Dagegen ist nicht ermittelt, ob die Flamme, welche die alten Schiffer Kastor und Pollux und die neuern St. Elms Feuer nennen, auch Hitze hat.

12.

Zwölftens in Bezug auf den siebenten Fall. Alles Feurige, was rothglühend wird, ist auch ohne Flamme ausnahmslos heiss, und diesem bejahenden Fall steht kein verneinender gegenüber. Am Nächsten steht noch das faulende Holz, was des Nachts glänzt, ohne warm zu sein. Auch die Schuppen faulender Fische glänzen des Nachts, ohne dass man Wärme bei ihnen bemerkt. Auch die Körper der Johanniswürmchen oder der Käfer, die man Leuchtkäfer nennt, fühlen sich nicht warm an.

13.

Dreizehntens in Bezug auf den achten Fall. Von den heissen Quellen ist es noch nicht genügend erforscht, in welcher Lage und Beschaffenheit des Bodens sie zu entspringen pflegen. Deshalb giebt es hier keinen verneinenden Fall.

14.

Vierzehntens in Bezug auf den neunten Fall. Den ätzenden Flüssigkeiten steht als verneinender Fall das Flüssige in seiner natürlichen Beschaffenheit gegenüber. Denn jedes fühlbare Flüssige wird zuletzt kühl; die Wärme erfüllt es nur zeitweise, wie eine von aussen gekommene Eigenschaft; deshalb sind sogar die Flüssigkeiten von der stärksten verbrennenden Kraft, wie Weingeist, aromatische Oele, auch Vitriolöl und Aehnliche, die sehr bald brennen, doch bei dem ersten Anfühlen kühl. Auch das aus heissen Quellen in einem Gefäss geschöpfte und von seiner Quelle getrennte Wasser wird allmählich ebenso kühl wie das am Feuer erhitzte Wasser. Doch ist es richtig, dass die öligen Körper bei dem Anfühlen weniger kühl sind als die wässrigen; deshalb ist Oel weniger kühl als Wasser und Seide weniger als Leinwand. Doch gehört dies in die Tafel der Kältegrade.

15.

Funfzehntens in Bezug auf den zehnten Fall. Ebenso steht dem heissen Dampfe als verneinender Fall die Eigenschaft des Dampfes überhaupt gegenüber, wie er bei uns besteht. Denn die Ausdünstungen von Oelen sind zwar leicht entzündlich, aber doch nicht warm, wenn sie nicht aus einem heissen Körper vor Kurzem aufgestiegen sind.

16.

Sechzehntens in Bezug auf den zehnten Fall. Ebenso steht der heissen Luft als verneinender Fall die Luft an sich gegenüber. Denn bei uns trifft man keine heisse Luft, wenn sie nicht eingeschlossen ist, oder gerieben wird, oder offenbar von der Sonne, dem Feuer, oder einem andern heissen Körper erwärmt ist.

17.

Siebzehntens in Bezug auf den elften Fall. Hier stehen als verneinender Fall die kalten Stürme gegenüber, die je nach den Jahreszeiten eintreten; bei uns, wenn der Wind von Westen oder Norden kommt, während umgekehrt die warmen Winde von Süden und Südost kommen. Die warme Luft neigt namentlich im Winter zu dem Regen, die kalte umgekehrt zu Schnee.

18.

Achtzehntens in Bezug auf den zwölften Fall. Hier bildet den verneinenden Fall die Luft in den Kellern während des Sommers. Doch muss die eingeschlossene Luft überhaupt noch genauer untersucht werden. Denn erstlich ist es ungewiss, wie sich die Luft an sich und ihrer Natur nach zum Warmen und Kalten verhält. Die Wärme empfängt die Luft offenbar von der Einwirkung der Himmelskörper und die Kälte vielleicht von der Ausdünstung der Erde; die mittlern

Regionen der Luft empfangen sie von den kalten Dünsten und dem Schnee. Man kann deshalb über die Natur der Luft nach der Luft, die unter freiem Himmel sich befindet, nicht urtheilen, sondern sicherer nach der eingeschlossenen Luft. Dabei muss aber die Luft in ein Gefäss von einem Stoff eingeschlossen werden, welcher nicht mit seiner eigenen Wärme oder Kälte die Luft erfüllt, und welcher den Einfluss der äussern Luft gut abhält. Man muss deshalb einen irdenen Topf dazu benutzen, der zum Schutz gegen die äussere Luft stark mit Leder umwickelt ist, und dies Gefäss muss drei bis vier Tage wohl verschlossen stehen bleiben. Nach der Oeffnung mache man dann die Probe mit der Hand, oder mit der in Grade eingetheilten Flasche.

19.

Neunzehntens in Bezug auf den dreizehnten Fall. In ähnlicher Weise ist es zweifelhaft, ob die Wärme der Wolle, der Felle, der Federn und ähnlicher Dinge von einer äussern Wärme kommt, die ihnen nur anhängt, insoweit sie von den Thieren ausgesondert werden, oder auch von einer gewissen Fettigkeit oder öligen Beschaffenheit, die dem Warmen verwandt ist, oder von dem Verschluss und der Reibung der Luft, wie in dem vorgehenden Artikel erwähnt worden; denn alle, von der äussern getrennte Luft scheint etwas Wärme in sich zu haben. Man muss den Versuch an fasrigen, aus Flachs bereiteten Stoffen machen und nicht mit Wolle oder Federn oder Seide, die von Thieren ausgesondert werden. Es ist auch bemerkenswerth, dass alle Pulver, die offenbar Luft enthalten, weniger kalt sind als die festen Körper, aus dem sie gemacht sind; deshalb wird auch jeder Schaum, weil er Luft enthält, weniger kalt sein als die Flüssigkeit selbst.

20.

Zwanzigstens in Bezug auf den vierzehnten Fall. Hier giebt es keinen verneinenden Fall. Denn es giebt bei uns nichts Fühlbares oder Luftiges, was nicht in der Nähe des Feuers warm würde. Der Unterschied ist nur, dass Einzelnes, wie die Luft, das Oel, das Wasser, die Wärme schneller annimmt, Anderes, wie die Metalle und Steine später. Dies gehört indess in die Tafel der Grade.

21.

Einundzwanzigstens in Bezug auf den funfzehnten Fall. Diesem Falle steht nur der eine verneinende gegenüber, dass Funken aus dem Kiesel und Stahl oder einem andern harten Stoff nur dann entstehen, wenn kleine Stückchen des Steines oder Metalles dabei abgeschlagen werden; die gepresste Luft allein erzeugt keine Funken, wie man gewöhnlich meint. Deshalb neigen diese Funken wegen des Gewichtes des feurigen Körpers mehr nach Unten wie nach Oben, und wenn sie erlöschen, so verwandeln sie sich in eine Art körperlichen Russ.

22.

Zweiundzwanzigstens in Bezug auf den sechzehnten Fall. Ich glaube, dass hier kein verneinender Fall gegenüber steht. Denn es giebt bei uns keinen fühlbaren Körper, der nicht durch Reiben unzweifelhaft warm wird. Die Alten meinten deshalb, dass die wärmende Kraft der Himmelskörper nur von der Reibung der Luft komme, welche bei der schnellen und heftigen Umdrehung Statt habe. Doch muss hier noch näher ermittelt werden, ob nicht die aus Maschinen geschleuderten Körper, z. B. die Wurfspiesse aus Wurfgeschossen durch den blossen Wurf eine gewisse Wärme erlangen, so, dass sie bei dem Niederfallen etwas warm sind. Dagegen kühlt die bewegte Luft mehr, als dass sie wärmt, wie die Winde, die Blasebälge und die aus dem Mund geblasene Luft ergeben. Die Bewegung dabei ist nicht so stark, um die Wärme zu erzeugen; sie erfolgt auch nur im Ganzen und nicht in den einzelnen Theilen; deshalb kann es nicht auffallen, dass keine Wärme sich dabei erzeugt.

23.

Dreiundzwanzigstens in Bezug auf den siebzehnten Fall. Ueber diesen Fall ist noch eine genaue Untersuchung nothwendig; denn die grünen und feuchten Gräser und Gewächse schienen etwas von verborgener Wärme in sich zu haben; nur ist sie so gering, dass das Gefühl sie nicht bemerkt. Werden sie aber aufgehäuft und eingeschlossen, so dass ihr Dunst nicht in der Luft austreten kann, sondern sich gegenseitig erwärmt, so entsteht dann eine fühlbare Wärme und manchmal selbst bei passendem Stoff eine Flamme.

24.

Vierundzwanzigstens in Bezug auf den achtzehnten Fall. Auch bei diesem Fall müssen noch sorgfältigere Untersuchungen angestellt werden; denn der gebrannte Kalk scheint bei Benetzung mit Wasser heiss zu werden, entweder durch die Verbindung von Wärme, die vorher zerstreut war, wie vorstehend bei den Gräsern der Fall, oder durch den Reiz und die Anregung, welche der Feuergeist durch das Wasser erhält, wobei eine Art Konflikt und Gegendruck entsteht. Welches von beiden die Ursache ist, wird sich ergeben, wenn man Oel statt Wasser anwendet; denn Oel dient ebenso wie das Wasser zur Verbindung der eingeschlossenen Geister, aber es reizt sie nicht. Auch muss der Versuch auf die Asche und den Kalk verschiedener Körper und auf andere Flüssigkeiten, mit denen man sie benetzt, ausgedehnt werden.

25.

Fünfundzwanzigstens in Bezug auf den neunzehnten Fall. Diesem Falle wird der verneinende gegenübergestellt, dass es andere Metalle giebt, die weicher und flüssiger sind; denn Goldblättchen, die in Königswasser aufgelöst werden, geben dabei keine fühlbare Wärme und ebensowenig das Blei im Scheidewasser. Dies gilt auch von dem wirklichen Silber, nicht blos von dem Quecksilber und von dem Kupfer; dagegen erregen das Zinn und am meisten das Eisen und der Stahl bei ihrer Auflösung eine starke Hitze und sogar ein heftiges Aufbrausen. Die Wärme scheint daher von dem Kampf herzukommen, dass die starken Wasser eindringen und sich eingraben und die Körpertheile auseinander drängen, wobei diese Widerstand leisten. Dagegen entsteht kaum eine Wärme, wo die Körper leicht nachgeben.

26.

Sechsundzwanzigstens in Bezug auf den zwanzigsten Fall. Der Wärme der Thiere steht kein verneinender Fall gegenüber, ausgenommen der erwähnte mit den Insekten in Folge der Kleinheit ihres Körpers. Denn bei den Fischen findet man in Vergleich zu den Landthieren nur einen schwächern Grad von Wärme, aber nicht, dass sie fehlte. Dagegen kann man bei den Pflanzen und Kräutern durch Fühlen keine Wärme bemerken, auch nicht in ihren Säften oder frisch geöffnetem Mark. Bei den Thieren besteht ein grosser Unterschied in der Wärme; theils nach den einzelnen Theilen; so ist die Hitze im Herzen von der im Gehirn und in den Gliedern verschieden; theils nach den Zuständen; so bei starker Bewegung oder im Fieber.

27.

Siebenundzwanzigstens in Bezug auf den einundzwanzigsten Fall. Für diesen bejahenden Fall giebt es kaum einen verneinenden. Selbst ältere Exkremente der Thiere haben offenbar eine mögliche Wärme, wie sich bei der Düngung des Feldes zeigt.

28.

Achtundzwanzigstens in Bezug auf den zweiundzwanzigsten Fall. Die Flüssigkeiten, mögen sie Wasser oder Oele genannt werden, welche von bedeutender und grosser Schärfe sind, wirken wie die Wärme bei der Auflösung der Körper und bei ihrer Verbrennung im Fall von längerer Dauer; doch sind sie anfänglich für das Gefühl ohne Wärme. Sie wirken aber nach der Verwandtschaft und nach den Poren des Körpers, mit dem sie in Verbindung kommen; denn das Königswasser löst Gold auf, aber kein Silber; umgekehrt löst das Scheidewasser Silber auf, aber kein Gold, und das Glas wird von beiden nicht angegriffen. Aehnliches gilt von den andern Flüssigkeiten.

29.

Neunundzwanzigstens in Bezug auf den vierundzwanzigsten Fall. Man muss mit dem Weingeist an Holz und auch an der Butter oder an Wachs oder Pech den Versuch machen, ob seine Hitze sie vielleicht etwas flüssig macht. Denn der vierundzwanzigste Fall zeigt seine der Wärme ähnliche Wirkung bei den äusserlichen Verhärtungen. Man muss deshalb einen ähnlichen Versuch mit Erweichungen anstellen. Auch muss man die graduirte Flasche benutzen, die oben von Aussen eine Vertiefung hat. In diese muss man gut rektifizirten Weingeist schütten und einen Deckel darauf legen, um die Wärme besser zusammenzuhalten. Dann beobachte man, ob die Wärme das Wasser sinken macht.

30.

Dreissigstens in Bezug auf den fünfundzwanzigsten Fall. Die aromatischen und auf der Zunge beizenden Kräuter werden, wenn man sie einnimmt, innerlich noch wärmer gefühlt. Man muss deshalb beobachten, welche andere Stoffe die gleiche erwärmende Wirkung haben. Die Schiffer erzählen, dass wenn Haufen und Massen von stark riechenden Pflanzenstoffen, die lange verschlossen waren, plötzlich geöffnet werden, alsdann die Personen, welche sie zuerst bearbeiten und destilliren, den Fiebern und Entzündungen ausgesetzt sind. In ähnlicher Weise könnte man probiren, ob die Pulver von solchen aromatischen Stoffen und Kräutern nicht, gleich dem Rauche, die darüber gehangenen Speck- und Fleisch-Stücke austrocknen.

31.

Einunddreissigstens in Bezug auf den sechsundzwanzigsten Fall. Das Beizende und Scharfe haben sowohl die kalten Flüssigkeiten, z. B. Essig und Vitriolöl, wie die warmen, z. B. Origanöl und ähnliche. Ebenso erregen beide in gleicher Weise den lebenden Geschöpfen Schmerz und bei dem Leblosen eine Trennung ihrer Theile und eine Auflösung. Diesem Falle steht kein verneinender gegenüber, und bei den lebenden Geschöpfen giebt es keinen Schmerz ohne eine gewisse Wärmeempfindung.

32.

Zweiunddreissigstens in Bezug auf den siebenundzwanzigsten Fall. Manche Wirkungen sind dem Warmen und Kalten gemeinschaftlich, obgleich in sehr verschiedener Weise. So scheint auch der Schnee die Hände der Knaben nach einiger Zeit zu brennen, und die Kälte schützt ebenso wie das Feuer das Fleisch vor dem Faulen; ebenso zieht die Wärme die Körper wie die Kälte zusammen. Doch ist dies besser bei der Untersuchung des Kalten zu behandeln.

13.

Drittens ist eine Uebersicht der Fälle aufzustellen, wo die Eigenschaft, um die es sich handelt, in verschiedenen Graden auftritt; sei es, dass sie in demselben Gegenstande zu- und abnimmt, oder durch eine Vergleichung bei verschiedenen Gegenständen. Denn da die Form eines Gegenstandes recht eigentlich dieser Gegenstand selbst ist, und der Gegenstand von der Form sich nur wie die Erscheinung von der Wirklichkeit unterscheidet, oder wie das Aeussere von dem Innern, oder wie die Beziehung auf den Menschen zur Beziehung auf das Weltall, so folgt, dass Nichts für die wahre Form gelten kann, wenn es nicht abnimmt, sobald die Eigenschaft selbst abnimmt, und wenn es nicht ohne Ausnahme zunimmt, sobald die Eigenschaft zunimmt.

Diese Tafel habe ich gewöhnlich die Tafel der Grade oder der Vergleichung genannt.

Tafel der Grade oder der Vergleichung für die Wärme.

Zuerst will ich von den Gegenständen handeln, die für das Gefühl gar keine Wärme haben, sondern die nur eine mögliche Wärme, oder eine Empfänglichkeit, oder Vorbereitung zur Wärme zu haben scheinen. Dann werde ich zu denen übergehen, die wirklich oder für das Gefühl warm sind und auf die Stärke oder Grade derselben.

1.Erstens. In den festen greifbaren Körpern zeigt sich Nichts, was seiner Natur nach etwas ursprünglich Warmes wäre. Denn weder der Stein, noch das Metall, noch der Schwefel, noch ein Erz, noch Holz oder Wasser, noch Leichname von lebenden Wesen zeigen Wärme. Die heissen Quellen scheinen durch einen äusserlichen Umstand die Wärme zu erhalten, entweder von einer unterirdischen Flamme oder Feuer, wie es aus dem Aetna und mehreren andern Bergen hervorbricht, oder durch einen Kampf der Körper, durch welchen bei der Auflösung des Eisens und Zinnes die Wärme entsteht. Deshalb besteht in allem Leblosen für den menschlichen Gefühlssinn kein Wärmegrad; aber in dem Grade der Kälte hat es Unterschiede, denn Holz und Metall sind nicht gleich kalt. Doch gehört dies in die Tafel der Kältegrade.

2.Zweitens. Doch zeigen sich manche leblose Stoffe in Bezug auf die mögliche Wärme und die Vorbereitung zur Flamme sehr dazu neigend; z. B. der Schwefel, die Naphtha, das Steinöl.

3.Drittens. Gegenstände, die vorher warm gewesen sind, wie frischer Pferdemist oder gebrannter Kalk, vielleicht auch die Asche und der Russ vom Feuer behalten einige Ueberbleibsel der frühern Wärme. Manche Destillationen und Auflösungen von Körpern erfolgen deshalb, wenn man sie in Pferdemist einhüllt, und bei dem Kalken entsteht, wie erwähnt, Hitze durch Besprengung mit Wasser.

4.Viertens. Unter den Pflanzen findet sich keine und kein Theil derselben, selbst nicht ihr Saft und Mark, der sich warm anfühlte. Dennoch erhitzt sich, wie erwähnt, frisches eingeschlossenes Gras, und manche Pflanzenstoffe werden bald dem innern Gefühl nach, im Schlunde und Magen, oder an der äussern Haut nach einiger Zeit, wie bei den Pflastern und Einreibungen, entweder warm oder kalt empfunden.

5.Fünftens. Bei den Körpern der lebenden Wesen zeigt sich nach dem Tode, oder bei einzelnen Theilen nach ihrer Trennung vom Körper keine fühlbare Wärme; selbst der Pferdemist behält seine Wärme nur, wenn er zusammengepresst und eingegraben ist. Indess hat aller Mist eine mögliche Wärme, wie dies die Düngung der Felder zeigt. Auch die Leichname der Thiere haben eine solche versteckte oder mögliche Wärme. Deshalb nimmt die Erde in Kirchhöfen, wo täglich Begräbnisse stattfinden, eine gewisse verborgene Wärme an, und ein frisch begrabener Leichnam wird hier viel schneller aufgelöst als in reiner Erde. Auch sollen die Orientalen ein feines und weiches Gewebe haben, was aus Vogelfedern gemacht wird und durch seine innewohnende Kraft die in dasselbe eingewickelte Butter auflöst und flüssig macht.

6.Sechstens. Alles, was das Feld düngt, wie Mist jeder Art, Kreide, Meersand, Salz und Aehnliches hat eine Neigung zum Warmen.

7.Siebentens. Jede Fäulniss hat in sich einen Anfang von schwacher Wärme, wenn sie auch durch das Gefühl noch nicht wahrgenommen werden kann. Denn selbst Stoffe, die sich durch diese Fäulniss in kleine Thiere auflösen, wie Fleisch, Käse, fühlen sich nicht warm an, und auch das faule Holz, was des Nachts leuchtet, fühlt sich nicht warm an. Die Wärme in faulenden Gegenständen verräth sich mitunter durch widrige und starke Gerüche.

8.Achtens. Der erste Wärmegrad, der durch Fühlen wahrnehmbar ist, scheint die Wärme der Thiere zu sein; sie zeigt sehr verschiedene Wärme-Grade. Der niedrigste Grad bei den Insekten wird kaum gefühlt. Der höchste Grad erreicht aber kaum die Wärme der Sonnenstrahlen in den heissen Ländern bei heisser Jahreszeit und ist nie so stark, dass man ihn nicht bei dem Anfühlen ertragen könnte. Indess erzählt man von Constantius und einigen Andern, deren Körper von sehr trockener Beschaffenheit war, sie wären bei hitzigen Fiebern so heiss geworden, dass man sich bei ihrer Berührung die Hand etwas verbrannt habe.

9.Neuntens. Die lebenden Wesen nehmen an Wärme zu durch Bewegung und Anstrengung, durch Genuss von Wein, von Mahlzeiten, von geschlechtlicher Lust; ferner durch hitzige Fieber und durch Schmerzen.

10.Zehntens. Die lebenden Wesen werden bei dem Wechselfieber zuerst von der Kälte und dem Schauer erfasst; aber später werden sie um so heisser. Auch bei den hitzigen und bei den Pest-Fiebern geschieht dies im Anfange einer Krankheit.

11.Elftens. Die Vergleichung der Wärmegrade bei den verschiedenen Thieren muss noch fortgesetzt werden; insbesondere bei den Fischen, Vierfüsslern, Schlangen, Vögeln und deren einzelnen Arten, wie den Löwen, den Geiern, den Menschen. Nach der gewöhnlichen Meinung sind die Fische im Innern weniger warm, die Vögel aber am wärmsten, namentlich die Tauben, die Falken und die Strausse.

12.Zwölftens. Man muss ferner bei ein und demselben Thiere die Wärme seiner einzelnen Theile und Glieder vergleichen. Denn die Milch, das Blut, der Samen, die Eier zeigen sich nur mässig warm und geringer als selbst das äussere Fleisch, wenn ein Thier sich bewegt oder angestrengt hat. Der Grad der Wärme in dem Gehirn, in dem Magen, dem Herzen u. s. w. ist bis jetzt noch nicht erforscht.

13.Dreizehntens. Alle Thiere sind während des Winters und der kalten Jahreszeit äusserlich kalt; aber innerlich nimmt man eine grössere Wärme bei ihnen an.

14.Vierzehntens. Die Wärme von den Himmelskörpern steigt selbst in den heissesten Ländern und in den heissesten Jahres- und Tages-Zeiten nicht auf den Grad, dass sie Holz oder Stroh, selbst wenn es ganz trocken ist, oder Zunder anzündete und verbrennte. Sie muss erst durch Brennspiegel zu diesem Behufe verstärkt werden; indess genügt sie, um feuchte Sachen verdunsten zu machen.

15.Funfzehntens. Nach der hergebrachten Lehre der Astronomen werden manche Sterne für wärmer als andere gehalten. Unter den Planeten gilt nach der Sonne der Mars als der wärmste; dann kommt Jupiter, dann die Venus. Als kalt gelten der Mond und dann am meisten von allen Saturn. Unter den Fixsternen gilt Sirius als der wärmste; dann kommt das Herz des Löwen, oder Regulus, dann das Hundsgestirn u.s.w.

16.Sechzehntens. Die Sonne erwärmt umsomehr, je mehr sie senkrecht oder im Zenith steht. Dies muss man auch von den andern Planeten nach Verhältniss ihrer Wärme annehmen; so wird z. B. der Jupiter mehr wärmen, wenn er unter dem Steinbock oder Wassermann steht.

17.Siebzehntens. Man muss annehmen, dass die Sonne und die Planeten in ihrer Erdnähe wegen der grössern Nähe mehr wärmen als in ihrer Erdferne. Trifft es sich für ein Land, dass die Sonne zugleich sich in der Erdnähe befindet und ziemlich senkrecht steht, so muss sie stärker erwärmen als in einem Lande, wo sie zwar auch in der Erdnähe sich befindet, aber schiefer steht. Es muss deshalb die Höhe der Planeten mit beachtet werden, die je nach den Ländern bald senkrechter, bald schiefer stehen.

18.Achtzehntens. Man glaubt auch, dass die Sonne und die Planeten stärker wärmen, wenn sie in der Nähe der grössern Fixsterne stehen. Wenn z. B. die Sonne in dem Zeichen des Löwen steht, ist sie dem Herz des Löwen, dem Schwanz des Löwen, der Aehre in der Jungfrau, dem Sirius und dem Hundsgestirn näher, als wenn sie im Zeichen des Krebses steht, wo sie indess mehr senkrecht steht. Auch ist anzunehmen, dass die Theile des Himmels, welche mit mehr und grössern Sternen geschmückt sind, eine grössere Wärme verbreiten, wenn sie auch durch das Gefühl nicht wahrgenommen werden kann.

19.Neunzehntens. Die Erwärmung durch die Himmelskörper wird durch drei Umstände vermehrt; durch die senkrechte Stellung, durch die Erdnähe und durch die Verbindung oder Vereinigung von Sternen.

20.Zwanzigstens. Es besteht ein grosser Unterschied in dem Grade der Wärme der Thiere, der zu uns gelangenden Strahlen von Himmelskörpern, der Flamme, selbst wenn sie ganz gelinde ist, und alles Feurigen; ebenso zwischen den Flüssigkeiten und der Luft, wenn sie vom Feuer stärker erwärmt ist. Denn die Weingeistflamme vermag, auch wenn sie dünn und nicht zusammengedrängt ist, doch Stroh oder Leinwand oder Papier anzuzünden, während die thierische Wärme und die Sonne ohne Brennspiegel dies nie vermag.

21.Einundzwanzigstens. Bei der Flamme und den feurigen Körpern giebt es verschiedene Grade in der Stärke oder Schwäche der Hitze; doch ist dies nie genau untersucht worden und lässt sich daher nicht gründlich beurtheilen. Von den Flammen scheint die des Weingeistes die gelindeste zu sein; wenn nicht das Irrlicht und die Flamme oder das Leuchten des thierischen Schweisses noch gelinder ist. Nach dieser kommt, meines Erachtens, die Flamme von leichten und porösen Pflanzenstoffen, wie Stroh, Binsen, trockenem Laube; dieser stehen die Flamme aus Haaren und Federn nahe. Dann folgt vielleicht die Flamme von

Holz, namentlich solchem, was nicht harzig oder ölig ist; doch ist die Flamme aus kleinem Holz, was man in Bündel bindet, gelinder als die aus dem Stamm und den Wurzeln der Bäume, wie sich bei den Schmelzöfen zeigt, wo das Feuer von Reisig und Zweigen wenig nützt. Dann kommt nach meiner Meinung die Flamme von Oel, Talg, Wachs und ähnlichen öligen und fetten Stoffen, die von grosser Stärke ist. Die stärkste Hitze ist aber bei dem Pech und Harz und noch mehr bei dem Schwefel, dem Kampher, dem Erdöl, dem Steinöl und den Salzen, nachdem der rohe Stoff davon gegangen ist; ferner in den Mischungen dieser Stoffe, wie bei dem Schiesspulver, dem griechischen Feuer, was das wilde Feuer heisst, und andern Arten. Hier ist die Hitze so zähe, dass die Flamme selbst von Wasser nicht leicht ausgelöscht wird.

22.Zweiundzwanzigstens. Ich glaube, dass auch die Flamme von einigen unvollkommenen Metallen sehr stark und eindringend ist. Dies wird indess später zur Untersuchung kommen.

23.Dreiundzwanzigstens. Die Flamme starker Blitze scheint stärker als alle bisher genannten zu sein; selbst vollkommenes Eisen wird dadurch manchmal in Tropfen geschmolzen, was jene Flammen nicht vermögen.

24.Vierundzwanzigstens. In den Zündstoffen giebt es ebenfalls verschiedene Hitzgrade, die indess noch nicht genau untersucht sind. Die schwächste Hitze nehme ich bei dem Zunder an, dessen man sich zum Feueranmachen bedient; ähnlich verhält es sich mit der Flamme aus schwammigem Holze oder aus trockenen Seilen (Lunte), die man zur Entzündung der Schusswaffen gebraucht. Nach diesen kommt die Flamme von Holz und Steinkohlen, von glühenden Ziegeln und Aehnlichem. Von allen diesen halte ich die glühenden Metalle für die heftigsten, wie das Eisen, Kupfer u. s. w. Auch hierüber muss indess noch die Untersuchung fortgesetzt werden.

25.Fünfundzwanzigstens. Von den glühenden Körpern sind manche viel heisser als die Flamme. Denn glühendes Eisen ist viel heisser und versengender als die Flamme des Weingeistes.

26.Sechsundzwanzigstens. Auch unter den nicht glühenden, aber von dem Feuer erhitzten Körpern giebt es manche, wie die heissen Wasser und die in den Oefen eingeschlossene Luft, welche die Hitze der Flammen und der glühenden Körper übersteigen.

27.Siebenundzwanzigstens. Die Bewegung vermehrt die Wärme, wie man an dem durch Blasebälge oder Anblasen gesteigerten Feuer bemerken kann. Deshalb schmelzen die harten Metalle zur Flüssigkeit nicht durch ruhiges und todtes Feuer, sondern nur, wenn es durch Blasen angeregt wird.

28.Achtundzwanzigstens. Man mache den Versuch mit einem Brennspiegel, wobei es, wie ich mich entsinne, vorkommt, dass, wenn z. B. der Brennspiegel eine Spanne weit von dem zu verbrennenden Gegenstande aufgestellt wird, er nicht so entzündet und versengt, als wenn er vielleicht nur halb so weit aufgestellt wird, aber allmählich und langsam bis auf eine Spanne entfernt wird. Der Kegel und die Verbindung der Strahlen bleibt dabei sich gleich, aber die Bewegung selbst vermehrt die Hitze.

29.Neunundzwanzigstens. Die Feuersbrünste sollen bei starkem Wind mehr gegen als mit dem Wind sich ausdehnen; denn wenn der Wind zeitweise nachlässt, springt die Flamme in verderblicherer Weise zurück, als sie bei dem Stosse des Windes vorwärts geht.

30.Dreissigstens. Die Flamme erzeugt sich und kommt nur dann hervor, wenn sie einen hohlen Raum hat, wo sie sich bewegen und spielen kann, ausgenommen die Dampf-Flamme bei dem Pulver und Aehnlichem, wo die Zusammendrückung und Einschliessung die Gewalt derselben steigert.

31.Einunddreissigstens. Der Amboss wird durch das Hämmern sehr warm; ist deshalb der Amboss von dünnem Blech, so glaube ich, dass starke und fortwährende Hammerschläge ihn so glühend wie rothglühendes Eisen machen können. Doch ist der Versuch hierüber noch anzustellen.

32.Zweiunddreissigstens. Bei porösen brennenden Stoffen, wo das Feuer Platz zur Bewegung hat, erlischt es sofort, wenn diese Bewegung durch einen starken Druck gehindert wird. Wird z. B. Zunder oder der brennende Docht einer Lampe oder Kerze oder eine glühende Kohle durch einen pressenden Gegenstand oder durch einen Fusstritt oder Aehnliches stark gedrückt, so hört die Wirksamkeit des Feuers sofort auf.

33.Dreiunddreissigstens. Die Annäherung an einen warmen Körper steigert die Wärme nach dem Grade der Annäherung. Dies gilt auch für das Licht; je näher man einen Gegenstand dem Lichte bringt, desto mehr wird er sichtbar.

34.Vierunddreissigstens. Die Verbindung von mehreren Wärmegraden steigert die Hitze, wenn die Körper sich dabei nicht vermischen. Denn ein grosses und ein kleines Feuer an demselben Orte steigern gegenseitig ihre Wärme etwas; dagegen kühlt sich warmes Wasser, wenn es in kochendes gegossen wird, etwas ab.

35.Fünfunddreissigstens. Wenn ein warmer Körper länger gegenwärtig bleibt, so vermehrt er die Wärme. Denn die fortwährend ausströmende und übergehende Wärme mischt sich mit der schon vorhandenen Wärme und vermehrt so dieselbe. Das Feuer im Kamin erwärmt ein Schlafzimmer in einer halben Stunde nicht so stark als in einer ganzen. Diese Wirkung geht nicht von dem Lichte aus; denn eine Lampe oder eine Kerze erleuchtet den Ort durch ihre Dauer nicht stärker, als es gleich im Anfang geschieht.

36.Sechsunddreissigstens. Der Reiz der Kälte ringsum steigert die Wärme, wie man an dem Kamin bei strenger Kälte bemerken kann. Dies geschieht nach meiner Ansicht nicht durch ein Zusammenziehen und Winden der Wärme, was eine Art der Verbindung wäre, sondern durch das Uebermaass; ähnlich wie die Luft oder ein Stab, der stark gedrückt oder gebogen wird, nicht blos zu seiner früheren Lage zurückkehrt, sondern auch nach der entgegengesetzten Seite ausschlägt. Man muss deshalb durch sorgfältige Versuche ermitteln, ob ein Stab oder ein anderer in die Flamme gehaltener Gegenstand am Rande der Flamme schneller als in der Mitte derselben verbrennt.

37.Siebenunddreissigstens. Es giebt verschiedene Grade der Empfänglichkeit für Wärme. Denn eine sehr geringe und schwache Wärme verändert und erwärmt selbst Körper ein wenig, die am wenigsten für Wärme empfänglich sind. Schon die blosse Wärme der Hand erwärmt eine Bleikugel oder anderes Metallstück etwas. So wird also die Wärme auf alle Körper leicht übertragen und darin erweckt, ohne dass eine wahrnehmbare Veränderung mit ihnen vorgeht.

38.Achtunddreissigstens. Am lebhaftesten von allen Körpern bei uns nimmt die Luft die Wärme an und theilt sie ebenso am lebhaftesten mit, wie dies sich am besten an den graduirten Flaschen zeigt, die folgendermassen angefertigt werden. Eine Flasche mit hohlem Bauch und engem, langen Halse wird umgedreht und mit dem unten befindlichen Halse in ein anderes mit Wasser gefülltes Glasgefäss getaucht, so dass die Mündung jener Flasche den Boden dieses Gelasses berührt und die Flasche auf diesem Boden in dieser verkehrten Stellung aufrecht stehen kann, indem der Hals der Flasche sich an die Oeffnung des Glasgefässes etwas anlehnt. Um dies zu erleichtern, kann man diese Oeffnung mit etwas Wachs bekleben; doch darf die Oeffnung dadurch nicht ganz verstopft werden, damit nicht die Luft am Eintritt gehindert und die Bewegung gehemmt werde, die, wie sich ergeben wird, sehr fein und empfindlich ist. Die Flasche muss vor ihrem Eintauchen in das Gefäss in ihrem oberen Theile, d. h. am Bauche, mittelst Feuer erwärmt worden sein. Ist nun die Flasche beschriebenermassen gestellt, so wird die Luft darin, welche durch die Hitze sich ausgedehnt hat, sich wieder zusammenziehen, sobald jene fremde Hitze nach einiger Zeit vergangen ist, und zwar bis zu dem Grade der Ausdehnung oder Spannung, wie die umgebende Luft zu dieser Zeit sie hat. So weit wird dann das Wasser als Maass dessen in die Höhe steigen. Dabei muss ein Papierstreifen mit beliebigen Gradzeichen an die Flasche geklebt werden. Dann wird man sehen, dass nach der Temperatur und Tageszeit die Luft bei Kälte sich zusammenzieht und bei Wärme sich ausdehnt. Das aufsteigende Wasser zeigt die Zusammenziehung der Luft an, und das sinkende Wasser die Ausdehnung derselben. Die Empfindlichkeit der Luft für Wärme und Kälte ist so fein und auffallend, dass sie den Gefühlssinn des Menschen weit übersteigt. Schon ein Sonnenstrahl oder ein warmer Hauch und noch mehr die Wärme der Hand, die auf die Flasche gelegt wird, drückt selbst das Wasser deutlich nieder. Doch hat meiner Ansicht nach das thierische Leben noch eine feinere Empfindung für Wärme und Kälte; nur die Masse des Körpers hemmt und stumpft diese Empfindung ab.

39.Neununddreisssigstens. Nächst der Luft halte ich die Körper für am meisten empfindlich für die Wärme, welche die Kälte kürzlich verändert und zusammengepresst hat, wie Schnee und Eis; denn schon eine gelinde Wärme macht sie schmelzen und flüssig. Diesen am nächsten steht vielleicht das Quecksilber; dann kommen die fetten Körper, wie Oel, Butter und Aehnliches. Dann das Holz; dann das Wasser; zuletzt die Steine und Metalle, die sich nicht leicht erwärmen, namentlich innerlich. Dagegen behalten sie die einmal aufgenommene Wärme am längsten, so dass ein Ziegel- oder andrer Stein oder ein glühendes Eisen, wenn es in eine Schüssel kalten Wassers gesteckt und eingetaucht wird, noch an vier Stunden lang so warm bleibt, dass man es nicht angreifen kann.

40.Vierzigstens. Je geringer die Masse eines Körpers ist, desto schneller wird er bei Annäherung eines warmen Körpers erwärmt. Dies zeigt, dass bei uns alle Wärme etwas den greifbaren Körpern gleichsam Entgegengesetztes ist.

41.Einundvierzigstens. Die Wärme ist für den menschlichen Gefühlssinn eine schwankende Sache und eine blosse Beziehung. Deshalb fühlt sich lauwarmes Wasser mit der kalten Hand heiss an und später, wenn die Hand warm geworden, kalt.

14.

Wie sehr es uns noch an der Naturgeschichte mangelt, zeigen diese Tafeln; denn statt sicherer Auskunft und bestimmter Fälle hat oft müssen das, was die Ueberlieferung und Erzählung bietet, aufgenommen werden (wobei indess immer die Zweifelhaftigkeit des Berichts oder der Mittheilung bemerkt worden ist), und oft war ich genöthigt, zu weiteren Untersuchungen und Versuchen aufzufordern.

15.

Das Werk und die Absicht dieser drei Tafeln nenne ich die für den Verstand eingerichtete Uebersicht der Fälle. Ist diese Uebersicht gemacht, so ist die Induktion selbst ins Werk zu setzen. Es muss nämlich nach dieser Uebersicht aller einzelnen Fälle eine solche Bestimmung gefunden werden, die mit der in Frage stehenden Eigenschaft immer zugleich da ist und fehlt, mit ihr zu- und abnimmt, und die, wie oben gesagt worden, die Besonderung einer allgemeineren Eigenschaft ist.

Wenn der Verstand dies gleich im Beginn bejahend versucht, und dies geschieht immer, wenn er sich selbst überlassen ist, so entspringen daraus Meinungen, die phantastisch und eitel sind; Begriffe, die schlecht begrenzt sind, und Regeln, die alltäglich verbessert werden müssen, wenn man nicht nach Art der Schulen für das Falsche zu kämpfen liebt. Solche Annahmen werden nach der Fähigkeit und Kraft des forschenden Verstandes besser oder schlechter ausfallen.

Aber im Allgemeinen vermögen nur Gott, welcher die Formen geschaffen und den Dingen eingegeben hat, und vielleicht die Engel und höheren Geister diese Formen durch bejahende Fälle unmittelbar gleich bei dem Beginn der Betrachtung zu erkennen; aber die menschliche Kraft übersteigt es. Der Mensch kann zunächst nur durch die verneinenden Fälle vorwärts kommen und erst zuletzt mit den bejahenden schliessen, nachdem alles Ungehörige ausgeschlossen worden ist.

16.

Deshalb muss durchaus eine Auflösung und Trennung der Eigenschaft stattfinden; nicht mittelst des Feuers, sondern mittelst des Verstandes, als eines göttlichen Feuers. Das erste Werk der wahren Induktion zur Entdeckung der Formen besteht demnach in der Abweisung oder Ausschliessung aller Bestimmungen, die in Fällen fehlen, wo die betreffende Eigenschaft vorhanden ist. Dahin gehören auch die Fälle, wo jene ohne diese vorhanden ist, oder wo jene zunimmt, während diese abnimmt oder umgekehrt.

Ist diese Abweisung oder Ausschliessung richtigermassen geschehen, so wird an zweiter Stelle, gleichsam am Boden, die bejahende, feste, wahre und scharf bestimmte Form zurückbleiben, während die flüchtigen Meinungen in Rauch aufgegangen sind. Dies kann man leicht aussprechen, aber nur durch viele Umwege kann man es erreichen. Indess will ich Nichts, was hierbei helfen kann, übergehen.

17.

Ich muss aber fortwährend erinnern und warnen, die von mir gemeinten Formen, denen ich eine so grosse Rolle zutheile, nicht mit den Formen zu verwechseln, an die man sich bisher im Denken und Betrachten gewöhnt hatte. Denn erstens spreche ich nicht von den "verbundenen Formen", welche wie gesagt die Vereinigung einfacher Eigenschaften nach dem gewöhnlichen Laufe der Natur darstellen, wie den Löwen, den Adler, die Rose, das Gold und ähnliche Dinge. Ihre Erörterung ist erst an der Zeit, wenn wir an die verborgenen Prozesse und inneren Gestaltungen und deren Entdeckung kommen, wie sie in den sogenannten Substanzen oder konkreten Gegenständen angetroffen werden. – Ebenso meine ich damit selbst in Bezug auf die einfachen Eigenschaften nicht jene abstrakten Formen und Vorstellungen, die in ihrem Inhalte unbestimmt oder schlecht begrenzt sind. Wenn ich von den Formen spreche, so meine ich damit vielmehr nur jene Gesetze und Bestimmungen des reinen Vorganges, welcher die einfache Eigenschaft zu Wege und hervorbringt, z. B. die Wärme, das Licht, die Schwere, so wie sie in jedem dafür empfänglichen Stoffe besteht. Deshalb ist die Form des Warmen oder die Form des Lichts und das Gesetz des Warmen und das Gesetz des Lichts ein und dasselbe, und ich entferne und trenne mich niemals von den Dingen selbst und von den erzeugenden Vorgängen. Wenn ich deshalb bei Ermittelung der Form der Wärme z. B. sage: "Man lasse das Dünne bei Seite", oder: "Das Dünne gehört nicht zu der Form des Warmen", so ist das ebenso viel, als wenn ich sagte: "Man kann die Wärme auch dem Dichten beibringen", oder umgekehrt: "Man kann die Wärme auch von einem dünnen Körper trennen oder abhalten." Meine Formen kommen vielleicht Manchem noch etwas abstrakt vor, weil sie sehr verschiedenartige Dinge mischen und zusammenstellen; wie denn die Wärme der Himmelskörper und das Feuer sehr verschieden scheinen; ebenso das bleibende Roth in einer Rose oder ähnlichem Gegenstande und das erscheinende Roth im Regenbogen und in den Strahlen des Opals und Diamants; ebenso der Tod durch Ertrinken und der durch Verbrennen, durch Erstechen, durch Schlagfluss, durch Schwäche; allein trotz dem stimmen diese sämmtlich in den Eigenschaften des Warmen oder des Rothen oder des Todes überein. Wo deshalb ein solches Bedenken hervortritt, da ist der Geist noch durch Gewohnheit und durch die konkrete Natur der Dinge gefesselt und in Meinungen befangen. Denn es ist ganz gewiss, dass diese Dinge trotz ihrer Verschiedenheit und Fremdartigkeit doch in der Form oder in dem Gesetze zusammentreffen, welches die Wärme, das Roth oder den Tod bedingt; denn die Macht des Menschen kann sich nur durch Aufdeckung und Entdeckung dieser Formen befreien und über den gemeinen Lauf der Natur erheben, sich ausbreiten und aufschwingen, um Neues und neue Weisen des Wirkens zu schaffen. Nächst dieser Einheit der Eigenschaft, welche die Hauptsache ist, werden demnächst auch die Theilungen derselben und ihre Arten, sowohl die gewöhnlichen wie die inneren und wichtigeren, an ihrem Orte behandelt werden.

18.

Ich habe nun ein Beispiel solcher Ausschliessung oder Verwerfung von Bestimmungen zu geben, die mit Hülfe der Uebersichtstafeln sich als solche ergeben, welche nicht zur Form des Warmen gehören. Ich erinnere dabei nur, dass nicht blos die einzelne Tafel genügt, um eine Bestimmung auszuschliessen, sondern jeder einzelne in ihnen enthaltene Fall ist dazu hinreichend. Denn nach dem Früheren genügt offenbar jeder einzelne Fall zur Widerlegung einer über die Form aufgestellten Meinung, wenn er ihr widerspricht. Indess werde ich der Deutlichkeit wegen und um den Nutzen dieser Tafeln mehr darzulegen, den ausschliessenden Fall verdoppeln oder wiederholen.

Ein Beispiel der Ausschliessung oder Beseitigung der nicht zur Form des Warmen gehörenden Bestimmungen.

1.Erstens. Der Sonnenstrahlen wegen ist die Bestimmung des Elementaren auszuschliessen.

2.Zweitens. Durch das gewöhnliche und besonders durch das unterirdische Feuer, was von den Strahlen der Himmelskörper am fernsten und am meisten abgeschlossen ist, wird die Bestimmung, dass die Wärme von den Himmelskörpern komme, ausgeschlossen.

3.Drittens. Wegen der Erwärmung der Körper aller Art, d. h. der Mineralien, der Pflanzenstoffe, der äusseren Theile der Thiere, des Wassers, des Oels, der Luft u. s. w., welche durch die blosse Annäherung derselben an das Feuer oder einen warmen Körper erfolgt, ist jeder Unterschied in den Körpern oder in der Feinheit ihrer Gewebe auszuschliessen.

4.Viertens. Wegen des glühenden Eisens und anderer glühenden Metalle, die andere Körper erwärmen, ohne doch an Gewicht oder Substanz abzunehmen, ist jede Mittheilung oder Mischung der warmen Substanz mit der andern zu verwerfen.

5.Fünftens. Wegen des heissen Wassers und der heissen Luft und wegen der heissen Metalle und anderer festen Körper, welche heiss sind, ohne zu brennen und zu glühen, ist das Licht und das Leuchten zu verwerfen.

6.Sechstens. Auch wegen der Strahlen des Mondes und anderer Sterne, mit Ausnahme der Sonne, ist das Licht und das Leuchten zu verwerfen.

7.Siebentens. In Folge Vergleichung des glühenden Eisens mit der Flamme des Weingeistes, von denen ersteres mehr Hitze und weniger Leuchten, letztere mehr Leuchten und weniger Hitze hat, ist ebenfalls das Licht und das Leuchten zu verwerfen.

8.Achtens. Wegen des glühenden Goldes und anderer Metalle, welche ihrem ganzen Stoffe nach zu den dichtesten Körpern gehören, ist auch das Lockere zu verwerfen.

9.Neuntens. Wegen der Luft, die oft kalt ist und doch dünn bleibt, ist das Dünne ebenfalls zu verwerfen.

10.Zehntens. Wegen des heissen Eisens, welches an Masse nicht zunimmt, sondern die gleiche wahrnehmbare Ausdehnung behält, ist die örtliche Bewegung und die Ausdehnung des Körpers, als eines Ganzen, zu verwerfen.

11.Elftens. Wegen der Ausdehnung der Luft in graduirten Flaschen und Aehnlichem, wobei die Luft offenbar sich örtlich bewegt und ausdehnt, ohne doch bemerkbar an Wärme zuzunehmen, ist ebenfalls die örtliche Bewegung und Ausdehnung des Körpers als eines Ganzen zu verwerfen.

12.Zwölftens. Wegen der leichten Erwärmung aller Körper, ohne dass sie dadurch zerstört oder merkbar verändert werden, ist auch jede zerstörende Eigenschaft oder die gewaltsame Einführung einer neuen Eigenschaft zu verwerfen.

13.Dreizehntens. Wegen der Uebereinstimmung und Gleichförmigkeit der Wirkungen, die sowohl die Wärme wie die Kälte in gleicher Weise haben, muss jede ausdehnende oder zusammenziehende Bewegung des Körpers im Ganzen verworfen werden.

14.Vierzehntens. Wegen der Erweckung von Wärme durch Reibung von Körpern ist jeder selbstständige Stoff zu verwerfen. Unter selbstständigem Stoff verstehe ich das Bejahende in der Natur, was von keiner vorhergehenden Eigenschaft bewirkt wird.

Es bleiben noch andere Bestimmungen ausgeschlossen; ich will aber hier keine vollständige Tafel aufstellen, sondern nur Beispiele geben. Alle diese hier genannten Bestimmungen gehören also nicht zur Form des Warmen, und der Mensch hat es mit ihnen allen nicht zu thun, wenn er die Wärme hervorbringen will.

19.

In diesen Ausschliessungen liegt die Grundlage der wahren Induktion, die aber nicht eher vollendet ist, als bis sie zu dem Bejahenden gekommen ist. Denn mit der Ausschliessung ist es in keiner Weise abgethan und kann es in dem Beginn nicht sein, denn die Ausschliessung ist, wie erhellt, nur eine Beseitigung einfacher Bestimmungen.

Wenn man aber noch keine guten und richtigen Begriffe von den einfachen Bestimmungen oder Eigenschaften hat, wie kann da die Ausschliessung richtig erfolgen? Denn einige von den oben genannten, wie der Begriff des Elementaren, des Himmlischen, des Dünnen sind schwankende und mangelhaft bestimmte Begriffe. Deshalb kann ich, eingedenk der Grösse meines Unternehmens, was darauf ausgeht, den menschlichen Verstand den Dingen und der Natur gleichzustellen, mich bei den bisherigen Anweisungen nicht beruhigen, sondern ich muss die Sache aus einem höheren Gesichtspunkte auffassen und stärkere Hülfsmittel für den Verstand bereiten und beschaffen, die nun folgen sollen. Ueberhaupt muss bei der Erklärung der Natur der Verstand so vorbereitet und angeleitet werden, dass er sich innerhalb des erforderlichen Zieles der Gewissheit hält und doch, namentlich im Anfange, bedenkt, dass das Gegenwärtige vielfach von dem bedingt ist, was noch zu erforschen ist.

20.

Indess geht die Wahrheit eher aus dem Irrthum als aus der Verwirrung hervor; deshalb ist es zweckmässig, dem Verstande zu gestatten, dass er nach der Aufstellung und Erwägung der drei Tafeln der ersten Uebersicht, wie sie hier geschehen ist, sich an die Erklärung der Natur in bejahender Weise begebe und sich daran versuche, wobei sowohl die Fälle in den Tafeln, als sonst vorkommende benutzt werden können. Diese Art des Versuchs nenne ich die Erlaubniss für den Verstand, oder die beginnende oder die erste Lese.

Erste Lese über die Form des Warmen.

Es ist festzuhalten, dass die Form der Sache innewohnt, und aus den beigebrachten Fällen in der Gesammtheit und im Einzelnen klar erhellt, welchen die

Sache selbst innewohnt; ohnedem könnte sie nicht die Form sein. Deshalb kann es keinen widersprechenden Fall geben.

Dennoch ist in dem einen Falle die Form oft ersichtlicher und auffallender als in dem andern; Letzteres nämlich da, wo das Wesen der Form durch andere Eigenschaften weniger bedrängt und gehemmt und geregelt ist. Dergleichen Fälle nenne ich erleuchtende oder offenbarende. Es ist also jetzt zur ersten Lese in Betreff der Form des Warmen überzugehen.

Nach den Fällen im Ganzen und im Einzelnen scheint die Eigenschaft, deren Besonderung die Wärme bildet, die Bewegung zu sein. Dies zeigt sich am meisten bei der Flamme, die fortwährend sich bewegt, und bei den heissen und kochenden Flüssigkeiten, die sich auch fortwährend bewegen. Es erhellt auch aus der Erregung oder Steigung der Wärme, die vom Blasebalge und dem Winde durch die Bewegung entsteht, wie die Fälle zu No. 29 Tafel III. ergeben. Aehnliches ergiebt sich aus den anderen Bewegungen in den Fällen 28 und 31 der Tafel III. Es erhellt ferner aus dem Erlöschen des Feuers und der Wärme durch jedes starke Zusammendrücken, welches die Bewegung zügelt und aufhören macht; man sehe die Fälle 30 u. 32 in Tafel III. Es erhellt auch daraus, dass jeder Körper von jedem Feuer und jeder starken und heftigen Wärme zerstört oder erheblich verändert wird. Hieraus erhellt klar, dass die Wärme einen Aufruhr und eine Störung und starke Bewegung in den inneren Theilen des Körpers veranlasst, welche allmählich zur Auflösung führt.

Man verstehe hierbei recht, was ich von der Bewegung sage, nämlich dass sie die Gattungseigenschaft der Wärme ist. Ich meine nicht, dass die Wärme die Bewegung erzeugt oder dass die Bewegung die Wärme erzeugt, wenn auch in einzelnen Fällen dies vorkommen mag, sondern dass die Wärme selbst oder das Wesen der Wärme eine Bewegung und nichts weiter ist; aber eine Bewegung besonderer Natur durch die Bestimmungen, die ich anführen werde, nachdem ich mich noch gegen einige Missdeutungen verwahrt haben werde. Die gefühlte Wärme ist eine blosse Beziehung, die von dem Menschen, nicht von dem Weltall bedingt ist; sie ist in Wahrheit nur eine Wirkung des Warmen auf das thierische Empfinden. Auch ist sie in sich selbst wechselnd, da derselbe Körper je nach dem Zustand des Sinnes die Empfindung des Warmen wie des Kalten erregt, wie aus dem Falle 41 Tafel III. erhellt.

Auch die Mittheilung der Wärme oder ihre übergehende Natur, in Folge deren ein dem warmen Körper genäherter Körper warm wird, darf mit der Form des Warmen nicht vermengt werden. Denn die Wärme ist von der Erwärmung verschieden; denn jede reibende Bewegung bewirkt Wärme, ohne dass vorher ein

Warmes da gewesen ist. Deshalb gehört das Erwärmende nicht zur Form des Warmen. Selbst da, wo die Wärme durch Annäherung an etwas Warmes erfolgt, geschieht dies nicht durch die Form des Warmen, sondern ist von einer höheren und allgemeineren Bestimmung abhängig, nämlich von der der Gleichmachung oder Vervielfachung, worüber die Untersuchung besonders anzustellen ist. Der Begriff des Feuers ist nur eine gemeine Vorstellung ohne Werth; sie ist aus der Verbindung des Warmen und des Hellen zu einem Körper gebildet, wie sie bei der gewöhnlichen Flamme und bei den bis zum Glühen erhitzten Körpern stattfindet. Nachdem so alle Zweideutigkeiten beseitigt worden, kann ich zu den eigentümlichen und wahren Bestimmungen übergehen, welche die Bewegung zu der besonderen Art gestalten, welche die Wärme ausmacht.

1.Die erste dieser Bestimmungen ist, dass die Wärme eine ausdehnende Bewegung ist, wodurch der Körper sich auszudehnen und einen grösseren Umfang und Raum zu erlangen strebt, als er vorher hatte. Diese Bestimmung zeigt sich vorzüglich bei der Flamme, wo der fette Rauch oder Dampf offenbar sich ausdehnt und zu einer Flamme sich öffnet. Dies zeigt sich auch bei jeder kochenden Flüssigkeit, welche sichtlich aufquillt, aufsteigt und Blasen wirft und dies so lange fortsetzt, bis sie sich in einen viel ausgedehnteren und dünneren Körper als die Flüssigkeit, nämlich in Dunst oder Rauch oder Luft umgewandelt hat. Es zeigt sich auch bei dem Holze und allem Brennmaterial, wo manchmal ein Ausschwitzen und immer ein Verdampfen stattfindet. Ebenso bei dem Flüssigwerden der Metalle, die zu den dichtesten Körpern gehören und deshalb nicht leicht aufschwellen und sich ausdehnen; dennoch stösst und treibt ihr Geist, wenn er in sich erweitert ist und nach einer noch grösseren Ausdehnung strebt, die dickeren Theile zur Flüssigkeit. Wird die Hitze noch verstärkt, so löst sich ein grosser Theil von ihnen auf und verwandelt sich in einen flüchtigen Zustand. Es ergiebt sich ferner aus dem Eisen und den Steinen, die zwar nicht flüssig werden und schmelzen, aber doch weich werden. Es zeigt sich auch bei Holzstäben, die in heisser Asche etwas erwärmt worden sind; sie werden dadurch biegsam. Am besten zeigt es sich aber an der Luft, die schon bei geringer Wärme sich fortwährend und deutlich wahrnehmbar ausdehnt, wie der Fall 38 Tafel III. ergiebt. Es erhellt auch aus der entgegengesetzten Eigenschaft des Kalten; denn die Kälte zieht jeden Körper zusammen und macht ihn kleiner. Deshalb fallen bei starker Kälte die Nägel aus den Wänden, das Erz springt ab, und eine heisse Flasche, die plötzlich in das Kalte gestellt wird, springt und zerbricht. Ebenso zieht sich die Luft schon bei einer geringen Kälte zusammen, wie der Fall 38 Tafel III. ergiebt. Hierüber wird ausführlicher bei der Kälte verhandelt werden.

Es kann deshalb nicht auffallen, dass die Kälte und die Wärme manche Wirkungen mit einander gemein haben, worüber der Fall 32 Tafel II. nachzusehen ist, da zwei von den nachfolgenden Bestimmungen beiden Eigenschaften zukommen, obgleich bei der jetzt behandelten Bestimmung ihre Wirkungen gerade entgegengesetzt sind, da die Wärme eine ausdehnende und erweiternde Bewegung veranlasst, die Kälte aber eine zusammenziehende und verengernde.

2.Die zweite Bestimmung ist eine Maassgabe der ersten in der Weise, dass die Wärme eine ausdehnende Bewegung nach der Oberfläche hin ist, aber mit dem Gesetze, dass der Körper sich zugleich in die Höhe hebt. Denn unzweifelhaft giebt es viele zusammengesetzte Bewegungen, z. B. den Pfeil oder Wurfspiess, welche in dem Vorwärtsfliegen sich zugleich drehen und im Drehen zugleich vorwärts fliegen. Aehnlich verhält es sich mit der Bewegung der Wärme; sie ist zugleich ausdehnend und in die Höhe treibend. Diese Bestimmung zeigt sich bei einer Zange oder einem eisernen Stabe, der in das Feuer gehalten wird; hält man ihn senkrecht mit der Hand an dem oberen Ende, so verbrennt er schnell die Hand; aber seitwärts und niedrig geschieht es viel später. Sie zeigt sich auch bei den Destillationen von feineren Blumen, deren Geruch leicht erlischt; denn die Arbeiter bringen dabei das Feuer nicht unten, sondern oberhalb derselben an, damit es weniger versenge. Nicht blos die Flamme, sondern alles Warme steigt nach oben.

Man muss indess einen Versuch hierüber an der entgegengesetzten Eigenschaft, an dem Kalten anstellen; ob nämlich die Kälte die Körper mehr nach abwärts zusammenzieht, wie die Wärme nach oben zu sie ausdehnt. Man muss deshalb zwei eiserne Stäbe oder zwei Glasröhren nehmen, die einander gleich sind, und sie ein wenig erwärmen; dann lege man einen in kaltes Wasser oder in Schnee getauchten Schwamm bei dem einen unter, bei dem andern über ihn. Ich glaube, dass die Abkühlung in dem Stabe schneller vorschreiten wird, wo der Schnee oben liegt, als da, wo er unten ist; das Umgekehrte findet bei der Wärme statt.

3.Die dritte Bestimmung ist, dass die Wärme eine Bewegung ist, die den Körper nicht als Ganzes gleichmassig ausdehnt, sondern die sich nur auf die kleinen Theilchen des Körpers bezieht, welche bei ihrer Ausdehnung zugleich gehemmt, zurückgestossen und geschlagen werden. Deshalb nimmt der Körper eine wechselnde und fortwährend zitternde Bewegung an, die drängt und treibt und durch den Rückschlag gereizt wird. Daher kommt die Heftigkeit des Feuers und der Wärme. Diese Bestimmung zeigt sich am deutlichsten an der Flamme und den siedenden Flüssigkeiten, die fortwährend zittern, in kleinen Theilchen anschwellen und wieder nachlassen. Sie zeigt sich auch bei den Körpern von so harter Beschaffenheit, dass sie trotz der Erwärmung nicht aufschwellen oder der Masse nach sich vergrössern, wie das glühende Eisen, was die stärkste Hitze enthält. Sie erhellt auch daraus, dass in kalter Jahreszeit das Feuer im Ofen am besten brennt. Sie zeigt sich ferner darin, dass die Luft in der graduirten Flasche, wenn sie sich darin ohne Hinderniss und Zurückstossen gleichmässig ausdehnen kann, nicht warm wird. Auch bei der zusammengepressten Luft bemerkt man, selbst wenn sie mit grosser Gewalt hervorbricht, keine erhebliche Wärme; denn die Bewegung erfolgt hier im Ganzen, ohne eine besondere Bewegung der kleinsten Theile. Hier ist der Versuch zu machen, ob die Flamme an ihren Seiten nicht stärker als in der Mitte brennt. Es erhellt auch daraus, weshalb jedes Brennen durch die kleinen Poren des Körpers, welcher verbrennt, geschieht, so dass die Verbrennung umstürzt, durchdringt, sich eingräbt und sticht, als wenn es unendlich viele Nadelspitzen wären. Daher kommt es auch, dass alle scharfen Wässer, wenn sie für den Körper, auf den sie wirken sollen, passen, die Wirkung des Feuers durch ihre stossende und stechende Natur hervorbringen. Diese hier besprochene Bestimmung ist auch bei dem Kalten vorhanden, in welchem die zusammenziehende Bewegung durch die widerstrebende ausdehnende Kraft gehemmt wird, wie bei dem Warmen die ausdehnende Bewegung durch die widerstrebende Zusammenziehung gehemmt wird. Es ist deshalb dasselbe Verhältniss, ob die Theilchen des Körpers nach Innen oder ob sie nach Auswärts dringen; aber die Stärke ist verschieden, weil es hier auf der Oberfläche der Erde nichts sehr Kaltes giebt. Man sehe den Fall 27 Tafel I.

4.Die vierte Bestimmung ist eine Maassgabe der vorgehenden in der Weise, dass jene stechende und durchdringende Bewegung zwar etwas heftig und schnell Statt hat, aber nur an solchen Theilchen erfolgt, die zwar klein sind, doch nicht bis auf das Aeusserste, sondern die noch einige Grösse haben. Diese Bestimmung ergiebt sich aus der Vergleichung der Wirkungen des Feuers mit denen der Zeit und des Alters. Das Alter oder die Zeit trocknet, verzehrt, untergräbt und verwandelt zu Asche nicht weniger wie das Feuer, aber in viel feinerer Weise, und da die Bewegung dabei langsam und nur an den feinsten Theilchen geschieht, so wird die Wärme dabei nicht bemerkt. Es zeigt sich auch, wenn man die Auflösung des Eisens mit der des Goldes vergleicht. Das Gold löst sich, ohne dass Wärme entsteht, aber das Eisen mit starker Wärme, obgleich Beides in ziemlich derselben Zeit geschieht. Bei dem Golde ist das Eindringen des lösenden Wassers mild und fein, und die Theilchen des Goldes geben leicht nach; bei dem Eisen geschieht aber das Eindringen mit Heftigkeit und Kampf, und die Eisentheilchen leisten einen hartnäckigen Widerstand. Einigermassen zeigt es sich auch bei dem Brand und Absterben des Fleisches, welche wegen der Feinheit der Fäulniss keine grosse Hitze und keinen grossen Schmerz verursachen.

Dies mag die erste Lese oder der Anfang der Erklärung über die Form des Warmen sein, welche dem Verstand gestattet worden ist. Nach der ersten Lese ist die Form oder wahre Definition der Wärme, und zwar der Wärme in Bezug auf das Weltall und nicht blos in Bezug auf das Gefühl, in kurzen Worten die folgende: Die Wärme ist eine ausdehnende Bewegung, die gehemmt wird und in den kleineren Theilen erfolgt. Die Ausdehnung des Körpers wird dabei ein wenig verändert, indem der Umfang sich vergrössert und die Bewegung etwas nach der Höhe strebt. Das Drängen in den Theilen bestimmt sich näher dahin, dass es nicht ganz träge bleibt, sondern dass es gereizt ist und eine gewisse Gewalt hat. Was aber die Wirksamkeit anlangt, so ist sie derselbe Gegenstand; denn die nähere Bestimmung derselben ist: Wenn man in einem Naturkörper eine Bewegung auf Erweiterung und Ausdehnung seiner erwecken könnte, und wenn man diese Bewegung so zurückdrängen und auf sich selbst richten könnte, dass jene Ausdehnung nicht gleichmässig vor sich ginge, sondern theils geschähe, theils zurückgestosssen würde, so würde man unzweifelhaft Wärme erzeugen, ohne Rücksicht, ob der Körper ein sogenannter elementarer oder von den Himmelskörpern ausgestattet worden ist; ob er hell oder dunkel ist, ob locker oder dicht; ob örtlich ausgedehnt oder ob er innerhalb der Schranke der ursprünglichen Ausdehnung sich hält; ob er zur Auflösung neigt oder in seinem Zustande beharrt; ob er ein Thier oder eine Pflanze oder ein Stein ist; ob Wasser oder Oel oder Luft oder irgend eine andere Substanz, wenn sie nur der erwähnten Bewegung empfänglich ist. Die gefühlte Wärme ist nichts Besonderes, sondern dieselbe Sache, nur in Beziehung auf den Sinn aufgefasst.

Jetzt ist nun zu weiteren Hülfsmitteln vorzuschreiten.

21.

Nachdem die Tafeln der ersten Uebersicht und die der Beseitigung und Ausschliessung aufgestellt worden und nach denselben die erste Lese geschehen ist, will ich nun zu den weiteren Hülfsmitteln für den Verstand in Bezug auf Erklärung der Natur und die wahre und vollkommene Induktion übergehen. Wo es hierbei auf Tafeln ankommt, werde ich bei dem Warmen und Kalten bleiben; wo es aber nicht so vieler Beispiele bedarf, werde ich die Untersuchung weiter ausdehnen, damit sie weder sich verwirre, noch die Lehre in zu engen Grenzen sich bewege. Ich werde deshalb handeln: 1) über die vornehmsten Fälle; 2) über die Hülfsmittel der Induktion; 3) über die Berichtigung der Induktion; 4) über die Abänderungen bei der Untersuchung je nach der Natur des Gegenstandes; 5) über die vornehmsten Eigenschaften in Bezug auf die Untersuchung oder über das, was bei der Untersuchung zuerst und was später geschehen muss; 6) über die Grenzen der Untersuchung oder über die Zusammenfassung aller Eigenschaften im Weltall; 7) über die Ergebnisse für die Praxis oder über das auf den Menschen sich Beziehende; 8) über die Zurüstungen zur Untersuchung; 9) endlich über die aufsteigende oder absteigende Leiter der Grundsätze.

22.

Die vornehmsten Fälle.

Unter den vornehmsten Fällen werde ich zunächst die isolirten Fälle behandeln. Isolirt sind die, welche die Eigenschaft, über welche die Untersuchung Statt hat, an solchen Gegenständen zeigen, die ausser dieser Eigenschaft nichts mit einander gemein haben, und umgekehrt solche Gegenstände, welche diese Eigenschaft nicht haben, obgleich sie sonst in allen übrigen Eigenschaften mit einander übereinstimmen. Offenbar heben solche Fälle die Zweifel und beschleunigen und stärken die Ausschliessung falscher Annahmen so erheblich, dass wenige von ihnen für viele gelten können. Wenn z. B. die Natur der Farbe untersucht wird, so sind solche isolirte Fälle die Prisma's und die kristallinischen Edelsteine, welche die Farben nicht blos in sich wiedergeben, sondern auch nach aussen auf die Wand. Ebenso der Thau u. s. w. Diese haben mit den festen Farben der Blumen, der farbigen Edelsteine, der Metalle, der Hölzer u. s. w. ausser der Farbe nichts gemein. Man kann deshalb leicht daraus abnehmen, dass die Farbe nur eine Besonderung des eingedrungenen und aufgenommenen Lichtbildes ist, und zwar bei den ersten Fällen nach dem Unterschied des Einfallens, bei den letzteren nach der Verschiedenheit des Gewebes und der inneren Gestaltung der Körper. Dies sind isolirte Fälle für die Aehnlichkeit. Ferner sind bei dieser Untersuchung die weissen und dunkeln Adern im Marmor und die Mannichfaltigkeit der Farben bei Blumen gleicher Art isolirte Fälle. Denn die Weisse und Schwärze des Marmors und die weissen und purpurnen Flecke bei den Nelken stimmen beinah in nichts ausser der Farbe überein. Es erhellt daraus, dass die Farbe nicht viel mit den inneren Eigenschaften eines Körpers zu thun hat, sondern mehr auf einer gröberen und gleichsam mechanischen Lage der Theile beruht. Dies sind isolirte Fälle in Bezug auf den Unterschied. Beide Arten von Fällen nenne ich isolirte oder wilde, mit einem von den Astronomen entlehnten Ausdruck.

23.

Zu den vornehmsten Fällen rechne ich zweitens die wandernden Fälle. Es sind die, wo die zu erforschende Eigenschaft zu entstehen beginnt, während sie vorher noch nicht bestand, oder umgekehrt, wo sie zu vergehen beginnt, nachdem sie vorher bestanden hatte. Die Fälle für beide Richtungen gehören immer zusammen oder sie bilden vielmehr nur einen Fall in seiner Bewegung oder seinen Uebergang zu dem entgegengesetzten Zustand. Dergleichen Fälle beschleunigen und stärken nicht nur die Ausschliessung ungehöriger Annahmen, sondern ziehen auch das Feld der Untersuchung für den bejahenden Theil oder die Form selbst enger zusammen; da die Form der Eigenschaft nothwendig etwas sein muss, was durch solche Wanderung hinzukommt oder umgekehrt durch solche Wanderung aufgehoben oder zerstört wird. Wenn nun auch jede Ausschliessung die bejahende Ermittelung befördert, so geschieht dies doch mehr geradezu, wenn der Gegenstand derselbe bleibt und es sich nicht um verschiedene handelt. Die Form aber, die sich in einem Falle verräth, führt, wie aus dem Bisherigen erhellt, zu allem Andern. Je einfacher dabei die Wanderung erfolgt, desto werthvoller ist der Fall.

Die wandernden Fälle sind auch für die praktische Thätigkeit von grossem Nutzen, denn sie zeigen die Form in der Verbindung mit einem Wirkenden oder mit einem Zerstörenden und deuten so der Praxis in den einzelnen Fällen den Weg an. Auch kann dann leicht weiter zu benachbarten übergegangen werden. Indess sind sie nicht ohne Gefahr und verlangen deshalb Vorsicht; man darf nämlich die Formen nicht zu sehr auf das Wirkende zurückführen, sonst verwirren sie die Einsicht oder führen wenigstens durch die überwiegende Betrachtung des Wirkenden einen falschen Begriff der Form ein. Das Wirkende darf nur als der Wagen oder Vermittler der Form aufgefasst werden. In der richtigen Ausschliessung ist indess ein leichtes Mittel gegen solche unrichtige Auffassungen gegeben.

Ich habe nun ein Beispiel von einem wandernden Fall zu geben; die zu erforschende Eigenschaft soll das Reine oder Weisse sein. Der Wanderfall für die Entstehung ist das ganze und das gepulverte Glas oder das ruhige Wasser und das zu Schaum geschlagene Wasser. Denn das ganze Glas und das ruhige Wasser sind durchsichtig, nicht weiss; dagegen sind das gestossene Glas und der Schaum des Wassers weiss und nicht durchsichtig. Es fragt sich also, was bei dieser Wanderung sich mit dem Glase oder Wasser zugetragen hat? Denn es ist klar, dass die Form des Weissen durch diese Zerstossung des Glases und Schäumung des Wassers hervorgebracht oder eingeführt wird. Nun ist aber nichts geschehen als eine Verkleinerung der Theilchen des Glases oder Wassers und eine Einschiebung der Luft. Für die Auffindung der Form des Weissen hilft es indess noch wenig, dass zwei an sich durchsichtige, aber in verschiedenem Grade durchsichtige Körper, wie Luft und Wasser, oder Luft und Glas bei ihrer Zusammenstellung in den kleinen Theilen die Weisse durch die ungleiche Zurückwerfung der Lichtstrahlen zeigen.

Es kann hier auch ein Beispiel von der erwähnten Gefahr und nöthigen Vorsicht gegeben werden. Denn ein durch solche wirkende Umstände bereits verdorbener Verstand kommt hier leicht auf den Gedanken, dass zu der Form des Weissen immer Luft nöthig sei, oder dass das Weisse nur aus durchsichtigen Körpern entstehe. Allein diese Annahmen sind falsch und werden durch viele gegentheilige Fälle widerlegt. Vielmehr erhellt, wenn wir die Luft ganz bei Seite lassen, dass durchaus gleichartige Körper in optischer Hinsicht das Durchsichtige enthalten; dagegen geben die in ihrem letzten Gewebe ungleichartigen Körper das Weisse. Körper, die in ihrem Gewebe vermischt und ungleichartig, aber doch dabei regelmässig sind, geben die übrigen Farben mit Ausnahme des Schwarzen, und letzteres zeigt sich bei Körpern, die von ungleichem und dabei unregelmässigem Gewebe sind. Dies ist ein Beispiel von einem zum Entstehen wandernden Fall in Bezug auf die Eigenschaft des Weissen.

Ein zu dem Vergehen wandernder Fall bei derselben Eigenschaft ist der aufgelöste Schaum und der geschmolzene Schnee. Denn das Wasser zieht das Weisse wieder aus und das Durchsichtige an, nachdem es nach Entfernung der Luft wieder ein zusammenhängender Körper geworden ist. Auch darf man nicht übersehen, dass zu diesen Wanderfällen nicht blos die zu dem Entstehen oder Vergehen führenden gehören, sondern auch die, welche zur Vermehrung oder Verminderung wandern; denn auch diese leiten zur Entdeckung der Form, wie aus der oben gegebenen Definition derselben und aus der Tafel der Grade erhellt. So ist das trockene Papier weiss, aber mit Wasser benetzt, wo die Luft entfernt und das Wasser aufgenommen wird, ist es weniger weiss und neigt sich zu dem Durchsichtigen. Der Grund ist derselbe wie bei den obigen Fällen.

24.

Zu den vornehmsten Fällen rechne ich drittens die deutlichen Fälle, die in der ersten Lese über das Warme erwähnt worden sind; ich nenne sie auch klarmachende oder befreite und entscheidende Fälle. Sie zeigen die untersuchte Eigenschaft nackt und substantiell und auch in ihrer Steigerung oder im höchsten Grade ihrer Kraft, befreit und losgelassen von den Hindernissen oder über diese durch die Stärke ihrer Kraft herrschend und sie unterdrückend und niederhaltend. Denn da jeder Körper die Formen vieler Eigenschaften verbunden und in einander verwachsen annimmt, so kommt es, dass die eine Eigenschaft die andere zurückstösst, niederdrückt, bricht oder bindet, wodurch die Formen der einzelnen verdunkelt werden. Allein man findet auch Gegenstände, wo die untersuchte Eigenschaft die anderen in Kraft überwiegt, weil entweder kein Hemmniss da ist, oder ihre Kraft sehr gross ist. Diese Fälle sind die deutlichsten für die Form. Aber selbst bei solchen Fällen ist Vorsicht nöthig und jedes voreilige Schliessen zu vermeiden. Denn Alles, was die Form zwingt und sie stösst, dass sie dem Verstande gleichsam begegnen soll, ist verdächtig, und es wird hier eine strenge und sorgfältige Ausschliessung nöthig.

Es sei z. B. das Warme die untersuchte Eigenschaft. Den deutlichsten Fall der ausdehnenden Bewegung, welche nach dem Obigen der erheblichste Theil der Form ist, giebt die graduirte und mit Luft gefüllte Flasche. Denn wenn auch die Flamme die Ausdehnung deutlich zeigt, so zeigt sie doch wegen des plötzlichen Verlöschens nicht die Zunahme der Ausdehnung. Ebenso zeigt das kochende Wasser wegen seines leichten Ueberganges in Dampf und Luft nicht so gut die Ausdehnung des Wassers als solchen. Ebenso zeigen glühendes Eisen und Aehnliches die Zunahme nur wenig, vielmehr wird sie wegen der von dem Eisengeist ausgehenden Zurückstossung und Brechung der dickeren und festeren Theile, welche die Ausdehnung zähmen und zügeln, nicht wahrnehmbar. Dagegen zeigt die graduirte Flasche deutlich die Ausdehnung der Luft, und man kann deutlich sehen, wie sie allmählich zunimmt und anhält, ohne zu vergehen.

So sei ferner die Schwere die zu untersuchende Eigenschaft. Der deutliche Fall für die Schwere ist hier das Quecksilber. Denn es übertrifft alles Andere bedeutend an Gewicht, mit Ausnahme des Goldes, was etwas schwerer ist. Aber das Quecksilber ist zur Andeutung der Form des Gewichts besser geeignet als das Gold, weil dies fest und zusammenhängend ist und zu dem Dichten gehört; dagegen ist das Quecksilber flüssig, in seinem Geiste schwellend und übertrifft dabei doch den Diamant und andere Körper, die als die festesten gelten, bedeutend an Schwere. Dies zeigt, dass die Form des Schweren oder des Gewichts lediglich nach der Menge des Stoffes, aber nicht nach dem festen Zusammenhange sich bestimmt.

25.

Zu den vornehmsten Fällen zähle ich viertens die verborgenen Fälle, die ich auch die Fälle der Dämmerung nenne. Sie sind gleichsam der Gegensatz der deutlichen Fälle. Sie zeigen die untersuchte Eigenschaft in ihrer schwächsten Wirksamkeit, gleichsam in ihrer Wiege und in ihrem rohesten Anfange, wie sie strebt und gleichsam zuerst sich versucht, aber von entgegengesetzten Eigenschaften noch verhüllt und unterjocht ist. Dergleichen Fälle sind für die Auffindung der Form von grosser Bedeutung; denn während die deutlichen zu dem Eigenthümlichen führen, leiten die verborgenen am besten zu den Gattungen, d. h. zu jenen gemeinsamen Eigenschaften, von denen die untersuchte Eigenschaft nur eine Besonderung ist.

Man nehme als zu untersuchende Eigenschaft z. B. das Feste oder sich Begrenzende, dessen Gegentheil das Flüssige und Fliessende ist. Die verborgenen Fälle sind hier die, welche einen noch schwachen und unsicheren Grad von Festem im Flüssigen darstellen, wie die Wasserblase, die gleichsam eine feste und begrenzte feine Haut aus dem Stoffe des Wassers ist. Ebenso die Wassertropfen, die, wenn Wasser genug vorhanden ist, sich zu einem dünnen Faden gestalten, damit das Wasser nicht getrennt werde. Wo es an Wasser für diese Nachfolge fehlt, da fällt das Wasser in runden Tropfen, welche Gestalt das Wasser am besten gegen die Trennung schützt. Selbst in dem Momente, wo der Wasserfaden aufhört und das Fallen in Tropfen beginnt, springt das Wasser aufwärts, um seinen stetigen Zusammenhang nicht zu zerreissen. Selbst bei Metallen, die bei dem Schmelzen flüssig werden, aber zäher sind, heben sich oft flüssige Tropfen und bleiben so hängen. Aehnlich ist der Fall mit den Spiegeln, die sich die Kinder mittelst Binsenröhren aus dem Speichel machen, – wo sich auch eine dichte Haut des Wassers zeigt. Viel besser zeigt sich dies aber bei dem andern Spiele der Kinder, wo sie Wasser, was durch Seife etwas zäher gemacht worden ist, durch ein Rohr aufblasen und damit das Wasser gleichsam zu einem Kasten voll Blasen machen, welches Wasser durch das Hinzutreten von Luft den Zusammenhang so weit annimmt, dass es sich in die Höhe ziehen lässt, ohne zu zerreissen. Am besten zeigt es sich aber am Schaum und Schnee, die einen solchen Zusammenhang annehmen, dass man sie beinah zerschneiden kann, obgleich sie aus Luft und Wasser, also zwei flüssigen Körpern, bestehen.

Dies Alles deutet darauf hin, dass das Flüssige und Feste nur sinnliche Begriffe des gewöhnlichen Lebens sind, und dass in allen Körpern eine Scheu, sich zu trennen, besteht. Bei gleichartigen Körpern, wie die Flüssigkeiten, ist diese Scheu schwach und hinfällig, aber in ungleichartigen Körpern lebhaft und stark, weil die Annäherung eines Ungleichartigen die Körper zusammendrängt und das Eindringen von Ungleichartigem sie auflöst und erweicht.

Man nehme ferner als ein anderes Beispiel die Anziehung oder die Annäherung der Körper als zu untersuchende Eigenschaft. Als deutlichster Fall in Bezug auf die Form tritt hier vorzüglich der Magnet hervor. Die der Anziehung entgegengesetzte Eigenschaft ist aber das Nicht-Anziehen von Solchen, deren Substanz gleich ist; so das Eisen, was kein Eisen, das Blei, was kein Blei, das Holz, was kein

Holz, das Wasser, was kein Wasser anzieht. Der verborgene Fall dazu ist der armirte Magnet oder vielmehr das Eisen an einem armirten Magnet. Denn die Eigenschaft ist der Art, dass ein armirter Magnet aus einiger Entfernung das Eisen nicht stärker anzieht als ein nicht armirter Magnet. Wird das Eisen aber so genähert, dass es das Eisen des armirten Magneten berührt, dann kann der armirte Magnet ein viel schwereres Gewicht tragen als ein einfacher, nicht armirter Magnet. Dies kommt von der Gleichheit des Stoffes bei beiden Eisenstücken, eine Wirksamkeit, die in dem Eisen verborgen und verhüllt besteht, ehe der Magnet hinzukommt. Die Form der Anziehung ist daher offenbar etwas, was in dem Magnet lebendig und stark, in dem Eisen schwach und verborgen ist. So hat man auch bemerkt, dass Holzpfeile ohne eiserne Spitze, die von starken Bogen abgeschossen werden, in das Holz von Schiffen oder Aehnliches tiefer eindringen, als wenn diese Pfeile eiserne Spitzen haben; es kommt dies von der Gleichheit des Stoffes bei beiderlei Holze, die allerdings vorher verborgen war. Ebenso zieht die Luft die Luft und das Wasser das Wasser als ganzen Körper nicht an; dagegen löst eine zweite angenäherte Blase die erste schneller auf, als wenn sie nicht genähert worden, und zwar wegen des Strebens nach Verbindung des Wassers mit dem Wasser und der Luft mit der Luft. Solche verborgene Fälle, die, wie gesagt, von erheblichem Nutzen sind, sind vorzüglich an den kleinen und feinen Theilchen der Körper ersichtlich; denn grosse Körpermassen folgen mehr den gemeinsamen und allgemeinen Formen, wie später dargelegt werden wird.

26.

Zu den vornehmsten Fällen rechne ich fünftens die begründenden Fälle, die ich auch die Fälle in Bündeln nenne. Sie bilden eine besondere Art der untersuchten Eigenschaft, gleichsam eine untergeordnete Form. Denn da die richtigen Formen, die immer in die untersuchten Eigenschaften sich umwandeln, tief verborgen und nicht leicht zu entdecken sind, so erfordert es die Sache und die Schwäche des menschlichen Verstandes, dass besondere Arten der Form, welche eine Anzahl von Fällen, aber nicht alle, in einen gemeinsamen Begriff zusammenfassen, nicht vernachlässigt, sondern sorgfältig beachtet werden. Denn Alles, was die Natur wenn auch in unvollkommener Weise verbindet, bereitet den Weg zur Entdeckung der Form. Deshalb sind die in dieser Beziehung nützlichen Fälle in ihrer Bedeutung nicht zu unterschätzen und gehören mit zu den vornehmeren. Doch hat man sich dabei sorgfältig umzusehen, und wenn die Auffindung mehrerer solcher Formen gelungen und danach Abtheilungen oder Eintheilungen der untersuchten Eigenschaft gemacht worden sind, darf der Verstand sich dabei nicht beruhigen und die rechte Auffindung der grossen Form nicht bei Seite lassen, und nicht voraussetzen, dass die Eigenschaft schon von der Wurzel aus eine vielfache und getheilte sei, und somit die weitere Zurückführung der Eigenschaft auf eine als ein Geschäft ablehnen und wegschieben, was nur zu unnützen Spitzfindigkeiten und blossen Abstraktionen führe.

Wenn z. B. die untersuchte Eigenschaft das Gedächtniss ist oder das, was das Gedächtniss erregt und unterstützt, so sind hier die begründenden Fälle die Ordnung und die Eintheilung, welche das Gedächtniss offenbar unterstützen; ebenso die Orte bei dem absichtlichen Memoriren; entweder sind es Orte nach dem natürlichen Sinn, wie Thüre, Ecke, Fenster und Aehnliches, oder es sind bekannte Personen oder Merkmale oder jedes Beliebige, wenn es nur in eine gewisse Ordnung gebracht wird, wie z. B. die Thiere und die Pflanzen; oder die Worte und die Buchstaben, die Charaktere und die historischen Personen u. s. w., von denen das Eine passender und bequemer ist als das Andere. Dergleichen Orte unterstützen das Gedächtniss erheblich und steigern es weit über seine natürliche Kraft. Ebenso behält man Gedichte leichter und lernt sie schneller auswendig als Prosa.

Aus diesem Bündel dreier Fälle, nämlich der Ordnung, der Orte des künstlichen Memorirens und der Verse, bildet sich die eine Art der Hülfsmittel für das Gedächtniss. Man könnte diese Art wohl die Abschneidung des Endlosen nennen; denn wenn Jemand sich anstrengt, um sich auf etwas zu besinnen und es in das Gedächtniss zurückzurufen, so wird er, wenn er gar keinen ungefähren Begriff und keine Vorstellung von dem Gesuchten hat, zwar suchen und sich anstrengen, aber von Einem zu dem Andern ohne Ende umherlaufen. Hat er aber einen bestimmten Vorbegriff, so wird sofort dieses Schrankenlose abgeschnitten, und die Bewegung des Erinnerns geschieht in einem beschränkteren Kreise. In den oben genannten drei Fällen ist dieser Vorbegriff klar und bestimmt; denn in dem ersten muss das Gesuchte etwas sein, was mit der Ordnung stimmt; in dem zweiten ein Bild, welches eine Beziehung oder Uebereinstimmung mit jenen bestimmten Orten hat; im dritten Fall müssen es Worte sein, welche in den Vers passen. So ist die Schrankenlosigkeit abgeschnitten. Andere Fälle bilden eine zweite Art, wonach Alles, was das Geistige sinnlich wahrnehmbar macht, das Gedächtniss unterstützt, eine Regel, die vorzüglich bei dem absichtlichen Memoriren sich wirksam zeigt. Andere Fälle führen zu der dritten Art, wonach Alles, was starke Gefühle, wie Furcht, Bewunderung, Scham, Entzücken, erweckt, das Gedächtniss unterstützt. Andere Fälle führen zu ferneren Arten, wonach das, was zuerst der noch freien und weder vorher noch nachher eingenommenen Seele geboten wird, am festesten in der Seele haftet, wie z. B. das, was man in der Kindheit lernt, oder was man vor dem Schlafengehen sich überdenkt, oder auch die ersten Reihen bei den Dingen. Andere Fälle bilden die Art, wo die

Menge der Nebenumstände oder Veranlassungen das Gedächtniss unterstützt, z. B. eine Schrift in Absätzen und das laute Lesen und Hersagen. Andere Fälle führen zu der Art, wonach das, was man erwartet, und was die Aufmerksamkeit erregt, besser haftet, als was nur vorüberfliegt. Wenn man daher eine Schrift auch einige zwanzig Mal durchlesen hat, so wird man sie doch nicht so leicht im Gedächtniss behalten, als wenn man nach folgender Regel verfährt: Lies zehnmal und versuche dazwischen, es herzusagen, und sieh in das Buch, wo das Gedächtniss stockt.

So giebt es also sechs Unterarten bei der Hülfe für das Gedächtniss, nämlich: 1) die Abschneidung des Unbegrenzten, 2) die Zurückführung des Begrifflichen auf das Sinnliche, 3) der Eindruck starker Affekte, 4) der Eindruck auf eine noch unbeladene Seele, 5) die Menge der Nebenumstände und 6) die vorgehende Erwartung.

Man nehme ferner als Beispiel den Geschmack oder das Schmecken zur Eigenschaft, die untersucht werden soll. Dann sind die hier folgenden Fälle begründend. Wer nicht riecht, sondern diesen Sinn von Natur entbehrt, der wird auch eine ranzige oder faulige oder eine mit Knoblauch vermengte oder mit Rosenöl gemischte Speise nicht schmecken und im Geschmack nicht unterscheiden. Ferner unterscheiden und bemerken Die, deren Nase zufällig durch den Schleim beim Schnupfen verstopft ist, nicht, ob etwas faulig oder ranzig oder mit Rosenöl bestrichen ist. Ferner haben die mit solchem Schnupfen Behafteten, wenn sie etwas Uebel- oder Wohlriechendes im Munde oder am Gaumen haben und dabei momentan sich stark schneuzen, in diesem Augenblick eine sehr deutliche Wahrnehmung von dem Ranzigen oder Wohlriechenden.

Diese Fälle ergeben und begründen die Art oder vielmehr den Theil des Geschmacks, wonach der Geschmackssinn zum Theil dasselbe wie das innere Riechen ist, was von den höheren Gängen der Nase zum Mund und Gaumen übergeht und herabsteigt. Dagegen wird das Salzige und Süsse und Scharfe und Bittere und Saure und Rohe und alles Andere von Denen, bei welchen der Geruchssinn fehlt oder gestört ist, ebenso wie von jedem Andern wahrgenommen; deshalb ist offenbar der Geschmack aus dem innern Geruch und einem besonderen Gefühl zusammengesetzt, worüber hier zu verhandeln nicht der Ort ist.

Man nehme ferner als zu untersuchende Eigenschaft die Mittheilung einer Beschaffenheit ohne Vermischung der Substanzen.

Der Fall des Lichtes giebt oder bildet die eine Art der Mittheilung, die Wärme und der Magnet die andere. Denn die Mittheilung des Lichts ist gleichsam augenblicklich und geht sofort unter, wenn das ursprüngliche Licht entfernt wird.

Aber die Wärme und die magnetische Kraft bleiben, nachdem sie in einen andern Körper übergeführt oder vielmehr erweckt worden sind, und hängen sich so eine längere Zeit an, selbst nach Entfernung der ersten Ursache.

So haben die begründenden Fälle einen erheblichen Werth; sie dienen hauptsächlich bei den Definitionen, namentlich bei den Besonderen, und zur Theilung und Eintheilung der Eigenschaften. Plato sagt deshalb nicht übel: Der ist für einen Gott zu halten, der gut zu definiren und einzutheilen versteht.

27.

Zu den vornehmsten Fällen rechne ich sechstens die gleichförmigen Fälle oder die verhältnissmässigen; ich nenne sie auch die parallelen oder physischen Aehnlichkeiten. Es sind die Fälle, welche die Aehnlichkeit und Verbindung der Dinge nicht in den niederen Arten, wo es durch die begründenden Fälle geschieht, sondern in dem Einzelnen darlegen. Sie sind deshalb die ersten und niedrigsten Grade der Einheit der Natur. Sie begründen auch nicht gleich im Anfang einen Grundsatz, sondern deuten nur eine gewisse Uebereinstimmung der Körper an und machen darauf aufmerksam. Obgleich sie nicht viel für die Auffindung der Formen helfen, so offenbaren sie doch in sehr nützlicher Weise die gemeinsame Wirksamkeit der Theile des Weltalls und üben an den Gliedern desselben eine gewisse Zerlegung. So gelangt man manchmal von ihrer Hand geleitet zu erhabenen und wichtigen Grundsätzen, namentlich zu solchen, die sich mehr auf die Gestaltung der Welt als auf die einfachen Eigenschaften und Formen beziehen. So sind z. B. übereinstimmende Fälle die folgenden: der Spiegel und das Auge; ferner: der Bau des Ohres und die Orte, welche ein Echo haben. Aus solcher Uebereinstimmung kann man neben der Aehnlichkeit, die zu Vielem nützlich ist, auch noch leicht den Grundsatz abnehmen und aufstellen, dass die Sinnesorgane und die Körper, welche eine Einwirkung auf den Sinn herbeiführen, von gleicher Natur seien. Dadurch angeregt, erhebt der Geist sich gern zu einem höheren und bedeutenderen Grundsatz, nämlich zu dem: dass die Uebereinstimmung oder das Mitgefühl der mit Sinnen versehenen Körper und der leblosen und empfindungslosen nur darin von einander abweichen, dass zu den an sich dazu geeigneten Körpern bei jenen noch der Lebensgeist hinzukommt, der bei diesen fehlt. So vielfach also die Uebereinstimmung zwischen leblosen Körpern sein kann, so viel Sinne könnte es in den lebendigen geben, wenn letztere passende Oeffnungen hätten, durch welche der Lebensgeist in dem so vorbereiteten Gliede, als dem passenden Organ, sich ausbreiten könnte. Umgekehrt giebt es unzweifelhaft so viel Bewegungen in den leblosen Körpern, wo der Lebensgeist fehlt, als es sinnliche Wahrnehmungen in den lebendigen giebt. Wegen der geringen Zahl der Sinnesorgane müssen aber natürlich viel mehr Bewegungen in den leblosen Körpern bestehen als Wahrnehmungen in den beseelten. Ein deutliches Beispiel dazu liefert der Schmerz. Denn es giebt verschiedene Arten oder gleichsam verschiedene Charaktere des Schmerzes bei den lebendigen Wesen. So ist der Schmerz bei dem Brennen verschieden von dem bei harter Kälte, oder bei einem Stiche, oder bei einem Druck oder einer gewaltsamen Ausdehnung u. s. w., und es ist unzweifelhaft, dass alle diese Schmerzensarten der Bewegung nach auch in den leblosen Körpern enthalten sind, also in dem Holze und in dem Steine, wenn sie gebrannt werden oder von der Kälte zusammengezogen oder gestochen oder gespalten oder gebogen oder auseinandergezogen werden. Nur die Empfindung tritt nicht hinzu, weil die Lebensgeister fehlen.

So sind auch die Wurzeln und die Zweige der Pflanzen ein gleichförmiger Fall, obgleich dies vielleicht sonderbar klingt. Denn jede Pflanze schwillt auf und treibt ihre Theile nach der Umgebung, sowohl nach oben wie nach unten, und die Zweige unterscheiden sich nur dadurch von den Wurzeln, dass diese in der Erde stecken, jene aber der Luft und Sonne ausgesetzt sind. Denn wenn man einen zarten und frischen Zweig eines Baumes nimmt und so biegt, dass er die Erde berührt, so erzeugt er sofort Wurzeln und keine Zweige, obgleich er mit dem Boden nicht zusammenhängt; und wenn umgekehrt Erde oben darauf gelegt wird und diese mit einem Steine oder andern schweren Gegenstande so belastet wird, dass die Pflanze nicht hindurch kann, so wird sie nicht nach oben, sondern nach unten Zweige und Blätter treiben.

Auch die Harze der Bäume und die meisten Edelsteine sind ein gleichförmiger Fall. Denn beide sind nur Ausschwitzungen und Durchseihungen des Saftes, bei jenen von den Bäumen, bei diesen von den Gebirgen. Deshalb haben beide die Klarheit und den Glanz, da die Durchseihung sehr fein und langsam erfolgt. Daher kommt es auch, dass die Haare der Thiere nicht so schön und von so lebhaften Farben sind als die Federn vieler Vögel; denn die Säfte werden von der Haut nicht so fein durchseiht, wie von dem Federkiel.

Ebenso bilden der Hodensack bei den männlichen Thieren und die Gebärmutter bei den weiblichen einen gleichförmigen Fall. Deshalb sind diese bedeutsamen Organe, durch welche sich die Geschlechter bei den Landthieren unterscheiden, nur als äusserliche und innerliche unterschieden. Durch die grössere Kraft der Wärme streckt sich das männliche Zeugungsglied nach aussen, während bei dem weiblichen, weil die Wärme dafür zu gering ist, folgt, dass es innen bleibt.

Auch die Flossen der Fische und die Füsse der vierfüssigen Thiere und die Flügel der Vögel sind ein gleichförmiger Fall. Aristoteles fügt noch die vier Windungen in der Bewegung der Schlangen hinzu, so dass die Natur so eingerichtet ist, dass alle Bewegung der lebendigen Wesen sich durch ein Vierfaches der Glieder oder Biegungen vollzieht. Auch die Zähne bei den Landthieren und die Schnäbel bei den Vögeln sind ein gleichartiger Fall, woraus erhellt, dass bei allen vollkommenen Thieren eine harte Substanz nach dem Munde fliesst.

Auch ist die Aehnlichkeit und Gleichförmigkeit nicht verkehrt, wonach der Mensch nur eine verkehrte Pflanze ist. Denn der Kopf ist die Wurzel der Nerven und thierischen Vermögen; der Samen ist aber zu unterst, wenn man die äusseren Glieder, die Arme und Beine, nicht mitrechnet. Dagegen ist bei der Pflanze die Wurzel, die dem Kopfe gleicht, in der Regel an die unterste Stelle und der Samen an die oberste gestellt.

Ich muss endlich im Allgemeinen verlangen und wiederholt erinnern, dass der menschliche Fleiss in Erforschung und Sammlung der Naturgegenstände sich gänzlich ändere und eine der gegenwärtigen entgegengesetzte Richtung einschlage. Denn aller Fleiss war bis jetzt nur darauf gerichtet, jene Mannichfaltigkeit zu verzeichnen und nur jene Unterschiede bei den Thieren, Pflanzen und Fossilien sorgfältiger zu beobachten, von denen die meisten als blosse Spiele der Natur gelten müssen und ohne wahren Nutzen für die ernste Wissenschaft sind. Dergleichen ist wohl ergötzlich, manchmal auch für die Praxis nützlich, aber es hilft nicht oder nur wenig zur Erkenntniss der Natur. Deshalb ist vielmehr aller Fleiss auf die Ermittelung und Untersuchung der Aehnlichkeit und Gleichförmigkeit in den Dingen zu verwenden, sowohl in den ganzen, als in den Theilen derselben; denn diese bilden die Einheit in der Natur und geben die Unterlage für die Wissenschaften. Doch ist hier grosse und strenge Vorsicht nöthig. Man darf nur die Fälle für gleichförmig und sich entsprechend nehmen, welche physische Aehnlichkeiten enthalten, wie ich schon früher erinnert habe; d. h. wirkliche und substanzielle, die in der Sache selbst stecken, aber keine zufälligen und blos scheinbaren; noch weniger abergläubische oder merkwürdige, wie sie von den Schriftstellern über natürliche Magie, einen höchst leichtsinnigen und bei den ernsten Dingen, um die es sich hier handelt, kaum erwähnenswerthen Schlag Menschen, überall aufgezeigt werden. Mit grosser Eitelkeit und Verstandesschwäche beschreiben diese leere Aehnlichkeiten und Sympathien der Dinge und dichten auch mitunter solche noch hinzu.

Dies bei Seite gelassen, dürfen die gleichförmigen Fälle auch bei der Gestaltung der Erde und in Grösserem nicht ausser Acht gelassen werden; z. B. Afrika und die Landschaft von Peru mit dem bis nach der Magellanischen Meerenge sich ausstreckenden Erdtheile. Beide Erdtheile haben ähnliche Meerbusen und ähnliche Vorgebirge, was kein Zufall sein kann. Dasselbe gilt für die alte und die neue Welt insoweit, als beide nach Norden breit und ausgedehnt, nach Süden aber schmal und zugespitzt sind.

Zu den bedeutendsten gleichförmigen Fällen gehören ferner die hohe Kälte in der sogenannten mittleren Luftregion und die heftigen Feuer, die oft aus unterirdischen Orten hervorbrechen. Beides sind die letzten Enden oder das Aeusserste der Eigenschaft des Kalten nach dem Himmelsraume hin und der Eigenschaft des Warmen nach dem Innern der Erde hin durch den Gegensatz und die Abstossung der entgegengesetzten Naturen. Endlich ist die Gleichförmigkeit der Fälle noch bei den Grundsätzen der Wissenschaften zu erwähnen. So ist die Figur, welche in der Rhetorik "Wider Erwarten" heisst, gleichförmig mit der Figur, welche in der Musik Ausweichung oder Kadenz heisst. Ebenso ist der mathematische Satz: Zwei Grössen, die einer dritten gleich sind, sind sich selbst gleich, gleichförmig mit dem Vorgang in dem logischen Syllogismus, welcher Begriffe verbindet, die in einem Mittlern zusammentreffen. Ueberhaupt ist eine gewisse ausspähende Kraft in Ermittelung und Auffindung der physischen Gleichförmigkeiten und Aehnlichkeiten in vielen Fällen höchst nützlich.

28.

Zu den vornehmsten Fällen rechne ich siebentens die Fälle einziger Art, die ich auch die unregelmässigen oder anders gebeugten mit einem grammatikalischen Worte nenne. Sie zeigen einzelne bestimmte Körper, welche als ausserordentliche oder regellose sich darstellen und mit den Gegenständen gleicher Gattung nicht im Mindesten übereinkommen. Denn die gleichförmigen Fälle stimmen unter einander überein; die Fälle einziger Art sind aber nur sich selbst ähnlich. Ihr Nutzen ist derselbe wie bei den verborgenen Fällen; sie erheben und vereinen die Natur zur Auffindung der Gattungen oder der gemeinsamen Eigenschaften, die dann nach den wahren Unterschieden sich besondern. Denn man darf in der Untersuchung nicht nachlassen, bis die Eigenthümlichkeiten und Beschaffenheiten solcher Dinge, die für Naturwunder gelten, auf eine Form oder ein festes Gesetz zurückgeführt und darunter begriffen worden sind, so dass sich ergiebt, wie alle Unregelmässigkeit oder Einzigkeit nur von einer gemeinsamen Form bedingt ist, und das sogenannte Naturwunder nur in den scharfen Unterschieden und Graden und in dem seltenen Zusammentreffen liegt und nicht in dem Gegenstande selbst; während jetzt die menschliche Betrachtungsweise nicht weiter geht, sondern diese Fälle als Geheimnisse und Wunderdinge hinstellt, die weder eine Ursache haben, noch einer allgemeinen Regel unterliegen.

Beispiele solcher Fälle einziger Art sind die Sonne und der Mond unter den Gestirnen, der Magnet unter den Steinen, das Quecksilber unter den Metallen, der Elephant unter den Vierfüsslern, das Wollustgefühl unter den Gefühlsarten, der Wildgeruch der Hunde unter den Geruchsarten. Auch der Buchstabe S gilt bei den Grammatikern für einzig in seiner Art, wegen der leichten Verbindung, welche er, mehr wie jeder andere Buchstabe, mit den Mitlauten, selbst den doppelten und dreifachen, eingeht. Solche Fälle sind sehr zu schätzen, denn sie schärfen und beleben die Untersuchung und befreien ein verwöhntes Denken von dem Gewohnten und von dem, was meistentheils geschieht.

29.

Zu den vornehmsten Fällen rechne ich achtens die abweichenden Fälle, d. h. die Irrthümer der Natur, das Unbestimmte und die Missgeburten, wo die Natur von ihrem regelmässigen Gange abgeht und ausbiegt. Diese Irrthümer der Natur unterscheiden sich von den Fällen einziger Art darin, dass letztere Wunder der Art nach und erstere Wunder dem Individuum nach sind. Ihr Nutzen ist derselbe; denn sie schützen den Verstand gegen die Gewohnheit, und sie decken die gemeinsamen Formen auf. Auch bei diesen darf man in der Untersuchung nicht nachlassen, bis man die Ursache solcher Abweichung gefunden hat. Indess trifft diese Ursache nicht die Form selbst, sondern nur den verborgenen Fortgang zur Form. Wer die Wege der Natur erkannt hat, wird auch die Abwege leicht bemerken, und wer die Abwege erkannt hat, der wird die Wege besser bezeichnen können. Sie unterscheiden sich auch insofern von den Fällen einziger Art, als sie mehr die Belehrung für die Praxis und für die Anwendung bieten. Denn neue Arten hervorzubringen, würde sehr schwierig sein; aber weniger schwer ist es, die Merkmale einzelner Dinge zu verändern und dadurch viel Seltenes und Ungewöhnliches hervorzubringen. Der Uebergang von den Wundern der Natur zu den Wundern der Kunst ist leicht. Ist einmal die Natur in ihrer Abweichung betroffen worden und das Verhältniss erkannt, so wird es nicht schwer sein, die Natur durch Kunst dahin zu bringen, wohin sie durch Zufall sich verirrt gehabt hatte, und nicht blos dahin, sondern auch anderwärts hin, da die Versehen auf einer Seite den Weg für die Versehen und Abweichungen nach allen Seiten zeigen und öffnen. Der Beispiele bedarf es hier nicht, da sie in Ueberfluss vorhanden sind. Es ist deshalb eine Zusammenstellung oder besondere Naturgeschichte von allen Missgeburten und wunderbaren Naturerzeugnissen, so wie von allem Neuen, Seltenen und Ungewöhnlichen in der Natur zu fertigen. Dabei muss aber mit der strengsten Auswahl verfahren werden, damit man sich auf sie verlassen kann. Am verdächtigsten sind dabei die mit der Religion irgend wie zusammenhängenden Vorgänge, wie die seltsamen Erscheinungen, von denen

Livius berichtet, und die sich bei den Schriftstellern über natürliche Magie und Alchymie und überhaupt bei allen Denen finden, welche die Verehrer und Liebhaber von Fabeln sind. Es muss deshalb Alles von ernsten und zuverlässigen Schriftstellern und aus sichern Mittheilungen entnommen werden.

30.

Zu den vornehmsten Fällen rechne ich neuntens die Grenzfälle, welche ich auch die antheilhabenden nenne. Es sind solche, wo die einzelnen Arten der Körper sich als aus zwei Arten zusammengesetzt darstellen, oder als den rohen Anfang zwischen der einen und der andern Art. Man kann diese Fälle zu den Fällen einziger oder abweichender Art zählen, da sie im Ganzen nur selten und ausnahmsweise vorkommen; indess verlangen sie bei ihrer Wichtigkeit doch eine besondere Stelle und Erörterung. Sie offenbaren am besten die Zusammensetzung und die Zustandebringung der Dinge; sie deuten die Ursachen der Zahl und Beschaffenheit der regelmässigen Arten in der Welt an und führen den Geist von dem, was ist, zu dem, was sein kann. Beispiele dazu sind das Moos zwischen der Pflanze und der Fäulniss; einige Kometen zwischen den Gestirnen und den feurigen Lufterscheinungen; die fliegenden Fische zwischen den Vögeln und Fischen; die Fledermäuse zwischen den Vögeln und Vierfüsslern; auch der Affe, das hässlichste, aber auch das uns ähnlichste Thier; die Missgeburten mit doppelten Gliedern und einer Mischung verschiedener Arten u. s. w.

31.

Zu den vornehmsten Fällen rechne ich zehntens die Fälle der Macht, oder die Fälle der Schwerter, indem ich dieses Wort als Zeichen der Herrschaft nehme. Ich nenne sie auch den Geist oder die Hand des Menschen. Es sind dies die besten und vollkommensten Werke, die gleichsam das Höchste in jeder Kunst darstellen. Da unser Bestreben ist, die Natur den menschlichen Bedürfnissen und Wünschen zu unterwerfen, so ist es folgerecht, dass diese Werke, die schon längst von der Macht des Menschen abhängen, gleich Provinzen, die bereits früher erobert und unterworfen worden sind, verzeichnet und festgestellt werden, namentlich solche, die am meisten ausgearbeitet und vollendet sind; denn von ihnen ist der Uebergang zu Neuem und noch Unentdecktem glatter und leichter erreichbar. Eine aufmerksame Betrachtung und ein ernstlicher und beharrlicher Wille wird dann Dergleichen entweder weiter fortführen, oder zu Verwandtem überleiten oder grösseren Nutzen daraus ziehen. Damit ist aber die Sache nicht abgeschlossen. So wie der Geist durch seltene und ungewöhnliche Vorgänge in der Natur zur Erforschung und Auffindung der dazu gehörenden Formen angeregt und erhoben wird, so wird dies auch bei den vortrefflichen und bewunderungswürdigen Werken menschlicher Thätigkeit geschehen, und zwar umsomehr, als das Verfahren und die Herstellung bei solchen menschlichen Werken meistens bekannt ist, während dies bei den Wundern der Natur dunkler bleibt. Doch muss man sich hierbei vorsehen, dass Dergleichen den Geist nicht niederdrücke und gleichsam an den Boden fessele. Denn dergleichen Kunstwerke, die sich als den Gipfel und die Spitzen menschlicher Kraft und Klugheit darstellen, betäuben und fesseln leicht den Geist; er ist ihnen gegenüber wie gekreuzigt, er kann sich dann mit nichts Anderem vertraut machen und meint, dass dergleichen Werke nur auf dem bisherigen Wege, durch Steigerung der Anstrengung und sorgfältigere Vorbereitung hervorgebracht werden können. Allein man muss vielmehr festhalten, dass die bisher entdeckten und bekannten Arten und Weisen, Sachen und Arbeiten herzustellen, grösstentheils geringfügig sind, und dass die Erlangung einer grössern Macht lediglich von den Quellen der Formen bedingt ist und abgeleitet werden kann, von denen noch keine bis jetzt entdeckt ist. So würde, wie ich schon bemerkt habe, Der, welcher mit seinen Gedanken bei den Maschinen und Widdern der Alten stehen geblieben wäre, trotz aller Anstrengung sein ganzes Leben hindurch doch nie auf die Erfindung der Feuerwaffen, die durch Schiesspulver wirken, gekommen sein. Und ebenso würde Der, welcher sein Beobachten und Nachdenken auf die wollenen und baumwollenen Gewebe beschränkt hatte, niemals die Eigenschaften des Seidenwurms und der Seide entdeckt haben. Betrachtet man alle bedeutenden Erfindungen, so wird man bemerken, dass sie nicht durch kleinliche Ausdehnungen und Ausschälungen der bekannten Verfahrungsweisen, sondern durch Zufall erfolgt sind. Nur die Entdeckung der Formen kann diesen Zufall ersetzen und ihm zuvorkommen, da solche Zufälle nur nach Ablauf von Jahrhunderten einzutreten pflegen. Besondere Beispiele für diese Fälle wird es bei der Menge derselben nicht bedürfen. Aber die Aufgabe ist hier, alle mechanischen Künste und selbst die schönen Künste in Bezug auf ihre Werke durchzugehen und genau zu untersuchen und eine Sammlung oder besondere Geschichte von den grossen und hervorragenden Werken zu machen, die in den einzelnen Künsten als die vollkommensten gelten. Diese Darstellung hat auch die Arten des Verfahrens und der Ausführung mit zu umfassen. Ich will aber dabei die Thätigkeit für solche Sammlung nicht auf die sogenannten Meisterstücke und Geheimnisse dieser Künste, die man anzustaunen pflegt, beschränken; denn das Staunen ist das Kind des Seltenen; wenn etwas, selbst aus der Gattung gewöhnlicher Dinge, nur irgend seltsam ist, so erweckt es das Staunen. Dagegen wird das, was wegen der Abweichung seiner Art von andern Arten wirklich das Staunen verdient, meist nur obenhin beachtet.

Nicht blos die Fälle einziger Art aus der Natur, die früher behandelt worden, sondern auch die aus der Kunst müssen gesammelt werden; und so wie ich zu den ersten die Sonne, den Mond, den Magnet und Aehnliches gerechnet habe, da sie, obgleich allgemein bekannt, doch von eigenthümlicher Beschaffenheit sind, so ist es auch mit den Fällen einziger Art bei der Kunst zu halten.

Dazu gehört z. B. das Papier, ein sehr bekannter Gegenstand. Betrachtet man die durch Kunst gefertigten Gewebe, so sind bei ihnen die Fäden entweder quer über einander gezogen, wie bei den seidenen, wollenen, leinenen und anderen Zeugen, oder sie sind mittelst besonderer Säfte zusammengeklebt, wie die Ziegelsteine, die Töpferwaaren, das Glas, die Emaille, das Porzellan und Anderes, welche bei guter Verbindung glänzen und bei geringerer sich nur verhärten, aber nicht glänzen. Alle diese aus besondern flüssigen Stoffen gemachten Gegenstände sind zerbrechlich und nicht zähe und biegsam. Dagegen ist das Papier ein Gegenstand, der zerschnitten und zerrissen werden kann; er kommt darin den Thierfellen und Häuten oder den Pflanzen und Blättern und ähnlichen natürlichen Produkten gleich, ja, er übertrifft sie noch. Das Papier ist weder zerbrechlich, wie das Glas, noch gewebt, wie die Zeuge, und hat nur Fasern, aber keine bestimmten Fäden, wie die Naturgegenstände. Deshalb hat es unter den menschlichen Produkten kaum Seinesgleichen, sondern ist in seiner Art einzig. – Vorzugsweise sind bei den Kunstprodukten die zu beachten, welche den Naturprodukten am nächsten stehen, oder umgekehrt die, welche die Natur mächtig leiten und verkehren. Bei den menschlichen Erfindungen und Geschicklichkeiten darf man auch die Gauklerkünste und Spiele nicht übersehen. Denn wenn sie auch nur dem Spiel und der Unterhaltung dienen, so können sie doch sehr erheblich zur Belehrung beitragen. Endlich darf man auch die Werke des Aberglaubens und der Magie, im gewöhnlichen Sinne dieser Worte, nicht übergehen. Allerdings sind diese Dinge mit einer grossen Masse von Lügen und Fabeln auf das Ungeheuerlichste beladen; allein dennoch muss man prüfen, ob nicht irgend eine natürliche Wirksamkeit ihnen zu Grunde liegt und in ihnen verhüllt ist; z. B. in den Verzauberungen und Verstärkungen der Einbildungskraft, in dem Einfluss der Dinge auf einander aus der Ferne, in den unmittelbaren Einwirkungen der Geister auf einander, gleich denen bei den Körpern u. s. w.

32.

Aus dem Bisherigen erhellt, dass diese fünf Arten von Fällen, nämlich die gleichförmigen Fälle, die Fälle einziger Art, die auf Abwege führenden Fälle, die beschränkten Fälle und die Fälle der Macht nicht so lange zurückgestellt werden dürfen, bis eine bestimmte Eigenschaft zur Untersuchung kommt, wie das mit den früher behandelten Fällen und den hier noch folgenden geschehen muss;

sondern die obigen Fälle sind sofort ohne Aufenthalt zu sammeln und in eine besondere Naturgeschichte aufzunehmen, da sie das, was der Verstand aufnimmt, verarbeiten und die schlechte Beschaffenheit des Verstandes selbst verbessern, der durchaus der Leitung und Behandlung bedarf und von seinen gewohnten täglichen Zerstreuungen abgewendet und abgezogen werden muss. Diese Fälle hat man daher als ein Vorbereitungsmittel zu behandeln, was den Verstand zurechtsetzen und reinigen soll. Alles, was den Geist aus seinen Gewohnheiten herausreisst, das ebnet und glättet seine Tafel zur Aufnahme des trockenen und reinen Lichts der wahren Begriffe. Auch bereiten und ebnen solche Fälle den Weg zur Praxis, wie ich später darlegen werde, wenn die Ueberleitung zur Praxis zur Erörterung kommen wird.

33.

Zu den vornehmsten Fällen rechne ich elftens die Begleitungs- und Feindschafts-Fälle, die ich auch die Fälle fester Sätze nenne.

Es sind die Fälle, welche einen Körper oder besonderen Gegenstand zeigen, dem die untersuchte Eigenschaft immer wie ein einzelner Gefährte begleitet, oder den umgekehrt die untersuchte Eigenschaft immer flieht, so dass sie wie ein Feind und Gegner immer von seiner Begleitung sich ausschliesst. Denn aus solchen Fällen kann man bestimmte und allgemeine entweder bejahende oder verneinende Sätze bilden, in denen das Subjekt jener besondere Körper und die untersuchte Eigenschaft das Prädikat ist. Denn die Sätze über Besonderes haben keine Festigkeit, weil da die untersuchte Eigenschaft bald in dem besonderen Körper fliessend und beweglich ist, bald hinzutretend oder erworben, bald wieder zurückkehrend und abgelegt. Deshalb haben solche Sätze über Besonderes keinen Werth, ausser in den oben erwähnten Wanderfällen; nur wenn sie mit allgemeinen Sätzen zusammengestellt und verglichen werden, haben sie ihren Nutzen, wie später gezeigt werden wird. Uebrigens verlangt man auch bei jenen allgemeinen Sätzen keine scharfe und ausnahmslose Bejahung oder Verneinung; sie erfüllen schon ihren Zweck, selbst wenn sie hier und da eine Ausnahme zulassen müssen. Der Nutzen dieser Begleitungs-Fälle besteht in der engeren Begrenzung des bejahenden Inhalts der Form. So wie schon bei den Wanderungs-Fällen dieses Bejahende dadurch eingeengt wird, dass man nothwendig annehmen muss, die Form der Eigenschaft sei etwas, was durch diese Wanderung hinzugebracht oder zerstört worden, so wird auch durch die Begleitungs-Fälle das Bejahende der Form eingeengt; denn man muss dann annehmen, die Form der Eigenschaft sei etwas, was einem solchen besondern Körper sich einfügt oder ihn verabscheut. Kennt man also die innere Gestaltung und Verfassung dieses

Körpers, so ist man auch nahe daran, die Form der untersuchten Eigenschaft ans Licht zu ziehen.

Man nehme z. B. das Warme als die gesuchte Eigenschaft. Der Begleitungs-Fall ist hier die Flamme. Denn bei dem Wasser, der Luft, den Steinen, den Metallen und den meisten andern Körpern ist die Wärme beweglich; sie kann hinzutreten und abtreten; aber die Flamme ist immer heiss, so dass das Heisse der Bildung der Flamme immer folgt. Dagegen besteht bei uns kein Feindschafts-Fall für das Warme. Denn das Innere der Erde ist der Wahrnehmung entzogen, und von den uns bekannten Körpern giebt es keinen, der nicht für die Wärme empfänglich wäre.

Man nehme ferner das Feste als die gesuchte Eigenschaft. Hier ist die Luft der Feindschafts-Fall. Denn die Metalle sind bald flüssig, bald fest, ebenso das Glas; auch das Wasser wird bei dem Gefrieren fest; aber die Luft kann niemals fest werden oder ihre Flüssigkeit ablegen. Indess ist bei diesen Fällen der festen Grundsätze an Zweierlei zu erinnern, was bei der Untersuchung von Nutzen sein kann. Wenn sich erstens herausstellt, dass eine durchaus allgemeine Bejahung oder Verneinung nicht besteht, so muss dies als ein Nicht-Seiendes sorgfältig verzeichnet werden. So ist es oben bei dem Warmen geschehen, wo eine allgemeine Verneinung in Bezug auf die uns bekannten Dinge nirgends besteht. Ebenso fehlt für unsere Kenntniss die allgemeine Bejahung bei der Eigenschaft des Ewigen und Unvergänglichen. Denn man kann diese Eigenschaft von keinem unter dem Himmel und über dem Innern der Erde befindlichen Körper behaupten. Zweitens hat man den allgemeinen, sowohl bejahenden wie verneinenden Sätzen in Betreff einer bestimmten Eigenschaft die besondern Fälle beizufügen, welche dem Nicht-Seienden am nächsten kommen; z. B. bei der Wärme die zartesten und am wenigsten brennenden Flammen und bei dem Unvergänglichen das ihm am nächsten kommende Gold. Dergleichen zeigt die natürliche Grenze zwischen Sein und Nicht-Sein und lässt die Umschreibung der Formen nicht aus den Bedingungen des Stoffes herausgleiten und herumschweifen.

34.

Zu den vornehmsten Fällen rechne ich zwölftens jene anzuhängenden Fälle, welche in dem vorstehenden Paragraphen erwähnt worden sind; ich nenne sie auch äusserste oder Grenzfälle. Dergleichen Fälle sind nicht allein als Zugaben zu den festen Sätzen, sondern auch an sich, in ihrer Besonderheit von Nutzen. Sie zeigen deutlich die wahren Abtheilungen in der Natur und die Maasse der Dinge; sie zeigen, wie weit eine Eigenschaft etwas wirkt oder erträgt, und wie darüber hinaus diese Eigenschaft in eine andere übergeht. Dergleichen Fälle sind: das Gold für das Schwere, das Eisen für das Harte, der Walfisch für die Grösse der Thiere, der Hund für den Geruch, die Entzündung des Schiesspulvers für die schnelle Ausdehnung, und Aehnliches dieser Art. Uebrigens sind dabei sowohl Fälle des äussersten Grades nach unten wie nach oben hin aufzunehmen; z. B. der Weingeist für die Schwere, die Seide für die Weichheit, die Würmer in der Haut für die Grösse der Thiere u.s.w.

35.

Zu den vornehmsten Fällen rechne ich dreizehntens die Bündniss-Fälle oder die Vereins-Fälle. Sie vermischen und vereinen Eigenschaften, welche als ungleichartig und als solche gelten, welche die gewohnten Eintheilungsweisen bestimmen. Dem entgegen lehren die Bündniss-Fälle, dass die Thätigkeiten und Wirkungen, welche einer dieser ungleichartigen Eigenschaften als eigenthümlich zugetheilt werden, auch den entgegenstehenden Eigenschaften zukommen, und dass jene vermeintliche Ungleichartigkeit keine wahre und wesentliche, sondern nur die Umänderung einer beiden gemeinsamen Eigenschaft ist. Sie dienen deshalb vorzüglich zur Erhebung des Geistes von dem Eigenthümlichen zu dem Gemeinsamen und zur Beseitigung jener Larven und Bilder der Dinge, die in den besondern Substanzen personificirt vorkommen und auftreten.

Man nehme z. B. das Warme als die untersuchte Eigenschaft. Hier gilt nun diejenige Eintheilung allgemein als feierlich anerkannt und beglaubigt, wonach es drei Arten der Wärme giebt: 1) die Wärme der Himmelskörper, 2) die Wärme der lebenden Wesen und 3) die Wärme des Feuers. Jede dieser Wärmearten soll gegenüber den beiden andern nach ihrem Wesen und ihrer Besonderheit und Natur eine eigenthümliche, von den andern durchaus verschiedene sein, weil die Wärme der Himmelskörper und der Thiere erzeuge und nähre, während die Wärme des Feuers verzehre und vernichte. Hier stellt jener bekannte Versuch einen Bündniss-Fall dar, wo man eine Weinrebe in ein fortwährend geheiztes Gebäude zieht, und die Trauben derselben um einen Monat früher als die im Freien reifen. Mithin kann das Reifen einer selbst an einen Baum hängenden Frucht sogar durch das Feuer erfolgen, während man dies als das eigenthümliche Werk der Sonne behauptet. Deshalb weiset durch solche Fälle der Verstand diese sogenannten wesentlichen Unterschiede zurück und erhebt sich von solchen Fällen leicht zur Erforschung der Bestimmungen, welche den wahren Unterschied zwischen der Wärme der Sonne und des Feuers ausmachen, und weshalb ihre Wirksamkeit so ungleich wird, obgleich sie beide aus einer und derselben Eigenschaft abstammen. Als solche Bestimmungen lassen sich vier aufstellen. Erstens ist die Sonnenwärme viel sanfter und milder als die Wärme des Feuers; zweitens ist sie ihrer Beschaffenheit nach, namentlich wie sie durch die Luft zu uns gelangt, viel feuchter; drittens, und dies ist der Hauptpunkt, ist sie höchst ungleich, eintretend und steigend, abtretend und fallend, was vorzüglich zur Erzeugung der Körper beiträgt. Denn schon Aristoteles hat richtig bemerkt, dass die Hauptursache des Entstehens und Vergehens auf der Oberfläche der Erde der schiefe Gang der Sonne durch den Thierkreis sei, wodurch die Sonnenwärme nach dem Wechsel von Tag und Nacht und nach der Folge von Sommer und Winter die grössten Verschiedenheiten annimmt. Allein jener Mann ermangelt nicht, diese richtige Erkenntniss sofort wieder zu verunstalten und zu verderben; denn als wäre er Schiedsrichter über die Natur, macht er schulmeisterlich die Annäherung der Sonne zur Ursache der Erzeugung und ihre Entfernung zur Ursache der Verderbniss, während doch Beides, die Annäherung und die Entfernung der Sonne, an sich dafür gleichgültig ist, vielmehr nur der Wechsel in der Wärme überhaupt das Entstehen und das Vergehen bewirkt, die Gleichheit aber der Erhaltung dient. Auch die vierte Bestimmung ist von grosser Bedeutung, wonach die Sonne ihre Wirksamkeit durch lange Zeiträume vertheilt, während die Wirkungen des Feuers, wo die Ungeduld des Menschen drängt, wegen des kürzern Zeitraumes zu dem Verderbniss führt. Giebt sich daher Jemand Mühe, und mildert und mässigt er die Hitze des Feuers auf einen gelindern Grad, was auf vielerlei Art möglich ist, fügt er ferner etwas Feuchtigkeit hinzu, und ahmt er vor Allem die Sonne in ihrer Ungleichheit der Wärme nach; erträgt er endlich mit Geduld die langsamere Entwickelung, wenn auch nicht in dem Maasse, wie sie der Wirksamkeit der Sonne entspricht, aber doch langsamer, als man gewöhnlich bei Benutzung des Feuers versucht, so wird er leicht jene angebliche Ungleichartigkeit der Sonne und Feuer-Wärme beseitigen, und er wird mittelst der Wärme des letztern der Wirksamkeit der Sonne nahe oder gleich kommen, ja in Einigem sie übertreffen.

Ein ähnlicher Bündniss-Fall ist das Auferwecken der Schmetterlinge, welche die Kälte betäubt und gleichsam hat absterben lassen, mittelst einer gelinden Erwärmung durch Feuer. Daraus erhellt, dass dem Feuer das Beleben der Thiere ebenso wenig versagt ist wie die Zeitigung der Früchte.

Auch jene berühmte Entdeckung von Frascator, wo die Aerzte einen sehr stark erhitzten Tiegel an den Kopf der vom Schlage Getroffenen anlegen, befreit offenbar die Lebensgeister, die von den Dünsten und Verstopfungen des Gehirns gepresst und gleichsam erstickt sind. Indem dieses Mittel die Lebensgeister wieder zur Bewegung bringt, wirkt es nicht anders wie das Feuer bei dem Wasser und der Luft, und doch belebt es auf diese Weise. Auch die Eier werden manchmal durch die Wärme des Feuers ausgebrütet; hier wird die thierische Wärme genau nachgeahmt. Dies und Aehnliches lässt nicht zweifeln, dass die Wärme des Feuers in vielen Fällen nach Art der Wärme der Himmelskörper und der lebenden Geschöpfe umgeändert werden kann.

Aehnlich verhält sich die Eigenschaft der Bewegung und Ruhe. Hier gilt als anerkannte und als aus der tiefsten Philosophie abgeleitete Eintheilung die, dass die Naturkörper sich drehen oder geradeaus gehen oder stehen, d. h. ruhen; denn die Bewegung ist entweder ohne Ende oder ein Anhalten am Ende oder eine Bewegung nach dem Ende. Jene ununterbrochen drehende Bewegung scheint den Himmelskörpern eigenthümlich zu sein; das Stehen oder die Ruhe kommt der Erdkugel zu, und die übrigen Körper, welche schwer oder leicht genannt werden, bewegen sich, wenn sie sich ausserhalb der Stelle ihrer Verwandtschaft befinden, geradezu nach den Massen oder Anhäufungen Ihresgleichen; die leichten nach oben und nach dem umgebenden Himmel, die schweren nach unten gegen die Erde. Und dies ist schön gesagt; aber der Bündniss-Fall dagegen ist irgend ein etwas niedriger Komet, der, obgleich er tief unter dem Himmel sich befindet, doch sich im Kreise bewegt. Die Erdichtung des Aristoteles, wonach der Komet an einen Stern angebunden sein oder ihm stetig nachfolgen soll, ist längst abgethan, nicht weil solch Verhältniss unwahrscheinlich wäre, sondern weil die Erfahrung zeigt, dass die Kometen die verschiedensten Stellen des Himmels in mancherlei Bewegen durchlaufen. Ein anderer Bündniss-Fall hiergegen ist die Bewegung der Luft, die innerhalb der Wendekreise, wo die Kreise der Bewegung grösser sind, sich selbst von Osten nach Westen im Kreise zu bewegen scheint. Ein anderer Fall ist die Ebbe und Fluth, insofern die Gewässer sich dabei im Kreise, wenn auch langsam und kaum merklich, von Morgen nach Abend in der Art drehen, dass sie zweimal des Tages zurückkehren. Verhält sich dies so, dann schliesst die Kreisbewegung offenbar mit den Himmelskörpern nicht ab, sondern theilt sich auch der Luft und dem Wasser mit. Auch die Eigenschaft des Leichten, dass es nach oben steigt, schwankt etwas; als Bündniss-Fall kann hier die Wasserblase gelten. Ist die Luft unter dem Wasser, so steigt sie schnell nach dessen Oberfläche, und zwar durch jene schlagende Bewegung, wie Demokrit sie nennt, durch welche das niedersteigende Wasser die Luft schlägt und nach oben treibt, aber nicht durch das Bestreben und Drängen der Luft für sich. Sobald sie zur Oberfläche des Wassers gelangt ist, wird die Luft am weitern Aufsteigen durch einen leisen Widerstand des Wassers gehemmt, da dieses sich nicht sofort zerreissen lässt. Deshalb ist das Drängen der Luft nach Oben nur sehr schwach.

Man nahm ferner als untersuchte Eigenschaft die Schwere. Hier gilt die allgemein angenommene Eintheilung, dass das Dichte und Feste nach dem Mittelpunkt der Erde drängt, das Dünne und Feine aber nach dem Himmel, als wenn dies ihre eigenthümlichen Orte wären. Allein in Betreff des Ortes ist jene Annahme, wenn sie gleich in den Schulen gilt, durchaus verkehrt und kindisch, wonach der Ort etwas vermögen soll. Deshalb treiben die Philosophen Possen, wenn sie sagen, dass, wäre die Erde durchbohrt, die schweren Körper aufhören würden, zu fallen, sobald sie zu dem Mittelpunkt gekommen wären. Denn es wäre fürwahr dann etwas Wirkendes und Thätiges in dem Nichts oder in dem mathematischen Punkte enthalten, wenn er Anderes erregte oder Anderes ihn suchte; vielmehr leidet ein Körper nur von Körpern. Dieses Bestreben, zu steigen oder zu fallen, steckt entweder in der Gestaltung des sich bewegenden Körpers oder in der Mitleidenschaft oder Uebereinstimmung mit einem andern Körper. Sobald sich ein dichter und fester Körper zeigt, der dennoch nicht zur Erde drängt, fällt deshalb diese Eintheilung. Nimmt man die Meinung Gilbert's an, dass die magnetische Kraft der Erde in Anziehung des Schweren sich nicht über einen bestimmten Kreis ihrer Wirksamkeit ausdehne und also nur bis zu einer bestimmten Entfernung, aber nicht darüber hinaus sich zeige, so wäre dies für diese Eigenschaft ein Bündniss-Fall. Doch fehlt es zur Zeit noch an einer festen und überzeugenden Beobachtung hierüber.

Am nächsten stehen die vom Himmel stürzenden Wasserfälle, welche bei den Seereisen durch den Atlantischen Ocean nach den beiden Indien oft beobachtet werden. Die Gewalt und die Masse des dabei herabströmenden Wassers ist so gross, dass wahrscheinlich dieses Wasser sich früher angesammelt hat und nur an diesen Orten hängen geblieben und da durch eine Gewalt herabgestossen und geworfen worden ist, so dass es nicht durch seine natürliche Schwere gefallen ist. Hiernach kann man vermuthen, dass eine dichte und feste Körpermasse in grosser Entfernung von der Erde so schweben wird wie die Erde selbst, und dass sie nur fallen wird, wenn sie herabgestossen wird. Doch lässt sich hierüber nichts Bestimmtes behaupten. Indess zeigt dies und vieles Andere, wie sehr es uns noch an der Naturgeschichte fehlt; denn statt zuverlässiger Fälle muss man Vermuthungen als Beispiele aufstellen.

Es sei ferner die zu untersuchende Eigenschaft die Bewegung im Denken. Die richtige Eintheilung scheint hier die in die menschliche Vernunft und den Instinkt der Thiere zu sein. Dennoch giebt es manche Handlungen bei den Thieren, die auf ein Schliessen auch bei ihnen deuten. So erzählt man von einem Raben, der bei grosser Trockenheit, vor Durst dem Tode nahe, Wasser in einen hohlen

Baum erblickte; wegen der Enge der Höhlung konnte er aber nicht hineinkommen, und deshalb warf er so lange Steine hinein, bis das Wasser so hoch gestiegen war, dass er trinken konnte. Es ist daraus später ein Sprüchwort gemacht worden.

So kann man als untersuchte Eigenschaft das Sichtbare nehmen. Hier scheint die richtige und sichere Eintheilung die in das Licht zu sein, als das ursprünglich Sichtbare, was das Sehen ermöglicht, und in die Farbe, was das zweite Sichtbare ist, und was ohne Licht nicht wahrgenommen wird, so dass es nur eine Umänderung oder ein Bild des Lichts zu sein scheint. Dennoch bestehen hier auf beiden Seiten Bündniss-Fälle; nämlich der Schnee in grosser Menge und die Flamme des Schwefels; jener hat eine mehr leuchtende Farbe, und diese ein Licht, was nach der Farbe hin spielt.

36.

Zu den vornehmsten Fällen rechne ich vierzehntens die Fälle des Kreuzes, indem ich dieses Wort von den Kreuzen hernehme, welche an Scheidewegen aufgerichtet sind, um die sich trennenden Wege zu zeigen. Ich nenne solche Fälle auch entscheidende oder Urtheils-Fälle und manchmal Orakel- oder Gebots-Fälle. Es verhält sich mit ihnen folgendermassen: Oft schwankt der Verstand bei Untersuchung einer Eigenschaft, welche von zweien oder mehreren Eigenschaften er als die Ursache der in Frage befindlichen Eigenschaft ansehen soll, weil gewöhnlich und häufig mehrere Eigenschaften zusammenwirken. Hier zeigen nun diese Kreuzes-Fälle die zuverlässige und unauflösliche Verbindung einer dieser Eigenschaften mit der in Frage stehenden, während die andere trennbar ist und in ihrer Verbindung wechselt. Dadurch entscheidet sich die Sache, und jene erstere Eigenschaft gilt als die Ursache, die andere wird beseitigt. Deshalb sind solche Fälle sehr aufklärend und von grosser Bedeutung; der Lauf der Untersuchung hört mitunter bei ihnen auf, und die Untersuchung ist mit ihnen abgeschlossen. Mitunter finden sich solche Kreuzes-Fälle unter schon Bekanntem; meistentheils sind sie aber neu und werden mittelst absichtlicher Verbindungen erforscht und durch ausdauernden und angestrengten Fleiss ermittelt.

Es sei z. B. die untersuchte Eigenschaft die Ebbe und Fluth des Meeres, die zweimal des Tages kommt und alle sechs Stunden steigt oder fällt, welche Frist etwas wechselt und mit dem Laufe des Mondes zusammentrifft. Der Scheideweg ist hierbei folgender: Diese Bewegung muss entweder von einem Hin- und Hergehen des Wassers kommen, wie bei dem in einer Schüssel geschüttelten Wasser, wo, wenn das Wasser auf der einen Seite aufsteigt, es auf der andern sinkt, oder von einer Erhebung und Senkung der Gewässer aus der Tiefe, nach Art des aufkochenden und dann wieder sich senkenden Wassers. Von welcher der beiden Ursachen die Ebbe und Fluth abgeleitet werden soll, ist die Frage. Nimmt man die erste Ansicht an, so muss, wenn an einem Orte Fluth ist, gleichzeitig anderswo Ebbe sein. Hierauf ist also die Untersuchung zu richten. Acosta und einige Andere haben nun aus sorgfältigen Beobachtungen entnommen, dass die Fluth und die Ebbe an den Küsten von Florida und den entgegengesetzten Küsten von Spanien und Afrika zu gleicher Zeit eintreten, und nicht umgekehrt, etwa so, dass wenn bei Florida die Fluth wäre, bei Spanien und Afrika die Ebbe wäre. Indess wird für den Aufmerksamen damit die Wahrheit der aufsteigenden Bewegung und die Unwahrheit der fortschreitenden noch nicht erwiesen. Denn die Bewegung des Wassers kann eine fortschreitende sein und doch gleichzeitig die beiden Ufer des Stromes überschwemmen, wenn die Gewässer von anderswo getrieben und gestossen werden. So geschieht es bei den Flüssen, die zu denselben Stunden für beide Ufer steigen und fallen, obgleich diese Bewegung offenbar hier eine fortschreitende ist, indem das Wasser des Meeres in die Mündungen der Flüsse eintritt. Wenn deshalb die Gewässer in grossen Massen von dem Ostindischen Ocean kommen und in das Strombett des Atlantischen Oceans gepresst und gestossen werden, können in ähnlicher Weise beide Uferseiten gleichzeitig überschwemmt werden. Es muss deshalb erforscht werden, ob es einen andern Strom giebt, welcher die Gewässer gleichzeitig steigen und fallen machen kann. Und dafür ist die Südsee vorhanden, die nicht kleiner, sondern breiter und ausgedehnter, als der Atlantische Ocean ist und deshalb dazu hinreicht. So sind wir endlich zu dem Kreuzes-Fall in Bezug auf diese Frage gekommen, der folgender ist: Bestätigt es sich, dass, wenn an den entgegengesetzten Küsten von Florida und Spanien im Atlantischen Meere Fluth ist, auch gleichzeitig an den Küsten von Peru und an den entgegenstehenden von China in der Südsee Fluth ist, so muss in Folge dieses entscheidenden Falles die Behauptung aufgegeben werden, dass die Ebbe und Fluth des Meeres, welche in Frage steht, aus einer fortschreitenden Bewegung entsteht. Denn es bleibt dann kein anderes Meer oder Ort, wo zu derselben Zeit der Rückgang, oder die Ebbe stattfinden könnte.

Dies kann man ohne Schwierigkeit ermitteln, wenn bei den Einwohnern von Panama und Lima, wo der Atlantische Ocean und die Südsee nur durch eine schmale Landenge getrennt sind, Erkundigung eingezogen wird, ob Ebbe und Fluth in beiden entgegengesetzten Meeren gleichzeitig eintritt oder nicht. Diese Entscheidung oder Aburtheilung ist zuverlässig, wenn die Erde sich nicht bewegt. Dreht sich aber die Erde um sich, so wäre es möglich, dass bei der ungleichen Umdrehung der Erde und der Gewässer des Meeres in Bezug auf die Schnelligkeit oder den Antrieb, ein heftiges Zusammenlaufen der Gewässer zu einem höhern Hügel erfolgte, was dann die Fluth darstelle, und ebenso ein Niedersinken derselben nach Unten, wenn die Erhebung nicht länger sich erhalten kann, was die Ebbe wäre. Indess muss die Ermittelung hierüber besonders angestellt werden. Aber wenn man dies auch annimmt, so bleibt doch gewiss, dass dann zu derselben Zeit, wo in einem Theile die Fluth stattfindet, in dem andern Theile Ebbe sein muss.

In ähnlicher Weise soll diese letztere Bewegung von den beiden vorausgesetzten die zu untersuchende Eigenschaft sein, also eine steigende und dann wieder sinkende Bewegung des Meeres, wenn es sich treffen sollte, dass nach genauen Untersuchungen die fortschreitende Bewegung, die bisher besprochen worden, verworfen werden müsste. Dann ist für diese Frage der folgende Scheideweg in drei Richtungen vorhanden: Wenn diese Bewegung bei der Ebbe und Fluth in ein Heben und Sinken der Gewässer besteht, ohne dass andere Gewässer dabei hinzutreten, so sind nur drei Fälle hier möglich; entweder muss diese Wassermenge aus dem Innern der Erde hervorkommen und wieder dahin sich zurückziehen, oder die Wassermasse wird nicht vermehrt, sondern die Gewässer dehnen sich aus und verdünnen sich ohne Vermehrung ihrer Masse, nehmen dann einen grösseren Raum und Ausdehnung an und ziehen sich nachher wieder zusammen, oder endlich, wenn weder mehr Wasser zutritt, noch es sich ausdehnt, sondern die Gewässer sich in Bezug auf ihre Menge und auf ihre Verdichtung und Verdünnung nicht verändern, so muss eine magnetische Kraft sich anziehen und heben und die Gewässer müssen dem entsprechend sich dann wieder senken. So beschränkt sich die Beurtheilung jetzt, nach Beseitigung der beiden ersten Bewegungen, auf die Frage: ob eine solche Erhebung durch Uebereinstimmung oder durch eine magnetische Kraft erfolgt. Allein zuerst erhellt, dass alle Wässer, die man, als in der Senke oder Höhlung des Meeres enthalten, sich vorstellen kann, sich nicht gleichzeitig heben können; da dann auf dem Meeresgrunde nichts deren Stelle ausfüllen könnte. Wenn deshalb auch die Gewässer ein Bestreben hätten, sich zu heben, so würde es doch durch die Verknüpfung der Dinge, oder, wie man sagt, damit kein Leeres entstände, gebrochen und gehemmt werden. Es bleibt also nur die Annahme, dass die Wasser an einer Stelle steigen und deshalb an einer andern fallen und abnehmen. Es würde dann wieder nothwendig folgern, dass diese magnetische Kraft nicht auf das ganze Meer wirken kann, vielmehr in der Mitte am stärksten wirkt; dann würde da das Wasser steigen und dafür an den Seiten dahin abfliessen und fallen.

So sind wir endlich zu dem Kreuzes-Fall in Betreff dieser Frage gelangt. Er besteht darin: Wenn ermittelt wird, dass bei der Meeres-Ebbe die Wasserfläche gebogen und rundlich ist, weil sich die Gewässer in der Mitte des Meeres heben und an den Seiten, d. h. an den Küsten, sinken, und wenn bei der Fluth die Meeresoberfläche glatt und eben ist, weil dann das Wasser in seine frühere Lage zurückkehrt, so kann man dann allerdings auf Grund dieses entscheidenden Umstandes sicher annehmen, dass die Hebung durch eine magnetische Kraft erfolgt; ohnedem muss aber diese Annahme aufgegeben werden. Dieser Umstand kann aber in den Meerengen durch das Senkblei leicht festgestellt werden, ob nämlich bei der Ebbe das Meer höher steht, oder vielmehr, ob dasselbe dann tiefer ist, als bei der Fluth. Ist dies der Fall, so findet gegen die gewöhnliche Meinung eine Erhebung des Wassers bei der Ebbe und ein Sinken bei der Fluth statt, in Folge dessen die Küsten bedeckt und überschwemmt werden.

In ähnlicher Weise wollen wir die Umdrehung um die Axe als die zu untersuchende Eigenschaft aufstellen, und insbesondere ermitteln, ob die tägliche Bewegung, wodurch die Sonne und Sterne scheinbar auf- und untergehen eine wahre Umdrehung der Himmelskörper ist, oder nur eine scheinbare, während in Wahrheit die Erde sich dreht. Der Kreuzes-Fall könnte hier folgender sein: Wenn sich findet, dass in dem Meere eine gewisse Bewegung von Morgen noch Abend Statt hat, sei sie auch nur schwach und gelinde; wenn dieselbe Bewegung etwas stärker in der Luft Statt hat, namentlich unter den Wendekreisen, wo sie wegen des grössern Umlaufes mehr bemerkbar ist; wenn ferner dieselbe Bewegung sich an den niedern Kometen zeigt, wo sie schon lebendiger und kräftiger auftritt; wenn ferner dieselbe Bewegung bei den Planeten in der Reihe und Abstufung Statt hat, dass bei den nähern Planeten die Bewegung langsamer, bei den entfernteren schneller und für den gestirnten Himmel endlich am schnellsten erfolgt, dann kann die tägliche Bewegung der Himmelskörper als die wahre gelten, und die Bewegung der Erde findet nicht statt. Die Bewegung von Osten nach Westen ist dann offenbar eine allgemeine und eine übereinstimmende des Weltalls, die an dem höchsten Ende des Himmels am schnellsten ist, dann allmählich abnimmt und zuletzt aufhört und an dem Unbewegten, d. h. an der Erde erlischt.

In ähnlicher Weise mag als zu untersuchende Eigenschaft jene andere Umdrehung dienen, die von den Astronomen viel besprochen wird und der täglichen Bewegung widersteht und widerspricht, nämlich die von Abend nach Morgen. Die ältern Astronomen geben diese Bewegung den Planeten und auch dem Sternenhimmel, aber Kopernikus und seine Anhänger auch der Erde. Es ist also zu ermitteln, ob in der Natur eine solche Bewegung besteht, oder ob sie blos ausgedacht und angenommen worden ist, um die Rechnungen abzukürzen und zu erleichtern und im Interesse jener Schönheit, welche in den vollkommenen Kreisen der Himmelsbewegungen enthalten sein soll. Dass diese Bewegung der

Himmelskörper eine wahre und wirkliche sei, wird keinesweges dadurch erwiesen, dass bei der täglichen Umdrehung der Planet nicht wieder an derselben Stelle des Sternenhimmels angetroffen wird, und auch nicht durch die schiefe Stellung des Thierkreises mit Rücksicht auf die Pole der Welt; aus diesen beiden Umständen hat sich aber diese Annahme gebildet. Denn die erste Erscheinung erklärt sich am besten aus dem Vorauseilen und Zurückbleiben, und die zweite erklärt sich durch die Spirallinien. Deshalb kann diese Ungleichheit und die Abweichung nach den Wendekreisen auch nur eine Modifikation jener einen täglichen Bewegung sein, und es bedarf keiner entgegengesetzten Bewegung daneben und keiner Umdrehung um verschiedene Pole. Auch ist es unzweifelhaft, dass, wenn man ein Wenig der gewöhnlichen Meinung folgt und die Erfindungen der Astronomen und Schulen bei Seite lässt, die gern den Sinnen in vielen Stücken ohne Noth Gewalt anthun und die Sache verdunkeln, es eine solche, der Wahrnehmung entsprechende Bewegung giebt, die ich früher besprochen habe, und deren Bild ich früher mittelst eiserner Fäden, wie bei einer Maschine, dargestellt habe. Der Kreuzes-Fall könnte hierbei folgender sein: Wenn ein glaubwürdiger Bericht eines Kometen erwähnt, in höherer oder niedriger Lage, der nicht übereinstimmend mit den übrigen sich täglich, wenn auch unregelmässig, gedreht hat, sondern vielmehr in der umgekehrten Himmelsrichtung, so muss man dann allerdings anerkennen, dass eine solche Bewegung in der Natur möglich sei. Findet sich aber kein solcher Bericht, so ist diese Bewegung verdächtig, und man muss sich noch nach andern Kreuzes-Fällen umsehen.

Wenn ferner die Schwere oder das Gewicht die zu untersuchende Eigenschaft ist, so ist der Scheideweg hier folgender: Entweder müssen die schweren und gewichtigen Körper vermöge ihrer Natur und durch ihre innere Gestaltung nach dem Mittelpunkt der Erde streben, oder sie müssen von der körperlichen Masse der Erde selbst wie von einer Anhäufung gleichgearteter Körper angezogen und fortgerissen werden und in Uebereinstimmung damit dahin sich bewegen. Ist das Letztere der Fall, so müssen sie mit der grössern Annäherung zur Erde auch stärker und heftiger sich dahin bewegen; sind sie aber entfernter, so geschieht es schwächer und langsamer, wie bei den Anziehungen durch den Magnet. Auch kann dies nur innerhalb einer gewissen Entfernung Statt haben, so dass darüber hinaus die Kraft der Erde auf die dort befindlichen Körper nicht mehr wirkt, sondern diese, wie die Erde selbst, sich schwebend halten und nicht herabfallen. Deshalb würde der Kreuzes-Fall hier folgender sein: Man nehme eine Uhr, die durch Blei-Gewichte getrieben wird, und eine andere, wo eine Stahlfeder die Bewegung bewirkt, und richte sie genau so ein, dass keine schneller oder langsamer als die andere geht. Dann stelle man die erstere Uhr auf die Spitze eines sehr hohen Gebäudes, während man die andere unten behält und beobachte, ob jene wegen der Verminderung der Schwerkraft langsamer als vorher geht. Ferner stelle man diesen Versuch in einer tiefen Erzgrube an, möglichst tief unter der Erde und sehe, ob nicht die Uhr wegen der verstärkten Schwerkraft schneller geht. Findet sich, dass in der Höhe die Schwerkraft abnimmt und in der Tiefe zunimmt, so muss die Anziehung durch die körperliche Masse der Erde als die Ursache der Schwere angesehen werden.

Es sei ferner die zu untersuchende Eigenschaft die Richtung der magnetisirten eisernen Nadel. Hier giebt es folgenden Scheideweg: Entweder muss der Magnet bei der Berührung aus sich dem Eisen die Richtung nach Norden und Süden mittheilen, oder es wird dadurch das Eisen nur erregt und befähigt, aber die Bewegung selbst wird durch die Gegenwart der Erde mitgetheilt, wie Gilbert behauptet und mühsam zu beweisen sucht. Hierauf bezieht sich das, was er mit so viel Scharfsinn und Fleiss gesammelt hat, nämlich, dass ein eiserner Schlüssel, der lange in der Richtung von Nord nach Süd gelegen hat, dadurch diese Richtung auch ohne Berührung mit einem Magneten annimmt. Hier soll nach Gilbert's Meinung die Erde selbst durch die Länge der Zeit die magnetische Berührung ersetzen und das Eisen magnetisch machen und es dann übereinstimmend mit sich richten; nur soll diese Wirkung der Erde nach Gilbert's Meinung wegen der Entfernung schwächer sein, weil die Oberfläche derselben oder die äussere Erdkruste ohne magnetische Kraft sein soll. Ferner erwähnt Gilbert den Fall, dass ein weissglühendes Eisen, wenn es bei seiner Abkühlung in der Richtung von Nord nach Süd gehalten wird, das Bestreben, in dieser Richtung sich zu erhalten, auch ohne Magnetisirung annimmt, als wenn die Eisentheilchen, die durch das Glühen in Bewegung gesetzt worden und sich nachher zurückziehen, bei diesem Zustand der Abkühlung für die von der Erde ausgehende Kraft empfänglicher und reizbarer wären wie sonst und dann in dieser Erregung verblieben. Allein wenn auch diese Beobachtungen richtig sind, so beweisen sie jene Behauptung doch nicht vollständig. Der Kreuzes-Fall könnte hier folgender sein: Man nehme eine kleine magnetische Kugel, ermittele ihre Pole und stelle diese Pole nach Abend und Morgen, nicht nach Mittag und Mitternacht, und lasse sie so stehen; dann lege man oben eine eiserne unberührte Nadel darauf und lasse sie sechs bis sieben Tage darauf liegen. Die Nadel wird unzweifelhaft, so lange sie auf dem Magneten liegt, die Weltpole verlassen und sich nach den Polen dieses Magneten richten, also, so lange sie darauf bleibt, nach Abend und Morgen. Zeigt sich nun, dass diese Nadel nach ihrer Abnahme von diesem Magneten und auf eine Spitze gelegt, wo sie sich drehen kann, sofort sich nach Süden und Norden dreht, oder dass dies allmählich geschieht, dann ist die Gegenwart der Erde als die Ursache davon anzuerkennen. Richtet sie sich aber, wie vorher, nach Morgen und Abend, oder hat sie alle eigene Richtung verloren, so ist diese Annahme verdächtig, und man muss die Untersuchung weiter fortsetzen.

Es sei ferner die zu untersuchende Eigenschaft die körperliche Substanz des Mondes, ob er locker, flammig oder luftig ist, wie die meisten alten Philosophen meinten, oder ob er dicht und fest, wie Gilbert und viele Neuere mit einigen der Alten behaupten. Die letzte Annahme stützt sich vorzüglich darauf, dass der Mond die Sonnenstrahlen zurückwirft, was nur feste Körper anscheinend vermögen. Deshalb würden hier als Kreuzes-Fälle die gelten können, welche zeigen, dass die Strahlen auch von einem lockern Körper, wie die Flamme, zurückgeworfen werden, wenn sie nur die genügende Dicke hat. Unzweifelhaft ist die Zurückwerfung der Sonnenstrahlen von den höhern Theilen der Luft neben Anderem die Ursache der Dämmerung. So sieht man auch, dass an heitern Abenden die Sonnenstrahlen von den röthlichen Feuerwolken nicht mit schwachem, sondern mit grossem und mehr leuchtendem Glanze als von dem Monde zurückgeworfen werden, ohne dass man behaupten kann, jene Wolken seien zu einem dichten Wasserkörper zusammengeflossen. Ebenso wirft die finstere Luft hinter den Fenstern des Nachts das Licht der Kerzen ebenso zurück wie ein fester Körper. Auch müsste man den Versuch machen und durch ein Loch die Sonnenstrahlen auf eine dunkle bläuliche Flamme fallen lassen. Allerdings scheinen die ungehindert auf dunklere Flammen fallenden Sonnenstrahlen sie gleichsam zu vernichten, so dass sie mehr einem weissen Rauche als einer Flamme gleichen. Dies ist es, was sich jetzt als Kreuzes-Fall für diese Frage darbietet; vielleicht können noch bessere aufgefunden werden. Indess muss man dabei immer festhalten, dass ein Zurückstrahlen nur dann von der Flamme erwartet werden kann, wenn sie die nöthige Dicke hat; denn sonst nähert sie sich der Durchsichtigkeit. Für gewiss muss man aber annehmen, dass das Licht von einem Körper Seinesgleichen entweder aufgenommen und weitergeführt oder zurückgeworfen wird.

Es sei ferner die zu untersuchende Natur die Bewegung der Geschosse durch die Luft, z. B. der Wurfspiesse, der Pfeile, der Kugeln. Die Schule erledigt in ihrer Weise diese Bewegung sehr schnell, indem sie sich begnügt, sie unter dem Namen einer gewaltsamen Bewegung von der natürlichen zu unterscheiden. In Bezug auf jenen ersten Stoss oder Antrieb glaubt sie mit dem Satz: dass zwei Körper nicht denselben Raum einnehmen können, weil sonst eine Durchdringung der Ausdehnungen Statt hätte, Alles erledigt zu haben. Allein für diese Eigenschaft ist der Scheidewegs-Fall folgender: Entweder erfolgt diese Bewegung durch die treibende Luft, die sich hinter dem geworfenen Körper sammelt, wie es der Fluss mit dem Nachen oder der Wind mit der Spreu thut, oder sie erfolgt von den Theilen des Körpers selbst, welche den Druck nicht ertragen und, um demselben fortwährend auszuweichen, sich fortbewegen. Das Erste nimmt Frascator und beinahe Alle, die mit dieser Bewegung sich ernster beschäftigt haben, an, auch hat unzweifelhaft die Luft hierbei einigen Antheil; allein unzweifelhaft ist die zweite Annahme die wahre, wie eine Menge Versuche ergeben. Unter andern könnte hier der Kreuzes-Fall folgender sein: Feines Eisenblech oder Eisendraht oder ein halb durchschnittenes Rohr oder eine Feder springen hinweg, das Eisen allerdings etwas weniger, wenn sie mit dem Daumen und den andern Fingern gebogen werden. Offenbar kann dies nicht der hinter dem Körper sich ansammelnden Luft zugeschrieben werden, da die Quelle der Bewegung in der Mitte des Blechs oder der Feder ist und nicht an deren Enden.

Es sei ferner die zu untersuchende Eigenschaft jene plötzliche und gewaltig ausdehnende Bewegung des angezündeten Schiesspulvers, welche grosse Massen umwirft und schwere Kugeln forttreibt, wie man bei den Kanonen und Haubitzen sieht. Der Scheideweg für diese Eigenschaft ist: Entweder kommt diese Bewegung von einem blossen Begehren des Körpers, sich auszudehnen, wenn er entzündet wird, oder auch von einem damit gemischten Begehren des Geistes des Rohen, welcher plötzlich die Flamme flieht und aus ihr ringsum wie aus einem Gefängniss mit Gewalt ausbricht.

Die Schule und die gewöhnliche Meinung nimmt nur das erstere Begehren an. Denn man meint schön zu philosophiren, indem man sagt, die Flamme sei vermöge ihrer elementaren Form mit der Nothwendigkeit begabt, einen grössern Raum einzunehmen als derselbe Körper in Pulverform, und daraus folge diese Bewegung. Allein wenn dies auch richtig wäre, wenn die Flamme zu Stande kommt, so würde doch dieses Entstehen der Flamme von einer so grossen Masse, welche sie zusammenpressen und ersticken kann, gehindert werden, und es käme dann gar nicht zu dieser angeblichen Nothwendigkeit. Denn es ist richtig, dass, wenn die Flamme entsteht, eine Ausdehnung erfolgen muss, und dass folglich die Fortstossung oder das Fortwerfen des sie hemmenden Körpers eintreten muss; allein es kommt gar nicht zu dieser Notwendigkeit, wenn jene feste Masse die Flamme vor ihrem Entstehen erdrückt. Auch ist die Flamme, insbesondere bei ihrem ersten Entstehen, weich und mild und braucht eine Höhlung, in der sie sich versuchen und flackern kann. Deshalb kann man diese grosse Gewalt davon nicht ableiten. Allein es ist richtig, dass die Entstehung dieser luftigen Flammen oder feurigen Winde aus dem Zusammentreffen zweier Körper hervorgeht, deren Natur einander entgegengesetzt ist. Der eine ist sehr entzündlich und überwiegt in dem Schwefel; der andere verabscheut die Flamme, wie der rohe Geist im Salpeter; so entsteht ein wunderbarer Kampf, indem der Schwefel sich so viel als möglich entzündet. Der dritte Körper, die Kohle, bewirkt nur die leichte und innige Vereinigung jener beiden andern. Indem nun der Geist des Salpeters gleichzeitig herausbricht und sich so viel als möglich ausdehnt, da die Luft und alle rohen Körper und das Wasser durch die Wärme ausgedehnt werden, so wird bei diesem Ausbruch und Entweichen die Flamme des Schwefels wie von einem verborgenen Blasebalg nach allen Richtungen fortgeblasen.

Es können hierbei zweierlei Arten von Kreuzes-Fällen auftreten. Die erste Art betrifft die höchst entzündlichen Körper, wie Schwefel, Kampher, Erdpech und ähnliche mit ihren Mischungen, die sich schneller und leichter als das Schiesspulver entzünden, wenn sie nicht daran gehindert werden. Hieraus erhellt, dass das Bestreben, sich zu entzünden, für sich allein diese erstaunlichen Wirkungen nicht haben kann. Die andere Art betrifft die Körper, welche die Flamme fliehen und scheuen; dahin gehören alle Salze. Denn wenn man sie in das Feuer wirft, so bricht mit vielem Geräusch ein wässeriger Geist aus ihnen heraus, ehe sie sich entzünden. In gelinderer Weise zeigt sich dies bei den noch nicht trockenen Blättern; hier bricht das Wasser hervor, ehe die übrigen Theile sich entzünden, und am meisten zeigt sich dies bei dem Quecksilber, was man das Metall-Wasser nennen kann; denn es kommt an Kraft dem Schiesspulver beinahe gleich, und zwar ohne Entzündung, durch die blosse Ausdehnung und Hervorbrechung. Deshalb soll es auch, wenn es mit dem Schiesspulver gemengt wird, dessen Kraft verstärken.

Es sei ferner die zu untersuchende Eigenschaft die vergängliche Natur der Flamme und ihr plötzliches Verlöschen. Es scheint, dass das flammende Wesen bei uns nicht dauernd und aushaltend sein kann, sondern in jedem Augenblick verlöscht und entsteht es von Neuem. Offenbar betrifft, wenn eine Flamme hier anhält und dauert, dies nicht die einzelnen Flammen, sondern es besteht dann eine Reihe hinter einander entstehender neuen Flammen, von denen die einzelne keinen Bestand hat. Dies ergiebt sich daraus, dass, wenn man der Flamme die Nahrung oder den Zehrstoff nimmt, sie sofort verlöscht.

Der Scheideweg für diese Eigenschaft ist folgender: Diese nur augenblickliche Natur folgt entweder aus dem Nachlassen der Ursache, welche sie zuerst erzeugt hat, wie bei dem Licht, dem Tone und bei den durch Stoss erfolgenden Bewegungen, oder die Flamme könnte wohl in ihrer Natur bei uns beharren, aber sie wird von entgegengesetzten Bestimmungen, die sie umgeben, überwältigt und zerstört. Hiernach würde folgender Kreuzes-Fall für diese Eigenschaft sich ergeben: Man sieht; dass bei grossen Feuern die Flammen hoch in die Höhe steigen;

je breiter die Unterlage der Flamme ist, desto höher steigt ihre Spitze, und deshalb scheint der Grund der Erstickung von der Seite zu kommen, wo die Flamme von der Luft zusammengepresst wird und sich schlecht befindet. Aber die mittleren Theile der Flamme, welche die Luft nicht trifft, sondern die von den äussern Theilen der Flamme geschützt sind, erlöschen nicht eher, als bis sie allmählich von der an den Seiten lagernden Luft eingeengt werden. Deshalb ist jede Flamme pyramidenartig mit breiter Grundlage an den nährenden Stoffen und mit spitzerem Gipfel, wo die Luft feindlich ist und die Nahrung nicht hinkann. Dagegen ist der Rauch unten schwächer und nimmt mit der Höhe zu; er gleicht einer umgekehrten Pyramide, weil die Luft den Rauch annimmt, aber die Flamme zusammenpresst. Denn die Meinung, dass die Flamme brennende Luft sei, ist ein Irrthum, da beide Körper ganz verschieden sind.

Der Kreuzes-Fall könnte für diese Frage noch genauer eingerichtet werden, wenn die Frage durch zwei farbige Flammen sich entscheiden liesse. Man nehme deshalb eine Schüssel von Metall und befestige darin eine angebrannte Kerze; dann stelle man die Schüssel in eine Wanne und schütte in dieselbe Weingeist, aber nicht so viel, dass er bis an den Rand der Schüssel reicht; nun brenne man den Weingeist an. Der Weingeist wird eine mehr bläuliche, die Kerze eine mehr gelbliche Flamme geben. Man gebe nur Acht, ob die Kerzenflamme pyramidal bleibt, da man sie an der Farbe leicht von der Flamme des Weingeistes unterscheiden kann und die Flammen sich nicht wie die Flüssigkeiten vermischen; oder ob die Flamme sich mehr kugelartig gestaltet, da hier nichts sie zerstört oder zusammendrückt. Bestätigt sich dies, so kann als gewiss gelten, dass die Flamme unverändert beharrt, so lange sie innerhalb einer andern Flamme eingeschlossen ist und der feindlichen Gewalt der Luft nicht ausgesetzt ist.

So viel über die Kreuzes-Fälle. Ich bin hier ausführlicher gewesen, damit man allmählich lerne und sich gewöhne, über die Natur nach den Kreuzes-Fällen und Licht bringenden Versuchen, zu urtheilen und nicht blos nach Wahrscheinlichkeiten und Vermuthungen.

37.

Zu den vornehmsten Fällen zähle ich funfzehntens die Scheidungs-Fälle, welche die Trennung solcher Eigenschaften anzeigen, die am häufigsten vorkommen. Sie unterscheiden sich von den Fällen, welche den Begleitungs-Fällen angehängt werden, dadurch, dass diese nur die Trennung der Eigenschaft von einem bestimmten Gegenstand anzeigen, mit dem sie gewöhnlich verbunden sind; dagegen bezeichnen die Scheidungs-Fälle die Trennung einer Eigenschaft von einer andern Eigenschaft. Von den Kreuzes-Fällen sind sie darin unterschieden, dass sie nichts entscheiden, sondern nur die Trennbarkeit einer Eigenschaft von der andern anzeigen. Sie lassen die unwahren Formen erkennen und zerstören jene Urtheile, die aus dem Nächstliegenden vorerst sich bilden; sie geben dem Verstande gleichsam das nöthige Blei und Gewicht. Ein Beispiel hierzu können jene vier Eigenschaften abgeben, die nach Telesius Gesellen oder Schlafkameraden sind, nämlich: das Warme, das Helle, das Feine und das Bewegliche oder zur Bewegung Geneigte. Aber unter diesen giebt es sehr viel Scheidungs-Fälle; so ist die Luft fein und leicht beweglich, aber nicht warm und nicht hell; der Mond ist hell, aber ohne Farbe; kochendes Wasser ist warm, aber ohne Licht; die Magnetnadel ist behend und beweglich, aber dennoch kalt, dicht und dunkel u. s. w.

Man nehme ferner zur Untersuchung die Eigenschaft des Körperlichen und die natürliche Wirksamkeit. Es scheint nämlich keine Wirksamkeit ohne Körper zu bestehen. Dennoch möchte es hierfür einige Scheidungs-Fälle geben. Dahin gehört die magnetische Wirksamkeit, wodurch das Eisen sich nach dem Magneten und die schweren Körper zur Erde bewegen. Auch einige Wirksamkeiten in die Ferne gehören hierher. Eine solche Wirksamkeit geschieht nicht augenblicklich, sondern in einer Zeitgrösse und räumlich allmählich und durch Abstände. Es giebt deshalb einen Punkt in der Zeit und in dem Raume, in dem diese Kraft oder Wirksamkeit in der Mitte zwischen den beiden Körpern sich befindet, welche sich in Spannung befinden. Sonach stellt sich die Frage dahin: Ob jene Körper, welche die Grenzpunkte der Bewegung sind, die zwischen ihnen befindlichen Körper bestimmen oder verändern, so dass durch wirkliche Berührung von einem zu dem andern die Kraft von dem einen Ende zu dem andern gelangt und bei dem mittelsten inzwischen bestehen bleibt? oder ob von alledem nichts Statt hat und nichts wirklich ist, als Körper, Kraft und Raum? – Bei den Lichtstrahlen, den Tönen, der Wärme und einigen andern in die Ferne wirkenden Dingen werden wahrscheinlich die in der Mitte befindlichen Körper bestimmt und verändert, zumal da ein besonderes Medium für die Uebertragung der Wirkung erforderlich ist. Dagegen sind für die magnetische und anziehende Kraft die Medien ohne Bedeutung, und die Wirksamkeit ist von ihnen nicht bedingt. Hat daher diese Kraft oder Wirksamkeit mit den Medien nichts zu thun, so folgt, dass die natürliche Kraft oder Wirksamkeit für eine bestimmte Zeit und einen bestimmten Raum auch ohne Körper besteht, da sie weder in den die Grenzen bildenden, noch in den dazwischen befindlichen Körpern enthalten ist. Deshalb kann die magnetische Kraft als ein Scheidungs-Fall für die körperliche Eigenschaft und die natürliche Wirksamkeit gelten. Als Zusatz oder nicht zu übersehender Gewinn kann hier noch bemerkt werden, wie auch im philosophischen

Sinne der Beweis gegeben werden kann, dass es besondere unkörperliche Wesen und Substanzen giebt. Denn wenn die Kraft oder natürliche Wirksamkeit, die von einem Körper ausgeht, für eine bestimmte Zeit und einen beschränkten Raum auch ohne Körper sich erhalten kann, so liegt es nahe, dass sie auch ursprünglich von einer unkörperlichen Substanz ausgehen kann. Denn an sich scheint die Körper-Eigenschaft ebenso nöthig zur Unterhaltung und Fortführung der natürlichen Wirksamkeit wie zu ihrer Erweckung und Erzeugung.

38.

Es folgen nun fünf Arten von Fällen, die ich mit einem Worte Fälle der Erleuchtung oder der ersten Belehrung nennen will. Sie dienen den Sinnen zur Unterstützung. Denn alle Erklärung der Natur beginnt mit der sinnlichen Wahrnehmung, von welcher sie auf geraden, festen und geschützten Wegen zu den Vorstellungen führt, welche die wahren Begriffe und Grundsätze bilden. Je zahlreicher und sorgfältiger deshalb die Wahrnehmungen sind, desto leichter und glücklicher geht das Uebrige von Statten.

Von diesen fünf Arten sind die ersten die, welche die unmittelbare Wirksamkeit der Sinne stärken, erweitern und berichtigen; die zweiten die, welche das Unsinnliche auf das Sinnliche zurückführen; die dritten zeigen die fortgehenden Prozesse oder die Reihe jener Dinge und Bewegungen, von denen gewöhnlich nur das Ende oder die Periode bemerkt wird; die vierten bieten dem Sinn bei reinem Mangel einen Ersatz; die fünften veranlassen die Aufmerksamkeit und dass der Sinn sich dahin richtet; sie mässigen zugleich die Feinheit der Dinge. Hiernach sollen sie hier einzeln erörtert werden.

39.

Zu den vornehmsten Fällen rechne ich hiernach sechzehntens die Fälle der Thüre oder des Thores, worunter ich die verstehe, welche die unmittelbare Wirksamkeit der Sinne unterstützen. Unter den Sinnen nimmt offenbar das Gesicht für die Belehrung den ersten Platz ein; deshalb ist vorzüglich Hülfe für diesen Sinn zu beschaffen, und diese kann von dreifacher Art sein; entweder soll auch das Nichtgesehene wahrnehmbar gemacht werden, oder das Entferntere, oder der Gegenstand soll genauer und bestimmter wahrgenommen werden. Zur ersten Art gehören die neuerlich erfundenen Mikroskope, wobei ich die Brillen nicht erwähne, da sie nur zur Verbesserung und Minderung der Schwäche des Gesichtssinnes dienen, aber keine neue Kunde geben. Diese Instrumente zeigen die verborgenen und unsichtbaren Theilchen der Körper und deren geheime Gestaltung und Bewegung. Indem sie Alles vergrössern, kann man mit deren Hülfe an dem Floh, der Fliege und den Würmern die genaue Gestalt, die Linien ihres

Körpers und die bis dahin unsichtbaren Farben und Bewegungen zu grosser Verwunderung sehen. Selbst eine mit der Feder und dem Lineal gezogene Linie soll durch solches Mikroskop ungleich und krumm erscheinen, weil weder die Bewegung der Hand, selbst mit Hülfe des Lineals, noch der Eindruck der Tinte oder Farbe in Wahrheit gleich bleibt, wenn auch die Ungleichheiten so klein sind, dass sie ohne solche Gläser nicht gesehen werden können. Man hat dazu, wie bei neuen und wunderbaren Dingen ja oft geschieht, die abergläubische Bemerkung gemacht, dass dergleichen Gläser die Werke der Natur erhöhen, aber die der Kunst erniedrigen. Dies hängt aber nur damit zusammen, dass die natürlichen Gewebe viel feiner sind als die künstlichen. Das Mikroskop nützt für diese kleinen Dinge, und hätte Demokrit es gesehen, so würde er entzückt gewesen sein und gemeint haben, dass damit das Mittel, die Atome zu sehen, gefunden wäre, die er für durchaus unsichtbar erklärt hatte. Allein da die Mikroskope nur für ganz kleine Gegenstände anwendbar sind, und selbst für diese nicht, wenn sie an einem grössern Körper sich befinden, so thut dies ihrem Nutzen Eintrag. Könnte man diese Erfindung auf grosse Körper oder auf die kleinen Theile grosser Körper ausdehnen, so dass man das Gewebe der Leinwand wie ein Netz erkennen und so die verborgenen Feinheiten und Ungleichheiten der Edelsteine, der Flüssigkeiten, des Urins, des Bluts, der Wunden und vieler anderer Dinge sehen könnte, so würde allerdings aus dieser Erfindung viel Nutzen gezogen werden können.

Von der zweiten Art sind jene Gläser, welche Galilei in merkwürdiger Weise erfunden hat, mit deren Hülfe man, wie mittelst Kähnen und Schiffchen, einen nähern Verkehr mit den Himmelskörpern eröffnen und unterhalten kann. Dadurch ist ermittelt, dass die Milchstrasse nur ein Gewirr oder eine Anhäufung kleiner Sterne ist, die einzeln unterschieden sind, was schon die Alten vermutheten. Auch kann man damit zeigen, dass die Räume der sogenannten Planetenkreise nicht ganz leer von andern Sternen sind, also schon vor dem eigentlichen Sternenhimmel die Sterne beginnen, die aber so klein sind, dass sie ohne jene Fernröhre nicht gesehen werden können. Auch kann man dadurch die Kreis-Umgänge jener kleinen Sterne um den Planeten Jupiter erkennen, woraus abzunehmen ist, dass für die Bewegung der Sterne mehrere Mittelpunkte bestehen. Dadurch können auch die hellen und dunklen Stellen auf dem Monde bestimmter gesehen und örtlich festgestellt werden, so dass eine Mondbeschreibung möglich wird. Dadurch können auch die Flecken in der Sonne und anderes Dergleichen gesehen werden. Dieses Alles sind bedeutende Entdeckungen, insofern man diesen Versicherungen vollen Glauben schenken kann. Mir ist dies nur deshalb verdächtig, weil die Versuche sich auf so Weniges beschränken, und man nicht noch vieles andere ebenso Bemerkenswerthe dadurch entdeckt hat.

Zur dritten Art gehören die Maassstäbe für die Ausmessung von Ländereien, die Astrolabien und Aehnliches, welche den Gesichtssinn nicht verstärken, sondern berichtigen und leiten. Wenn es sonst noch Vorrichtungen giebt, welche die übrigen Sinne in ihrer unmittelbaren und vereinzelten Thätigkeit unterstützen, so tragen sie doch für die Belehrung nichts bei und haben auf die hier behandelte Frage keine Beziehung. Ich übergehe sie deshalb.

40.

Zu den vornehmsten Fällen stelle ich siebzehntens die vorladenden Fälle, indem ich dies Wort von den Gerichten entnehme, welche zum Erscheinen vorladen; ich nenne sie deshalb auch aufrufende Fälle. Sie führen das Nicht-Sinnliche auf das Sinnliche zurück. Den Sinnen entziehen sich die Dinge entweder wegen ihrer Entfernung oder durch die von den Zwischenkörpern ausgehende Hemmung der Sinne oder weil der Gegenstand auf den Sinn keinen Eindruck hervorbringt, oder weil in dem Gegenstand nicht die zu diesem Eindruck nöthige Menge enthalten ist, oder weil die Zeit für die Erregung der Sinne zu kurz ist, oder weil die von dem Gegenstand ausgehende Wirkung von den Sinnen nicht ertragen werden kann, oder weil der Gegenstand schon vorher den Sinn so erfüllt und in Besitz genommen hat, dass für eine neue Erregung kein Platz mehr vorhanden ist. Diese Regeln gelten vorzüglich für das Gesicht, aber auch für das Gefühl. Diese beiden Sinne belehren der Breite nach und gehen auf gemeinsame Dinge, während die drei übrigen nur unmittelbar, und jeder nur von Gegenständen Kunde geben, worüber die andern nichts mittheilen.

Bei der ersten Art geschieht die Versinnlichung nur dadurch, dass dem Gegenstande, der wegen seiner Entfernung nicht gesehen werden kann, ein andrer Gegenstand beigesellt oder statt seiner hingestellt wird, der aus der Ferne mehr wie jener sichtbar ist und den Sinn erregen kann; z. B. bei Kundmachung von Vorfällen durch Feuerzeichen, von Thürmen und Aehnliches. Bei der zweiten Art erfolgt die Versinnlichung dadurch, dass das Innere, was durch das ihm Vorstehende verhüllt ist und nicht wohl eröffnet werden kann, durch seine Ausflüsse oder durch Eigenschaften auf der Aussenseite wahrnehmbar gemacht wird; z. B. der Zustand des menschlichen Körpers vermittelst des Pulses, des Urins und Aehnliches. Zur dritten und vierten Art der Versinnlichung gehören die Mittel, welche sich auf sehr Vieles beziehen und bei der Untersuchung von allerwärts herbeigeholt werden müssen; so z. B. ist es offenbar, dass die Luft und die Geister und Aehnliches, die nach ihrer ganzen körperlichen Beschaffenheit fein und dünn sind, deshalb nicht gesehen und gefühlt werden können. Deshalb bedarf es bei dergleichen Untersuchungen durchaus der Versinnlichung. Man nehme z. B. als die zu untersuchende Eigenschaft die Wirksamkeit und Bewegung des

Geistes, der in den fühlbaren Körpern eingeschlossen ist. Denn alles Fühlbare enthält bei uns einen unsichtbaren und unfühlbaren Geist, den es umgiebt, und dessen Kleid es gleichsam ist. Diese mächtige Quelle und wunderbare Wirksamkeit des Geistes in den fühlbaren Körpern ist dreifacher Art. Wird der Geist aus dem fühlbaren Gegenstande herausgelassen, so zieht der Körper sich zusammen und wird trocken; wird er darin festgehalten, so macht er die Körper weich und flüssig; geschieht weder das Eine noch das Andere, so giebt er Kunde, erzeugt Glieder, verähnelt, stösst aus, organisirt u. s. w. Dieses Alles wird durch sichtbare Wirkungen versinnlicht.

Denn der in jedem leblosen Körper eingeschlossene Geist vervielfältigt sich zunächst, indem er die sichtbaren Theile, die dazu am geeignetsten und bereitesten sind, verzehrt, verdaut, gestaltet und in Geist verwandelt; dann fliegen sie in Einem auf. Diese Gestaltung und Vervielfältigung des Geistes wird durch die Abnahme des Gewichts erkennbar. Denn bei allem Vertrocknen fliesst etwas Stoff ab, und zwar nicht blos von dem schon vorher bestandenen Geiste, sondern auch von dem Körper, so weit er aus einem Fühlbaren eben umgewandelt worden ist. Denn der Geist ist nicht schwer.

Das Austreten oder die Austreibung des Geistes wird in dem Rost der Metalle und in andern Fäulnissen dieser Art sinnlich wahrnehmbar, welche aufhören, ehe sie zu den ersten Anfängen des Lebens gelangen, die zur dritten Art der Wirksamkeit gehören. Bei dichten Körpern findet nämlich der Geist keine Poren oder Gänge, durch die er hinausfliegen könnte; deshalb muss er die Körpertheilchen selbst fortstossen und vor sich hertreiben; so kommen diese heraus und bilden den Rost und Aehnliches. Die Zusammenziehung der Körpertheilchen, wenn der Geist heraus ist und Trockenheit eintritt, wird theils in der vermehrten Härte wahrnehmbar, theils noch mehr in den Rissen, Verengerungen, Runzeln und dem Schwinden der Körper, welche die Folge sind. Die Holztheile springen ab oder werden enger; die Haut wird runzlig, und ist die Austreibung des Geistes schnell durch die Hitze des Feuers erfolgt, so geschieht die Zusammenziehung so eilig, dass sie sich verwickeln und zusammendrehen. Wo indess der Geist festgehalten und doch durch die Wärme oder Aehnliches ausgedehnt und aufgeregt wird, wie es bei festen und zähen Gegenständen zu geschehen pflegt, da werden die Körper weich, wie z. B. das weissglühende Eisen; oder flüssig, wie die Metalle, oder sie schmelzen, wie das Harz, das Wachs und Aehnliches. So erklären sich die entgegengesetzten Wirkungen der Wärme, welche bald verhärtet, bald flüssig macht, leicht daraus, dass dort der Geist ausgetrieben, hier aber festgehalten und erregt wird. Dieses Letztere ist die eigentliche Wirksamkeit der

Wärme und des Geistes, während Ersteres nur die Wirksamkeit der Körpertheilchen in Folge des vertriebenen Geistes ist.

Wo aber der Geist nicht gänzlich festgehalten noch gänzlich ausgetrieben wird, vielmehr innerhalb seines Verschlusses treibt und drängt und fügsame und folgsame Körpertheilchen erfasst, die dem Geist folgen, wohin er sich bewegt, da bilden sich organische Körper, die Gliederung und die übrigen Lebensäusserungen bei den Pflanzen und Thieren. Sie werden sinnlich erkennbar hauptsächlich durch genaue Beobachtung der Anfänge und ersten Anlagen oder Versuche des Lebens bei den aus der Fäulniss entstandenen kleinen Thieren, wie bei den Ameiseneiern, den Würmern, den Fliegen, den Fröschen nach starkem Regen u. s. w. Zur Verlebendigung gehört aber eine milde Wärme und eine Weichheit des Körpers, damit der Geist nicht durch Uebereilung herausbricht, noch durch den Widerstand der Theile gehemmt wird, vielmehr muss er sie wie Wachs bilden und biegen können.

Es kann ferner durch mehrere versinnlichende Fälle jene vornehmste und weit reichende Besonderung des Geistes gleichsam vor Augen gestellt werden, wonach der Geist sich theilt 1) in den Geist des Getrennten, 2) des einfach Geästeten, 3) des sowohl Geästeten wie Zellenartigen; von denen die erste Art der Geist alles Leblosen ist, die zweite der Geist der Pflanzen und die dritte der Geist der Thiere. Auch ist bekannt, dass das feinere Gewebe und die innere Gestaltung der Dinge selbst bei Gegenständen, die als Ganzes sichtbar und fühlbar sind, nicht gesehen und gefühlt werden kann. Deshalb kann auch hier die Erkenntniss nur durch Ueberführung zu einem Sinnlich-Wahrnehmbaren geschehen. Die vornehmste und ursprüngliche Grundlage für die innere Gestaltung liegt in der grösseren oder geringeren Menge des Stoffes, der denselben Raum ausfüllt. Alle anderen inneren Gestaltungen, die auf der Ungleichheit der Bestandtheile eines Körpers, ihre Ordnung und Stellung sich beziehen, sind gegen jene nur untergeordneter Art.

Man nehme deshalb als zu untersuchende Eigenschaft die Ausdehnung oder Zusammenziehung des Stoffes in den Körpern, wie nämlich die Menge des Stoffes in den einzelnen Körpern die Menge des Raumes ausfüllt. Hier ist nun kein Satz in der Natur mehr wahr als der zwiefache: Aus Nichts wird Nichts, und: Etwas kann nicht zu Nichts werden; die wirkliche Menge des Stoffes oder die ganze Summe desselben bleibt sich daher gleich und vermehrt oder vermindert sich nicht. Auch ist der weitere Satz ebenso wahr dass derselbe Raum oder dieselbe Ausdehnung bald eine grössere, bald eine geringere Menge von Stoff je nach den verschiedenen Körpern enthält; so hat das Wasser mehr, die Luft weniger. Behauptet daher Jemand, dass das Wasser, was ein bestimmter Raum enthält, sich in Luft verwandeln könne, welche den gleichen Raum ausfülle, so ist dies ebenso, als wenn er behauptete, Etwas könne in Nichts verwandelt werden; und wenn Jemand behauptet, dass die Luft in einem bestimmten Raume in Wasser eines gleichen Raumes verwandelt werden könne, so würde er damit auch behaupten, dass aus Nichts Etwas entstehen könne. Auf diesem Mehr oder Weniger von Stoff beruhen eigentlich die Begriffe von Dicht und Dünn, die man verschiedenartig und mannichfach gebraucht.

Hierher gehört auch noch der dritte, ebenso gewisse Satz, dass dieses Mehr oder Weniger an Stoff in diesem oder jenem Körper der Rechnung unterworfen werden kann, wenn man durch Vergleichung die genauen oder möglichst genauen Verhältnisse ermittelt. Es wird deshalb richtig sein, wenn man sagt, dass in einem bestimmten Stück Gold so viel Stoff gehäuft sei, dass der Weingeist, um derselben Menge von Stoff gleich zu werden, einundzwanzigmal so viel Raum als das Gold brauche.

Diese Anhäufung des Stoffes und sein Verhältniss wird durch das Gewicht sinnlich wahrnehmbar. Denn das Gewicht entspricht der Menge des Stoffes in Bezug auf die fühlbaren Theile eines Körpers. Der Geist und seine Menge bleibt dabei ausser Rechnung, da er das Gewicht eher vermindert als vermehrt. Ich habe ein solches genaues Verzeichniss der spezifischen Gewichte von den einzelnen Metallen, von den wichtigsten Steinen, Hölzern, Flüssigkeiten, Oelen und den meisten anderen Körpern, sowohl natürlichen als künstlichen, gefertigt, was für die Erweiterung der Kenntnisse und für die Ausführung von Arbeiten höchst nützlich ist; es giebt ganz unerwartete Aufschlüsse. Insbesondere zeigt es, dass alle diese Unterschiede in den uns bekannten fühlbaren Körpern nicht das Einundzwanzigfache übersteigen; wobei ich aber unter Körpern nur die gut verbundenen verstehe, und nicht die schwammigen, hohlen und mit Luft angefüllten. Ueber diese Grenze geht die Natur, wenigstens so weit sie uns bekannt ist und für uns von Bedeutung ist, nicht hinaus.

Es schien mir auch des Versuchs werth, das Verhältniss der nicht fühlbaren oder luftigen Körper zu den fühlbaren wo möglich festzustellen; ich bin dabei so verfahren. Ich nahm eine Glasflasche, die ungefähr zwei Loth fasste; ich wählte eine so kleine, um die spätere Verdunstung mit weniger Wärme bewirken zu können. Diese Flasche füllte ich bis an den Hals mit Weingeist, den ich deshalb wählte, weil ich nach jenem Verzeichniss von den fühlbaren und gut verbundenen nicht hohlen Körpern ihn als den dünnsten und den kannte, der nach seiner Ausdehnung den wenigsten Stoff enthielt. Dann habe ich das Gewicht der Flasche mit der Flüssigkeit genau ermittelt. Dann nahm ich eine Blase, die ungefähr zwei Maass an Inhalt fassen konnte; daraus presste ich alle Luft aus, so dass die Seiten der Blase sich berührten. Auch hatte ich die Blase vorher gelinde mit Oel gerieben, um sie dichter zu machen und alles Poröse an ihr durch das Oel zusammenzuziehen. In diese Blase steckte ich die Mündung der Flasche und band die Blase mit einem gewichsten Faden fest daran, so dass sie fest sass und anschloss. Dann stellte ich die Flasche über glühende Kohlen in einen Ofen. Durch diese Wärme wurde der Weingeist erweitert und verflüchtigt, und der Dunst oder die Luft des Weingeistes füllte bald die Blase und spannte sie wie ein Segel nach allen Seiten aus. Nachdem dies geschehen, nahm ich die Flasche von dem Feuer und stellte sie auf einen Teppich, damit sie nicht durch die Erkältung platze. Dann machte ich sofort oben an der Blase ein Loch, damit der Dunst sich nicht mit Abnahme der Wärme wieder in Flüssigkeit verwandelte und so die Rechnung störte. Dann nahm ich die Blase weg und ermittelte wieder das Gewicht des in der Flasche gebliebenen Weingeistes. Daraus berechnete ich, wieviel davon in Dunst oder Luft aufgegangen war und berechnete durch Vergleichung, wieviel dieser Theil als Spiritus in der Flasche Raum eingenommen hatte und wieviel, nachdem er in der Blase in Dampf umgewandelt worden war. Daraus ergab sich, dass dieser Körper durch diese Umwandlung und Veränderung eine hundertfach grössere Ausdehnung als vorher erlangt hatte.

Es mag ferner die Wärme und Kälte in so schwachem Grade, dass das Gefühl sie nicht wahrnimmt, die zu untersuchende Eigenschaft sein. Diese schwachen Wärme- und Kältegrade werden durch die in Grade abgetheilte Flasche sichtbar, welche ich oben beschrieben habe. Denn wenn auch diese Wärme und Kälte nicht gefühlt wird, so dehnt doch erstere die Luft aus und letztere zieht sie zusammen; diese Ausdehnung oder Zusammenziehung ist zwar auch nicht sichtbar, allein die ausgedehnte Luft drückt das Wasser nieder, die zusammengezogene hebt es, und erst damit wird die Sache sichtbar; nicht früher und nicht auf eine andere Art.

So nehme man zur Untersuchung die Mischung der Körper, wobei zu ermitteln, wieviel Wasser, wieviel Oel, wieviel Geistiges, wieviel Asche und Salze u. s. w. sie enthalten; oder auch wieviel im Besonderen die Milch an Butter, an gerinnbarem Stoff, an wässrigem Stoff u. s. w. enthalte. Dieses Verhältniss wird durch kunstvolle und geschickte Trennungen in Bezug auf die fühlbaren Bestandtheile sinnlich wahrnehmbar gemacht; dabei wird allerdings der in ihnen befindliche Geist nicht unmittelbar erkannt, allein er macht sich durch mancherlei Bewegungen und Drängen der fühlbaren Theile während deren wirklicher Trennung bemerklich; desgleichen durch mancherlei Scharfes, Fressendes und durch die verschiedenen Farben, Gerüche und Geschmäcke dieser Körper nach ihrer Auflösung.

In dieser Beziehung hat man mittelst Destillirens und künstlichen Auflösens emsig gearbeitet, aber nicht viel glücklicher als bei den übrigen jetzt üblichen Versuchen. Man wählte verkehrte Verfahrungsweisen und dunkle Wege; man verwandte mehr Mühe darauf als Verstand, und das Schlimmste war, dass man der Eigenschaft nicht folgte, nicht mit ihr wetteiferte, sondern durch zu starke Hitze oder zu starke Mittel alle feinere innere Gestaltung zerstörte, in der doch die geheimen Kräfte und Harmonieen wesentlich sich befinden. Auch bedenkt man, wie ich schon früher bemerkt, bei solchen Auflösungen nicht, dass sehr viele Eigenschaften bei dieser Misshandlung der Körper durch Feuer und andere Mittel ihnen vermittelst dieses Feuers und der zur Auflösung benutzten Mittel erst beigebracht werden, die vorher in den ungelösten Körpern gar nicht waren. Deshalb sind die sonderbarsten Irrthümer daraus hervorgegangen; denn der ganze Dampf, der durch das Feuer aus dem Wasser ausgetrieben wird, war nicht vorher schon in dem Wasser selbst Dampf oder Luft, sondern ist erst zum grössten Theil aus dem durch das Feuer ausgedehnten Wasser Dampf geworden.

In gleicher Weise geschehen überhaupt die vorzüglichsten Proben mit den Körpern, sowohl mit den natürlichen als künstlichen; damit wird das Nachgemachte von dem Aechten und das Bessere von dem Schlechteren unterschieden; alle diese Proben machen das Unsinnliche sinnlich. Man hat sie deshalb sorgfältig zu verzeichnen.

Die fünfte Art der Erweiterung verwandelt die Wirksamkeit der Sinne in Bewegung und die Bewegung in Zeit. Ist die Bewegung eines Körpers so langsam oder so schnell, dass sie den Zeiten nicht entspricht, in denen die Wirksamkeit des Sinnes sich vollzieht, so wird die Sache gar nicht wahrgenommen, wie z. B. die Bewegung des Uhrzeigers, und umgekehrt die des geschlagenen Balles. Die zu langsame Bewegung wird leicht durch ihre Summirung wahrnehmbar gemacht, dagegen hat man die zu schnelle noch nicht zu messen vermocht, obgleich die Untersuchung dieser Eigenschaft es wenigstens bei einigen verlangt.

Die sechste Art, wo die Sinneswahrnehmung durch die Macht oder Stärke des Gegenstandes gehemmt wird, erhält ihre Versinnlichung durch Entfernung des Gegenstandes aus der Nähe des Sinnes oder durch Abstumpfung desselben vermittelst eines Medii, was den Gegenstand schwächt, ohne ihn zu vernichten; auch kann der Gegenstand vermittelst der Spiegelung betrachtet werden, wenn die Erregung geradeaus zu stark ist; so die Sonne in dem Spiegel des Wassers.

Bei der siebenten Art der Erweiterung ist der Sinn so von dem Gegenstande schon belastet, dass für neue Aufnahmen kein Raum mehr ist. Dieser Fall kommt nur bei dem Geruch vor und hat für unsere Aufgabe keine grosse Bedeutung.

So viel über die Zurückführung des Nicht-Wahrnehmbaren auf die Wahrnehmbarkeit. Mitunter wird der Gegenstand nicht dem Sinn des Menschen, sondern dem eines Thieres, welches den Menschen hierin übertrifft, genähert; dies geschieht z. B. mit einzelnen Gerüchen für den Hund, mit dem Licht, was in einer äusserlich nicht erleuchteten Luft sich befindet, für die Katze, die Nachteule und andere Thiere, welche in der Dunkelheit sehen. Denn Telesius bemerkt richtig, dass auch in der Luft ein ursprüngliches, wenn auch schwaches und feines Licht enthalten sei, was die Augen der Menschen und meisten Thiere nicht erkennen; aber jene Thiere sähen auch in der Nacht, weil das Licht der Nacht ihren Augen angemessen sei. Denn es ist nicht anzunehmen, dass dieses Sehen ohne Licht oder vermittelst eines inneren Lichtes geschehe.

Uebrigens wird hier nicht von den Täuschungen des Sinnes und deren Heilmitteln gehandelt; diese bleiben bis zu der besonderen Untersuchung der Sinne und sinnlichen Gegenstände aufgespart, mit Ausnahme jener allgemeineren Täuschung, dass die Sinne die Dinge nach Maassgabe des Menschen, aber nicht nach Maassgabe des Weltalls bieten; eine Täuschung, die nur durch die Vernunft und die Philosophie berichtigt werden kann.

41.

Zu den vornehmsten Fällen rechne ich achtzehntens die Fälle des Weges, die ich auch reisende und gegliederte Fälle nenne. Sie zeigen die allmähliche Veränderung in der Stärke der zu untersuchenden Eigenschaft. Dieser Art Fälle entziehen sich mehr der Beobachtung als der Wahrnehmung; denn es ist auffallend, wie unaufmerksam man sich hierzu verhält. Man betrachtet die Eigenschaft nur periodisch oder zu getrennten Zeiten, wo der Körper schon vollendet und fertig ist, aber nicht in ihrem Werden. Wollte man den Geist und die Thätigkeit eines Künstlers kennen lernen und betrachten, so würde man gewiss nicht die rohen Anfänge und dann wieder nur die vollendeten Werke seiner Kunst sehen wollen, sondern man würde zugegen sein, wenn der Künstler arbeitet und sein Werk weiter führt. Ebenso sollte man auch bei der Natur verfahren.

Will z. B. Jemand das Wachsen der Pflanzen erforschen, so muss er von dem Ausstreuen des Samens ab beobachten, wie und wann der Samen zu schwellen und sich zu blähen und gleichsam mit Geist sich zu erfüllen beginnt, was durch Ausziehung einzelner Samenkörner an jedem folgenden Tage nach ihrer Ausstreuung und durch deren genaue Betrachtung leicht geschehen kann. Dann muss man beobachten, wie die feine Rinde durchbrochen und Fasern ausgestreckt werden, wobei die Pflanze sich ein Wenig hebt, wenn sie nicht zu fest ist; wie sie auch Fasern als Wurzeln nach unten aussendet und andere vom Stengel aus nach oben; wie sie manchmal sie seitwärts kriechen lässt, wenn dort die Erde lockerer und offener ist, und Aehnliches mehr.

Das Gleiche gilt für die Ausbrütung der Eier, wo man die Vorgänge der Belebung und Organisirung, und was und welche Theile sich aus dem Dotter und aus dem Eiweiss bilden, sammt Anderem leicht beobachten kann. Dasselbe gilt für die aus der Fäulniss sich bildenden Thiere; denn für die vollkommenen und für die Landthiere würde ein Ausschneiden der Frucht aus dem Mutterleibe Behufs der Untersuchung zu grausam sein; hier können nur vorzeitige Niederkünfte oder die auf der Jagd erlegten Thiere und Aehnliches benutzt werden. Man muss überhaupt auch einen Theil der Nacht für die Natur benutzten; denn sie offenbart sich mehr des Nachts als am Tage, und jene Beobachtungen müssen als nächtliche behandelt werden, da das dabei leuchtende Licht nur schwach ist und immer von Neuem angezündet werden muss.

Auch an leblosen Dingen ist dasselbe zu versuchen; ich habe so die Oeffnungen der Flüssigkeiten durch das Feuer erforscht. Diese Oeffnungen sind bei dem Wasser anders als bei dem Wein, dem Essig, dem Syrup, der Milch, dem Oel u. s. w., wie bei einem gelinden Aufkochen derselben in einer Glasflasche leicht bemerkt werden kann. Ich berühre dies hier nur kurz, da ich ausführlicher und genauer bei Ermittelung der verborgenen Vorgänge in den Dingen darüber handeln werde. Denn hier ist es nicht meine Absicht, die Dinge selbst umfassend zu behandeln, sondern nur Beispiele zu geben.

42.

Zu den vornehmsten Fällen rechne ich ferner neunzehntens die Ergänzungsfälle, die ich auch die Fälle der Vertretung oder der Flucht nenne. Sie bieten Auskunft, wo die Sinne ganz versagen, und wir wenden uns deshalb zu ihnen, wo eigentliche Fälle nicht gewonnen werden können. Die Stellvertretung kann in zwiefacher Art geschehen, entweder durch Steigerung oder durch Vergleichung. Ein Beispiel ist der Magnet; man kennt keinen Gegenstand, der dessen Wirkung in Anziehung des Eisens durch sein Dazwischentreten hemmte; weder das Gold vermag dies, noch das Silber, noch Steine, noch Glas, Holz, Wasser, Oel, Tuch und andere faserige Stoffe, noch die Luft oder die Flamme u. s. w.;

dennoch lässt sich mittelst genauer Versuche, vielleicht durch Vergleichung ein Gegenstand finden, der diese Kraft mehr wie ein anderer dem Grade nach abstumpfte; so könnte man z. B. ermitteln, dass der Magnet das Eisen durch eine dicke Platte Goldes nicht so stark anzieht wie durch eine gleich starke Luftschicht, oder nicht so stark durch eine Platte glühenden Silbers wie durch eine solche kalte u. s. w. Ich habe solche Versuche nicht angestellt, sondern führe sie nur hier als Beispiele an. – Ebenso giebt es bei uns keinen Körper, der nicht, wenn er dem Feuer genähert wird, warm würde. Dennoch erwärmt sich die Luft weit schneller als der Stein. Solcher Art ist die Stellvertretung dem Grade nach.

Die Stellvertretung durch Aehnliches ist zwar brauchbar, aber weniger sicher und verlangt deshalb viel Aufmerksamkeit. Sie geschieht, wenn das Un-Sinnliche nicht durch seine sinnlichen Wirkungen wahrnehmbar gemacht wird, sondern wenn ein sinnlicher Körper verwandter Natur in Betracht genommen wird. Wenn man z. B. die Mischung der Geister ermitteln will, welche unsichtbare Körper sind, so kann dazu die Verwandtschaft der Körper mit ihren Nährmitteln benutzt werden. So ist das Nährmittel der Flamme das Oel und das Fett, das der Luft das Wasser und das Wässrige; denn die Flamme vervielfacht sich über dem Dunst des Oels und die Luft über dem Dunst des Wassers. Man muss also versuchen, Wasser und Oel zu mischen, was wahrnehmbar ist, während die Mischung des Luft- und des Flammenartigen sich den Sinnen entzieht. Oel und Wasser vermischen sich aber durch Zusammenschütten und Schütteln nur unvollkommen; dagegen sind sie in den Pflanzen, im Blute und in den Gliedern der Thiere vollständig und innig gemischt. So könnte man etwas Aehnliches für die Mischung des Flammen- und Luftartigen im Geistigen erreichen; die einfache Mischung vertragen beide nicht; aber sie ist bei dem Geist der Pflanzen und Thiere vorhanden; zumal jeder lebendige Geist sowohl das Wässrige wie das Oelige, als seine Nährmittel, verzehrt.

Aehnlich verhält es sich, wenn man nicht die vollkommene Mischung der Geister, sondern nur ihre Verbindung ermitteln will; ob sie z. B. leicht in die Körper eindringen, oder ob es vielmehr beispielsweise eine Art Wind oder Ausdünstung oder einen andern geistigen Körper giebt, der sich nicht mit der gewöhnlichen Luft vermischt, sondern darin nur als Kügelchen oder Tropfen hängt und schwimmt, und der von der Luft mehr zertheilt und verkleinert, als aufgenommen und verkörpert wird. Dies kann bei der gewöhnlichen Luft und anderen geistigen Körpern wegen ihrer Feinheit nicht wahrgenommen werden; allein ein Bild von dem Vorgange kann man von anderen Flüssigkeiten abnehmen, wie Quecksilber, Oel, Wasser, und selbst von der Luft und ihrer Zertheilung, wenn sie im Wasser sich löst und in kleinen Theilchen in die Höhe steigt; ebenso bei dem dicken Rauch und bei dem aufgeregten, in der Luft schwebenden Staub. Hier zeigt sich nirgends ein Eindringen in den Körper selbst. Eine solche Stellvertretung ist bei dieser Frage zulässig, sofern nur vorher sorgfältig ermittelt ist, ob in dem Geistigen ebenso unterschiedene Arten bestehen wie in dem Flüssigen; erst dann kann Eines das Andere durch Aehnlichkeit einigermassen ersetzen.

Ich habe von diesen Vertretungsfällen gesagt, dass man sie zur Belehrung benutzen solle, wo eigentliche Fälle fehlen, also an Stelle dieser flüchtigen; allein ich will nicht bestreiten, dass sie nicht auch da, wo eigentliche Fälle vorliegen, von Nutzen sind, um die Erkenntniss gleichzeitig dadurch zu steigern. Ich werde hierüber ausführlicher sprechen, wenn die Hülfsmittel der Induktion zur Erörterung kommen werden.

43.

Zu den vornehmsten Fällen rechne ich zwanzigstens die durchschneidenden Fälle, die ich auch die kneipenden Fälle nenne; Letzteres, weil sie den Verstand beklemmen. Schneidend nenne ich sie, weil sie die Eigenschaft durchschneiden; ich nenne sie deshalb auch Fälle des Demokrit. Sie belehren den Verstand über die wunderbare und ausserordentliche Feinheit der Natur und nöthigen ihn zur Anwendung der nöthigen Aufmerksamkeit, Sorgfalt und Beobachtung. So wird z. B. ein kleiner Tropfen Dinte zu einer grossen Zahl von Buchstaben und Linien ausgedehnt; so wird ein silberner, nur äusserlich vergoldeter Faden sehr lang auch in seiner Vergoldung ausgezogen. So hat ein kleines Würmchen, wie man es in der Haut findet, in sich einen Geist und zugleich eine mannichfache Gestaltung seiner Theile; so färbt ein wenig Saffran ein ganzes Fass voll Wasser gelb, und ein wenig Moschus erfüllt die Luft in einem viel grösseren Raume mit seinem Geruch. Mit einem schwachen Blasen erheben sich ganze Wolken von Rauch; so werden die artikulirten Töne bei dem Sprechen mit aller Bestimmtheit durch die Luft nach allen Richtungen verbreitet, ja, sie dringen, wenn auch geschwächt, durch die Oeffnungen und Poren des Holzes und Wassers, ja, sie werden selbst in voller Bestimmtheit und Schnelligkeit zurückgeworfen.

Auch das Licht und die Farbe dringt in weitem Umfange und schnell durch die dichten Körper des Glases, des Wassers mit aller Mannichfaltigkeit der Bilder und wird ebenso gebrochen und zurückgeworfen. So wirkt der Magnet durch alle Körper hindurch, selbst die dichtesten. Das Wunderbarste dabei ist, dass in dem für alle gleichgültigen Medium, der Luft, die Wirksamkeit des Einen durch die des Andern nicht gehemmt wird. In derselben Zeit und an derselben Stelle der Luft durchkreuzen sich eine Menge sichtbarer Bilder, Stösse der artikulirten

Stimme, besonderer Gerüche, von Rosen, Veilchen, die Wärme und Kälte und die magnetischen Kräfte; keines hemmt dabei das andere, als wenn jedes seine eigenen Wege und Gänge hätte und keines das andere träfe und stiesse.

Man kann mit diesen zerschneidenden Fällen die Fälle zweckmässig verbinden, welche ich die Grenzpfähle der Zertheilung nenne. Hierher gehört, wie ich früher bemerkte, dass die Wirksamkeiten verschiedener Arten einander nicht stören und hindern, während in derselben Art sie einander bezähmen oder verlöschen; z. B. das Sonnenlicht das Kerzenlicht, der Knall einer Kanone die Stimme, der stärkere Geruch den schwächeren; die heftigere Hitze die gelindere, ein zwischen einen Magneten und das Eisen gestelltes Eisenblech die Wirksamkeit des Magneten. Indess ist auch hierfür die eigentliche Stelle zur Erörterung die, wo von den Hülfsmitteln der Induktion zu handeln ist.

44.

Von den Fällen, welche die Sinne unterstützen, ist bereits gehandelt worden; sie bereichern vorzüglich die Kenntniss; denn diese beginnt mit den Sinnen, und alle Arbeit zweckt auf ein Werk ab; jene ist der Anfang, dieses das Ende. Deshalb sollen hier die Fälle folgen, die für die thätige Wirksamkeit besonders nützlich sind. Sie zerfallen in zwei Arten und sieben einzelne Fälle, die ich mit dem allgemeinen Namen der praktischen Fälle bezeichne. Bei der thätigen Wirksamkeit giebt es zwei Fehler und daher auch so viele Arten erheblicher Fälle. Entweder gelingt das Werk nicht, oder es macht zu viel Arbeit. Das Werk gelingt selbst nach genauer Erforschung der Natur nicht, wenn die Kräfte und Wirksamkeiten der Körper mangelhaft bestimmt und bemessen worden sind. Diese Bestimmung und Bemessung geschieht entweder räumlich oder zeitlich oder der Menge nach oder den Kräften nach; ist nach diesen vier Richtungen nicht genau und sorgfältig Alles erwogen, so mag die Wissenschaft wohl schön erscheinen, aber sie bleibt unbrauchbar. Die Fälle nach diesen vier Richtungen nenne ich mit einem Worte die mathematischen Fälle oder die Fälle des Maasses.

Mühevoll wird die Arbeit entweder wegen der Einmischung unnützer Dinge oder wegen der Vervielfältigung der Werkzeuge, oder wegen der grossen Masse von Stoff oder von Körpern, die zu dem Werke nöthig sind. Deshalb sind hier alle jene Fälle wichtig, welche die Arbeit auf das hin wenden, auf was es am meisten ankommt, oder was die Werkzeuge mindert, oder was den Stoff und die Zuthaten verringert. Diese hierher gehörigen drei Fälle nenne ich die günstigen oder wohlwollenden Fälle. Hiernach sind diese sieben Fälle einzeln zu besprechen, und ich werde mit ihnen die Abtheilung über die vornehmsten und bedeutendsten Fälle beschliessen.

45.

Zu den vornehmsten Fällen rechne ich demnach einundzwanzigstens die Fälle der Ruthe oder des Strahles; ich nenne sie auch die Fälle der Vollendung oder des Aeussersten. Denn die Kräfte und Bewegungen der Dinge vollziehen sich in räumlichen Entfernungen, die nicht unbestimmt und zufällig, sondern bestimmt und fest sind. Ihre Beobachtung und Verzeichnung ist für die Praxis von grosser Bedeutung; man schützt sich dadurch gegen das Misslingen der Arbeit und macht sie zugleich wirksamer und kräftiger. Man kann mitunter die Kraft ausdehnen und die Entfernungen gleichsam verkürzen, wie bei den Fernröhren. Die meisten Kräfte wirken und erregen nur durch Berührung, wie es bei dem Stoss der Körper geschieht, wo keiner den andern bewegt, bevor er ihn nicht stossend berührt. Auch die äusserlich angewandten Arzneimittel, wie die Salben und Pflaster, wirken nur, wenn sie den Körper berühren. Auch können Gegenstände nur gefühlt und geschmeckt werden, wenn sie die betreffenden Sinnesorgane berühren. Indess giebt es auch Kräfte, die in die Ferne, wenn auch nur in eine sehr kleine, wirken. Man hat nur wenig solche bis jetzt beobachtet, obgleich es deren mehr giebt, als man denkt; ich erinnere nur an die bekannten Fälle, dass Bernstein und Bergwachs die Spreu anzieht, dass die Blasen auf dem Wasser einander anziehen, dass gewisse abführende Arzneimittel auch den Dunst aus den oberen Theilen des Körpers entfernen u. s. w. Die magnetische Kraft, wonach Eisen von dem Magnet und die Magnete von einander angezogen werden, ist nur innerhalb eines kleinen und bestimmten Umkreises wirksam; sollte dagegen eine magnetische Kraft von der inneren Erde selbst auf die Magnetnadel in Bezug auf die Inklination ausgehen, so würde hier die Wirksamkeit in eine weite Entfernung reichen. Wenn es ferner eine magnetische Kraft giebt, welche durch Uebereinstimmung zwischen der Erdkugel und den schweren Körpern oder zwischen der Mondeskugel und den Gewässern des Meeres wirkt, wie die halbmonatlichen Ebben und Fluthen sehr wahrscheinlich machen, oder wenn eine solche zwischen dem Sternenhimmel und einem Planeten wirkt, wodurch sie aus ihren Erdfernen bald herbeigeführt, bald dahin fortgestossen werden, so würde auch hier diese Wirksamkeit in sehr bedeutende Entfernungen reichen.

Es giebt auch einige Entzündungen, die auf sehr bedeutende Entfernungen sich vollziehen; zu solchen Stoffen gehört das Naphtha von Babylon. Auch die Wärme wirkt durch weite Entfernungen; ebenso die Kälte; deshalb leiden die

Bewohner von Kanada durch die Eisberge und abgebrochenen Eismassen, welche in dem nördlichen Ozean schwimmen und durch das atlantische Meer nach jenen Küsten geführt werden, von der Kälte, welche diese Massen weithin verbreiten. Auch die Gerüche wirken in erhebliche Entfernungen, obgleich hier immer ein starkes Aussenden von körperlichen Theilchen Statt zu haben scheint. Dies erfahren die Seefahrer in der Nähe von Florida und einzelnen Küsten von Spanien, wo es ganze Wälder von Zitronen, Orangen und anderen wohlriechenden Bäumen giebt, und ausgedehnte Gebüsche von Rosmarin, Majoran und Aehnlichem. Endlich wirken auch die Lichtstrahlen und die Töne in weite Ferne. Mag nun diese Wirksamkeit in die Weite gehen oder nur in der Nähe gelten, so hat sie doch überall ihre bestimmten und festen natürlichen Grenzen, über die es kein Hinaus giebt; und zwar nach Verhältniss der Masse der Körper oder des Grades der Kräfte oder der Hülfe oder Hemmung der Medien. Dies Alles muss beachtet und in Rechnung gezogen werden. Selbst jene sogenannten gewaltsamen Bewegungen der abgeschossenen Kanonenkugeln, der Räder und Aehnliches müssen gemessen und ermittelt werden, da sie offenbar auch ihre bestimmten Grenzen haben. Es giebt auch Kräfte, die im Gegensatz zu jenen nur aus der Ferne und nicht durch Berührung wirken, und ebenso solche, welche in der Nähe schwach und mit steigender Entfernung stärker wirken. So kommt durch Berührung kein Sehen zu Stande; dazu ist eine gewisse Entfernung und ein Medium nöthig. Doch entsinne ich mich der Mittheilung eines glaubwürdigen Mannes, welcher bei einer Operation an seinen Augen den silbernen Draht, der über der Pupille selbst bewegt wurde, gesehen haben wollte. Es wurde nämlich ein feiner silberner Draht zwischen die obere Haut des Auges eingeschoben, um die feine Staarhaut zu entfernen und in die Augenwinkel zu schieben. Wenn dies nun auch richtig sein mag, so können doch offenbar grössere Körper nicht bestimmt und gut gesehen werden, wenn sie sich nicht an der Spitze des Kegels befinden, so dass die Strahlen des Gegenstandes aus einiger Entfernung zusammentreffen. Alte Leute sehen sogar in die Ferne besser als in der Nähe, und auch von den Wurfgeschossen steht es fest, dass ihre Gewalt in geringer Entfernung nicht so stark ist, als in etwas weiterer. Alles dies und Aehnliches muss bei der Messung der in die Ferne gehenden Bewegungen beachtet werden.

Auch eine andere örtliche Messung der Bewegung darf nicht übersehen werden, welche nicht fortschreitend, sondern rundlich ist und die Ausdehnung der Körper zu einer grösseren Raumerfüllung oder deren Zusammenziehung herbeiführt. Es ist hierbei zu ermitteln, wie weit die Körper diese Ausdehnung oder Zusammendrückung leicht und gern ertragen, und wo sie zu widerstehen beginnen, so dass es zu einer Grenze kommt, über die nicht hinausgegangen werden kann. Eine aufgeblasene Blase erträgt z. B. einen gewissen Druck ihrer Luft; aber einen grösseren erträgt die Luft nicht, sondern die Blase zerplatzt. Ich selbst habe dies durch einen feineren Versuch genauer dargelegt. Ich nahm eine leichte und dünne Metallglocke, wie man sie für die Aufnahme des Salzes benutzt, und liess sie in eine Schüssel mit Wasser so einsinken, dass die Luft in ihrem Innern blieb und mit auf den Boden der Schüssel hinabgenommen wurde. Vorher hatte ich eine kleine Kugel auf den Boden der Schüssel gelegt, auf den die Glocke sich senkte. Da die Kugel kleiner war, so wurde dadurch die Luft in der Glocke allmählich zusammengepresst und auf einen kleineren Raum beschränkt. Ging dies weiter, als es die Luft ertragen konnte, dann hob die Luft, welche diesen grossen Druck nicht ertragen mochte, an einer Seite die Glocke und stieg in Blasen in die Höhe.

Um die Grösse der möglichen Ausdehnung und Zusammenpressung der Luft zu ermitteln, stellte ich folgenden Versuch an: Ich nahm ein Glas von der Form eines Ei's mit einem kleinen Loch an dem einen Ende und zog die Luft durch starkes Aussaugen heraus, verstopfte dann sofort mit dem Finger die Oeffnung, tauchte das Ei-Glas in das Wasser und zog dann den Finger weg. Die Luft, welche durch die Aussaugung ausgespannt und über ihre Natur ausgedehnt war, strebte deshalb, sich wieder zusammenzuziehen, und würde, wenn das Ei sich nicht im Wasser befunden hätte, die äussere Luft mit Pfeifen an sich gezogen haben; so aber zog sie so viel Wasser in das Ei, als nöthig war, damit sie ihre alte Gestalt oder Umfang wieder annehmen konnte.

Alle feinen Körper, wie die Luft, können unzweifelhaft eine erhebliche Verdichtung ertragen; fühlbare Körper, wie das Wasser, aber lassen sich weit schwerer in einen kleinen Raum zusammenpressen. Wie weit dies möglich ist, habe ich durch den folgenden Versuch ermittelt. Ich liess eine innerlich hohle Kugel aus Blei anfertigen, die ungefähr zwei Maass Wasser fasste, und deren Wände stark genug waren, um einen grösseren Druck auszuhalten. Dann liess ich durch eine Oeffnung Wasser in diese Kugel, und nachdem sie vollgefüllt war, verstopfte ich die Oeffnung mit geschmolzenem Blei, so dass die Kugel durchaus dicht war. Dann wurde die Kugel mit einem starken Hammer breit geschlagen; das Wasser musste dabei sich zusammenziehen, da eine Kugel den grössten Rauminhalt hat. Als die Hammerschläge nicht mehr wirkten, weil das Wasser heftiger widerstand, habe ich eine Presse oder Schraube benutzt, und auf diese Weise kam das Wasser, welches eine weitere Zusammenpressung nicht ertragen konnte, durch das dichte Blei wie ein feiner Thau durchgesickert. Dann habe ich berechnet, um wie viel der Raum durch die Zusammendrückung vermindert worden, und um wie viel das Wasser bei starkem Druck verdichtet werden kann.

Die festen, trockenen und dichten Körper, wie die Steine, das Holz und die Metalle vertragen die Zusammenpressung noch viel weniger; ihre Verdichtung ist kaum zu bemerken. Sie befreien sich entweder durch Zerbrechen oder durch Fortrücken oder durch andere Anstrengungen, wie bei dem Biegen des Holzes und der Metalle, bei den durch die Zusammenziehung einer Feder getriebenen Uhren, bei den Geschossen, dem Hämmern und vielen anderen Bewegungen sich zeigt. Dies Alles muss bei der Erforschung der Natur nach bestimmten Maassen ermittelt und vermerkt werden, entweder nach genauer Messung, oder nach Abschätzung oder durch Vergleichung, wie es die Gelegenheit gestattet.

46.

Zu den vornehmsten Fällen rechne ich zweiundzwanzigstens die Fälle des Wagens, die ich auch die Wasserfälle nenne, in Benutzung dieses Wortes von den Wasseruhren der Alten, wo das Wasser die Stelle des Sandes vertrat. Diese Fälle messen die Eigenschaft der Zeit nach, wie die Fälle der Ruthe dem Raume nach. Denn jede natürliche Bewegung oder Wirksamkeit geschieht innerhalb einer Zeit, bald schneller, bald langsamer, aber immer in bestimmten, der Eigenschaft zugehörigen Zeiträumen. Selbst jene Wirksamkeit, die plötzlich zu geschehen scheint oder gleichsam in einem Augenblick, bedarf bei näherer Beobachtung einer grösseren oder geringeren Zeit.

So sehen wir zunächst die Himmelskörper in festen Zeiträumen wiederkehren; ebenso die Ebbe und Fluth des Meeres. Ebenso geschieht die Bewegung des Schweren nach der Erde und des Leichten nach dem Himmel in festen Zeiten nach Verhältniss des bewegten Körpers und des Medii. Ebenso geschieht das Segeln der Schiffe, die Bewegung der Thiere, das Fliegen der Geschosse in der Hauptsache nach abgemessenen Zeiträumen. Auch in Bezug auf die Hitze sieht man die Knaben im Winter sich die Hände in der Flamme waschen, ohne sich zu verbrennen, und Taschenspieler drehen Gefässe, die mit Wein oder Wasser angefüllt sind, durch geschickte und gleichmässige Bewegungen nach oben und nach unten, ohne dass etwas ausläuft, und dergleichen mehr. Ebenso geschehen alle Ausdehnungen und Zusammenziehungen der Körper und die Ausbrüche derselben in gewissen Zeiträumen, die nach der Natur des Körpers und der Bewegung bald länger, bald kürzer sind. Selbst wenn mehrere Kanonenschüsse gleichzeitig fallen, die man oft sechs bis sieben Meilen weit hört, wird der Knall von denen eher gehört, die näher sind, als von den entfernteren. Selbst bei dem Sehen, wo die schnellste Wirksamkeit Statt hat, ist ein gewisser Zeitraum dazu nöthig, wie daraus erhellt, dass sehr schnell bewegte Körper, wie die Kugel aus der Flinte, nicht gesehen werden; die Bewegung der Kugel ist so schnell, dass der Eindruck ihres Bildes nicht zu dem Auge gelangen kann.

Dies und Aehnliches brachte mich auf den sonderbaren Gedanken, ob der klare Sternenhimmel in demselben Moment gesehen werde, wo er besteht, oder vielmehr etwas später, und ob es für das Sehen der Himmelskörper nicht ebenso eine wahre und scheinbare Zeit giebt, wie die Astronomen bei den Parallaxen einen wahren und scheinbaren Ort beobachten. Es schien mir unmöglich, dass der Glanz oder die Strahlen der Himmelskörper durch die ungeheuren Entfernungen plötzlich sollten zum Auge gelangen können; vielmehr könne dies nur in einer merkbaren Zeit geschehen.

Indess liess ich diesen Gedanken eines grossen Zwischenraums zwischen der wahren und scheinbaren Zeit später wieder fallen, als ich den durch die Entfernung veranlassten ungeheuren Verlust an Masse für die Wahrnehmung zwischen dem wahren Körper des Sternes und seines Gesehenwerdens bedachte. Auch bemerkte ich, in welcher grossen, mindestens zwölf geographische Meilen erreichenden Entfernung weisse Körper plötzlich bei uns gesehen werden, während das Licht der Himmelskörper offenbar nicht blos von grösserer Weisse ist, sondern auch in der Kraft der Strahlung jede andere uns bekannte Flamme vielfach übertrifft. Auch jene ungeheure Schnelligkeit der Körper selbst, die in ihrer täglichen Bewegung sich zeigt und die selbst ernsten Männern so erstaunlich vorkommt, dass sie lieber an die Bewegung der Erde glauben, lässt es eher glauben, dass auch jene Aussendung der Strahlen eine gleiche wunderbare Schnelligkeit hat. Am meisten aber entschied bei mir, dass, wenn zwischen der Wirklichkeit und der Erscheinung ein merkbarer Zeitunterschied bestände, die Entfernungen durch die aufsteigenden Wolken und andere Störungen des Medii oft gehemmt und verwirrt werden würden. So viel über das einfache Maass der Zeit.

Aber noch wichtiger wie die einfache Messung der zeitlichen Bewegung und Wirksamkeit ist die vergleichende Messung, welche von grossem und ausgedehntem Nutzen ist. So sieht man die Flamme eines Feuergeschosses eher, als man den Knall hört, obgleich die Kugel eher als die dahinter befindliche Flamme in die Luft gelangen musste; dies kann also nur durch eine Bewegung des Lichtes geschehen, die schneller ist als die des Tones. Auch wird der Anblick des Einzelnen schneller aufgenommen als demnächst beseitigt; deshalb erscheinen die gespannten Saiten, wenn man sie mittelst des Fingers erzittern macht, verdoppelt und verdreifacht, weil die neue Gestalt erfasst wird, ehe die frühere beseitigt ist; deshalb scheinen auch schnell gedrehte Ringe wie Kugeln, und eine in der Nacht schnell bewegte Fackel scheint einen Schweif zu haben. Auf dieser Grundlage der ungleich schnellen Bewegung suchte Galilei nach der Ursache der Ebbe und Fluth. Weil nämlich die Erde sich schneller als das Wasser dreht, so müsse letzteres sich anhäufen und in die Höhe steigen und dann wechselweise wieder sinken, wie man an einem Gefässe sehen könne, was schnell bewegt wird, während das darin befindliche Wasser langsamer folge. Indess ruht diese Annahme auf der unzulässigen Voraussetzung, dass sich die Erde bewegt; auch beachtete Galilei nicht, dass die Ebbe und Fluth alle sechs Stunden wechselt.

Der Nutzen der hier behandelten Vergleichung der Bewegungen erhellt vorzüglich auch aus den unterirdischen Minen, die mit Schiesspulver gefüllt werden. Dadurch werden ungeheure Massen von Erde, Baulichkeiten und anderen Dingen von einer kleinen Menge Pulver umgeworfen und in die Luft gesprengt, was nur davon kommt, dass die Ausdehnung des Pulvers viel schneller erfolgt, als die durch die Schwere bewirkte Bewegung, die hier Widerstand leisten könnte. Deshalb ist jene Bewegung schon vollendet, ehe die entgegengesetzte begonnen hat, so dass in dem Beginn dieser Widerstand gleich Null angenommen werden kann. Daher kommt es auch, dass bei allen Wurfgeschossen nicht sowohl der starke als der scharfe und schnelle Schlag das Meiste zur Forttreibung beiträgt. So wäre es auch unmöglich, dass eine so kleine Menge von thierischem Geist bei den Thieren, namentlich bei denen mit sehr grossem Körper, wie die Walfische und Elephanten, eine solche Körpermasse biegen und regieren könnte, wenn nicht der Geist viel schneller sich bewegte, und die körperliche Masse in ihrer Stumpfheit ihren Widerstand zu spät entwickelte. Zu den wichtigsten Grundlagen gehört auch das bald zu besprechende Kunststück der Zauberer, wo eine geringe Menge Stoff eine viel grössere überwindet und in Ordnung hält; ich meine, wenn durch die Schnelligkeit der einen Bewegung eine Umkehrung geschieht, ehe die andre Bewegung sich zu regen beginnt.

Endlich muss auch das "Früher" und "Später" bei jeder natürlichen Bewegung beachtet werden. So wird durch die Rhabarbertinktur die purgirende Kraft früher und die zusammenziehende Kraft später entwickelt. Etwas Aehnliches habe ich bei dem Aufguss von Essig auf Veilchen bemerkt; zuerst beginnt ein sehr zarter und feiner Blumengeruch; dann zerstören die mehr erdigen Bestandteile der Blume den Geruch. Wenn man deshalb den Aufguss auf die Veilchen einen ganzen Tag stehen lässt, so wird ein viel schwächerer Geruch erlangt, als wenn der Aufguss nur eine Viertelstunde bleibt und auszieht. Deshalb ist es, da in der einzelnen Blume nur wenig Riechgeist enthalten ist, besser, mit jeder Viertelstunde den Aufguss auf neue Veilchen aufzugiessen und dies sechsmal zu wiederholen. Erst dann wird der Aufguss kräftig, so dass, wenn die neuen Blumen auch nur zehn Minuten darin geblieben sind, doch ein höchst angenehmer Geruch ein ganzes Jahr vorhält, der nicht schwächer ist als der der Blume selbst. Doch erlangt der Geruch seine volle Stärke erst ungefähr einen Monat nach dem

Aufguss. Bei der Destillation wohlriechender und zerschnittener Gegenstände in Weingeist steigt zuerst die wässrige und nutzlose Masse in die Höhe, dann Wasser, was mehr Weingeist ist, zuletzt Wasser, was mehr von dem wohlriechenden Gegenstande an sich hat. Vieles Merkwürdige der Art kann bei den Destillationen bemerkt werden; doch mag es bei diesen Beispielen bewenden.

47.

Zu den vornehmsten Fällen rechne ich dreiundzwanzigstens die Fälle der Menge, die ich auch Gaben der Natur nenne, nach einem von den Medizinern entlehnten Worte. Sie messen die Kräfte nach der Menge des Stoffes und zeigen, was diese Menge auf die Kraft vermag. Zunächst giebt es Kräfte, die nur an einer kosmischen Masse haften, d. h. an einer solchen Masse, die mit der Gestaltung und Wirksamkeit des Weltalls in Uebereinstimmung steht. Denn die Erde steht; ihre Theile aber fallen; die Gewässer des Meeres fliessen heran und wieder zurück; aber die der Flüsse nicht, als erst mit ihrem Eintritt in das Meer. Beinah alle besonderen Kräfte wirken nach der grösseren oder geringeren Masse des Körpers; so verderben grosse Gewässer nicht leicht, wohl aber kleine; dagegen gährt der Most und das Bier in kleinen Gefässen schneller und wird eher trinkbar als in grossen Fässern. Wird ein Kraut in viel Flüssigkeit getaucht, so vertheilt es sich mehr darin, die Flüssigkeit saugt weniger davon ein; ist aber die Flüssigkeit nur gering, so ist die Einsaugung stärker als die Vertheilung. Ein Bad wirkt anders auf den menschlichen Körper als das blosse leichte Besprengen des Körpers. Auch die kleinen Tropfen in der Luft fallen nicht, sondern zerstreuen sich und werden zu Luft. Auch wenn man Edelsteine anhaucht, kann man diese geringe Feuchtigkeit bemerken, die sich, wie eine von dem Winde getriebene kleine Wolke, allmählich auflöst. So zieht auch ein Stück von dem Magneten nicht so viel Eisen wie der ganze Magnet.

Es giebt auch Kräfte, wo kleine Körper mehr vermögen. So dringt bei dem Bohren ein spitzer Bohr schneller ein als ein stumpfer; ein gespitzter Diamant ritzt das Glas und Aehnliches. Man darf aber hier nicht bei dem Unbestimmten stehen bleiben, sondern man muss das Verhältniss der Körpermasse zur Kraft ermitteln. Denn es wäre vorschnell, wenn man annähme, dass die Kraft im Verhältniss zur Masse zunehme, so dass, wenn eine Bleikugel von 1 Loth in so viel Zeit falle, eine Bleikugel von 2 Loth in halb so viel Zeit, d. h. noch einmal so schnell falle, was ganz falsch wäre. Die Verhältnisse zwischen Masse und Kraft sind vielmehr sehr verschieden, und man muss sie aus der Beobachtung der einzelnen Gegenstände und nicht aus Wahrscheinlichkeiten und Vermuthungen ableiten. Endlich ist bei jeder Untersuchung der Natur zu ermitteln, welche

Menge von Stoff zur Hervorbringung einer Wirkung nöthig ist; diese ist als die Gabe festzuhalten und das Zuviel und Zuwenig sorgfältig zu vermeiden.

48.

Zu den vornehmsten Fällen rechne ich vierundzwanzigstens die Fälle des Kampfes, die ich auch die Fälle des Uebergewichts nenne. Sie zeigen das Uebergewicht oder das Erlöschen der gegenseitigen Kräfte an, und welche Kraft als die stärkere siegt, und welche als die schwächere unterliegt. Denn die Bewegungen und das Streben der Körper sind ebenso verwickelt, zusammengesetzt und wieder getrennt wie die Körper selbst. Ich werde deshalb zunächst die vornehmsten Arten der Bewegungen oder thätigen Kräfte aufführen, damit sie nach ihrer Stärke leichter verglichen werden können und der Beweis und die Bezeichnung der Fälle des Kampfes und des Uebergewichts leichter daraus erhellen.

Die erste Bewegung ist die des Widerstandes des Stoffes, welche seinen einzelnen Theilen innewohnt, weshalb sie sich nicht vernichten lässt, so dass kein Feuer, kein Gewicht und Druck, keine Gewalt, kein Alter und kein Zeitablauf selbst den kleinsten Theil des Stoffes in Nichts verwandeln kann; vielmehr ist jeder Theil Etwas, nimmt einen Raum ein und befreit sich aus jedem Druck entweder durch Veränderung der Gestalt oder des Orts, und ist dies nicht möglich, so bleibt er, wie er ist, und es kommt nie dahin, dass er zu Nichts werde oder nirgends sei. Diese Bewegung bezeichnet die Schule, welche die meisten Dinge nach den Wirkungen und Nachtheilen benennt und bestimmt, durch den Grundsatz: Zwei Körper können nicht in demselben Orte sein, und sie nennt diese Bewegung die Undurchdringlichkeit der Ausdehnung nach. Es bedarf hierfür keiner Beispiele, da diese Bewegung jedem Körper innewohnt.

Als zweite Bewegung ist die der Verknüpfung anzusehen, wonach kein Körper von der Berührung anderer Körper an irgend einer Stelle getrennt werden kann, vielmehr alle Theile sich gegenseitig verknüpfen und berühren. Diese Bewegung bezeichnet die Schule durch den Satz: Es giebt kein Leeres. So wird z. B. das Wasser durch Aufsaugen oder durch Röhren in die Höhe gezogen; ebenso das Fleisch durch die Schröpfköpfe, und das Wasser läuft aus Wassergefässen mit Löchern nicht aus, bevor nicht die Mündung zum Einlass der Luft geöffnet worden ist, und viele andere Fälle mehr.

Die dritte Bewegung ist die Bewegung der Freiheit, wie ich sie nenne. Dadurch sucht der Körper sich von jedem unnatürlichen Druck oder Ausdehnung zu befreien und in seinem ihm entsprechenden Umfang wiederherzustellen. Auch dafür giebt es zahllose Beispiele. Ein solches für die Befreiung von dem Druck bietet das Wasser bei dem Schwimmen, die Luft bei dem Fliegen; das Wasser bei dem Rudern, die Luft bei den Wellenbewegungen der Winde, die Feder in der Uhr. Auch zeigt sich ein schöner solcher Fall bei der Bewegung der zusammengedrückten Luft in den Knallbüchsen, einem Spielzeug der Knaben, wo ein Stück Hollunder ausgehöhlt und mit einem Stück von einer Rübe an beiden Seiten verstopft wird; dann wird mittelst eines Stössers der Pfropfen des einen Endes gegen das andere gebracht und dadurch der andere Pfropfen knallend aus der Oeffnung getrieben, ehe er noch von dem andern oder dem Stösser erreicht ist. Dagegen zeigt sich der andere Fall, die Befreiung von der Spannung bei der Luft, die in eiförmigen Glasgefässen nach der Aussaugung übrig bleibt; ferner an den Saiten, an dem Leder und Tuch, die alle nach der Spannung sich wieder zusammenziehen, wenn die Spannung nicht zu lange gewährt hat. Diese Bewegung bezeichnet die Schule mit dem Namen: Bewegung aus der Gestalt des Elements, was wenig Kenntniss zeigt, da diese Bewegung nicht blos der Luft, dem Wasser und dem Feuer zukommt, sondern auch den festen Körpern jeder Art, dem Holz, dem Eisen, dem Blei, dem Tuche, den Fellen u. s. w. Alle diese Körper haben ihr Maass der Ausdehnung und lassen sich nur schwer zu einem erheblich abweichenden Maasse bestimmen. Diese Bewegung der Freiheit ist von allen die auffälligste; sie bezieht sich auf Unzähliges und ist deshalb scharf und richtig aufzufassen. Denn mitunter wird diese Bewegung nachlässigerweise mit der Bewegung des Beharrens und der Verknüpfung vermengt; man verwechselt die Befreiung vom Druck mit der Bewegung des Beharrens und die Befreiung von der Spannung mit der Bewegung der Verknüpfung, als wenn die gedrückten Körper sich nur deshalb ausdehnten, damit nicht ein Durchdringen derselben eintrete, und als wenn gespannte Körper nur deshalb zurücksprängen und sich zusammenzögen, damit nicht ein Leeres entstehe. Allein wenn die gedrückte Luft sich zur Dichtigkeit des Wassers oder das Holz sich zur Dichtigkeit des Steins zusammenziehen wollte, so wäre dazu keine Durchdringung des Stoffes nothwendig, und es könnte somit die Zusammendrückung des Stoffes viel weiter gehen, als diese Körper es ertragen. Ebenso bedürfte es, wenn das Wasser sich so dünn wie die Luft ausdehnen wollte, oder ein Stein so dünn wie das Holz, dazu keines leeren Raumes, und es könnte mithin die Ausdehnung dieser Körper viel weiter gehen, als sie es jetzt irgend vertragen. Deshalb tritt die Frage nach der Durchdringung des Stoffes oder der Leere des Raumes erst an den äussersten Grenzen der Verdichtung und Verdünnung hervor, während diese Art der Bewegung schon weit diesseits dieser Grenzen aufhört und nur das Streben der Körper darstellt, sich in ihrer Dichtheit, oder wenn man lieber will, in ihren Formen zu erhalten und davon nur bei Anwendung gelinder Mittel und mittelst Uebereinstimmung abzuweichen.

Viel nöthiger ist es indess, weil Vieles davon abhängt, festzuhalten, dass die gewaltsame Bewegung, die ich die mechanische nenne, und die Demokrit, der in der Behandlung dieser ursprünglichen Bewegungen noch unter den mittelmässigen Philosophen steht, die Schlag-Bewegung nennt, nur diese Bewegung der Freiheit ist, und zwar die von der Zusammendrückung zur Ausdehnung. Denn bei jedem einfachen Stoss oder Flug durch die Luft entsteht die Bewegung oder Entfernung aus dem Orte nur, nachdem die Theile des Körpers von dem Stossenden eine unnatürliche Zusammendrückung erhalten haben. Indem dann dieser Stoss sich von dem einen Theile zu dem andern fortpflanzt, entsteht die Bewegung des Ganzen, und zwar nicht blos vorwärts, sondern auch drehend, damit auch auf diese Weise die Theile sich frei machen oder das Leiden mehr gleichmässig unter sich vertheilen können. So viel hier über diese Bewegung.

Die vierte Art der Bewegung nenne ich die Stoff-Bewegung, welche gewissermassen der Gegensatz zur Freiheit ist. Denn bei der Freiheits-Bewegung scheuen die Körper die neue Raumerfüllung oder die neue Gestalt oder die neue Ausdehnung oder Zusammenziehung, welche Worte sämmtlich dasselbe bezeichnen; sie weisen sie ab, fliehen sie und streben mit aller Kraft, ihre alte Dichtigkeit wiederzuerlangen. Dagegen begehren bei der Stoffbewegung die Körper die neue Gestalt oder Raumerfüllung und streben freiwillig und schleunigst danach, manchmal sogar mit grosser Anstrengung, wie bei dem Schiesspulver. Die stärksten und häufigsten, wenn auch nicht die alleinigen Mittel für diese Bewegung sind die Kälte und die Wärme. So strebt z. B. die durch Aussaugen aus einem Eiglase gespannte und ausgedehnte Luft sehr, in den alten Stand zu gelangen; wird aber Wärme dazu gebracht, so begehrt sie umgekehrt, sich auszudehnen; sie verlangt nach einem grösseren Raum und wandert freiwillig hinein, gleichsam, wie man sagt, in eine neue Form. Auch verlangt sie trotz dieser Ausdehnung nicht in den alten Stand zurück, wenn nicht die Annäherung der Kälte sie dazu einladet; dies ist dann aber keine Rückkehr, sondern eine abermalige Formveränderung. Ebenso widerstrebt das Wasser, wenn es durch Druck zusammengepresst wird, diesem Druck und will wieder so ausgedehnt werden wie vorher. Kommt aber eine starke und dauernde Kälte hinzu, so verwandelt es sich von selbst und freiwillig in das dichte Eis, und wenn diese Kälte ohne Unterbrechung durch Wärme anhält, wie es in den tiefen Höhlen und Löchern der Fall ist, so verwandelt es sich in Krystall oder in ähnliche Stoffe und wird niemals wieder Wasser.

Die fünfte Art der Bewegung ist die Stetigkeits-Bewegung. Unter Stetigkeit verstehe ich hier nicht die einfache und ursprüngliche mit anderen Körpern, welche nur die Bewegung der Verknüpfung ist, sondern die eigne Stetigkeit innerhalb eines bestimmten Körpers. Denn unzweifelhaft verabscheuen alle Körper, bald mehr, bald weniger, aber alle ohne Ausnahme, die Auflösung ihrer Stetigkeit. In den harten Körpern, wie dem Stahl, dem Glase, ist dieses Widerstreben am stärksten und kräftigsten. Aber selbst in den Flüssigkeiten, wo diese Bewegung aufzuhören oder zu erlöschen scheint, fehlt sie nicht gänzlich, sondern ist nur in einem schwachen Grade vorhanden, wie aus einzelnen Erscheinungen hervorgeht. Dahin gehören die Wasserblasen, die runde Gestalt der Tropfen, die feinen Fäden des rinnenden Wassers, die Zähigkeit klebriger Körper u. s. w. Am meisten zeigt sich dieses Bestreben, wenn man die Trennung und Verkleinerung sehr weit treibt. Denn in den Mörsern wirkt das Stossen nichts mehr, wenn die Pulverisirung bis zu einem gewissen Grade gelangt ist; das Wasser dringt nicht in die feinen Ritzen; selbst die Luft dringt trotz ihrer Feinheit nicht sofort durch die Poren des etwas dichteren Gefässes, sondern erst allmählich nach Ablauf von Tagen.

Die sechste Art der Bewegung ist die Bewegung zu dem Gewinn oder die Bewegung aus Mangel. Sie zeigt sich bei Körpern, die unter ganz fremdartigen und gleichsam feindlichen sich befinden, wenn die Gelegenheit, ihnen zu entgehen, sich bietet und sie zu verwandteren Körpern sich wenden können, sollte auch diese Verwandtschaft noch keine genaue Uebereinstimmung beider sein. In solchem Falle erfassen sie diese verwandten und ziehen sie als das Bessere vor, wegen des Gewinnes; woher der Name; es geschieht, als wären sie solcher Körper bedürftig. So erfreut sich z. B. das zu Blättern geschlagene Gold oder sonstige Metall nicht an der es umgebenden Luft; kann es deshalb einen fühlbaren und dickeren Körper erlangen, z. B. einen Finger oder Papier oder sonst etwas der Art, so hängt es sich daran und lässt sich nicht leicht ablösen. Auch das Papier und Tuch vertragen sich nicht gut mit der Luft, die in ihren Poren eingemengt ist. Deshalb ziehen sie gern Wasser oder andere Flüssigkeit ein und stossen die Luft aus. Auch Zucker und Schwämme, die halb in Wasser getaucht sind, ziehen, selbst wenn sie zum Theil noch über den Wein oder das Wasser herausragen, doch allmählich das Wasser und den Wein in die Höhe.

Davon wird das beste Mittel für die Oeffnung und Auflösung der Körper entlehnt. Man lässt dann die starken und fressenden Wasser bei Seite, welche sich einen Weg bahnen, und sucht nach einem Körper, der mehr passt und übereinstimmt und dem festen Körper mehr befreundet ist als jener, mit dem er sich nur gezwungen vermischt; findet man einen solchen, so öffnet und erweicht sich jener sofort und nimmt ihn mit Ausschluss und Entfernung des andern in sich auf. Diese Bewegung auf Gewinn ist nicht blos für das Fühlbare wirksam; vielmehr ist auch die elektrische Wirksamkeit, über welche Gilbert und nach ihm Andere so viele Fabeln verbreitet haben, nur das durch leichtes Streben erweckte Begehren des Körpers, der die Luft nicht gut verträgt, sondern ein anderes Fühlbare, sofern es in der Nähe ist, vorzieht.

Die siebente Art der Bewegung nenne ich die der grösseren Ansammlung. Dadurch bewegen sich Körper zu der Masse verwandter Körper; die schweren zur Erde, die leichten gen Himmel. Die Schule bezeichnet diese Bewegung mit dem Namen der natürlichen; denn man bemerkte bald, dass nichts Sichtbares von Aussen diese Bewegung veranlasste; man nahm sie daher als eine an, die den Körpern angeboren und innewohnend ist. Vielleicht nannte man sie deshalb die natürliche, weil diese Bewegung nicht aufhört. Allein dies kann nicht auffallen, da der Himmel und die Erde immer gegenwärtig sind, während dagegen die Ursache und der Ursprung der meisten anderen Bewegungen bald vorhanden ist, bald nicht. Da somit diese Bewegung nicht nachlässt, sondern sofort sich zeigt, wenn die anderen nachlassen, so hat man sie für eine dauernde und eigenthümliche erklärt, die andern aber für äusserlich hinzukommende. Diese Bewegung ist in Wahrheit sehr schwach und stumpf; ist die Masse des Körpers nicht sehr bedeutend, so weicht diese Bewegung den andern, so lange sie wirksam sind. Diese Bewegung erfüllt das Denken der Menschen so, dass man die andern Bewegungen kaum bemerkt hat, und doch weiss man nur wenig von ihr und steckt in Bezug auf sie in vielen Irrthümern.

Als achte Bewegungsart kann die Bewegung zu kleinerer Ansammlung gelten. Dadurch trennen sich bei einem Körper die gleichartigen Theile von den ungleichartigen und verbinden sich für sich; selbst ganze Körper erfassen und erhalten sich so durch die Gleichheit ihrer Substanz, und so wie man sie einander nähert, so ziehen sie sich an und kommen zusammen. So schwimmt auf der Milch nach einiger Zeit der Rahm; im Wein sinkt die Hefe auf den Boden. Dieses geschieht nicht mittelst der Bewegung der Schwere oder Leichtigkeit, wonach manche Theile in die Höhe steigen, andere in die Tiefe sinken, sondern vielmehr durch das Verlangen, mit dem Gleichartigen zusammenzukommen und sich zu verbinden. Von der Bewegung aus Mangel unterscheidet sich diese in zwei Punkten; einmal ist in jener der Trieb der bösen und widerspenstigen Eigenschaft stärker, während hier, wenn kein Hinderniss und keine Bande stören, die Theile sich durch ihre Freundschaft verbinden, so lange keine fremde, Streit erregende Eigenschaft sich einmengt. Sodann ist die Verbindung enger und geschieht gleichsam mit grösserer Auswahl. Denn dort wird nur dem feindlichen

Körper ausgewichen, und es kommen selbst Körper, die einander wenig verwandt sind, zusammen; hier aber verbinden sich die Substanzen, gleichsam in Folge von Blutsverwandtschaft zu einem Körper. Diese Bewegung wohnt allen zusammengesetzten Körpern ein, und man würde sie leicht bemerken, wenn sie nicht durch andere Begehren und andern Zwang der Körper gebunden und gezügelt und dadurch diese Verbindung gehemmt würde.

Diese Bewegung wird in der Regel auf dreierlei Art gehemmt: durch die Starrheit der Körper, durch den Zügel eines vorherrschenden Körpers und durch eine Bewegung von Aussen. Was die Starrheit anlangt, so steckt in den fühlbaren Körpern sicherlich mehr oder weniger eine gewisse Trägheit und Scheu vor örtlicher Bewegung; sie bleiben deshalb, wenn sie nicht getrieben werden, lieber in ihrem einmal vorhandenen Zustand und begnügen sich damit, anstatt sich ins Bessere zu wenden. Diese Starrheit kann in dreifacher Weise vertrieben werden; entweder durch Wärme oder durch die überwiegende Kraft eines verwandten Körpers oder durch eine lebendige und kraftvolle Bewegung.

Von dem ersten Hülfsmittel, der Wärme, sagt man deshalb, dass sie das Fremdartige trennt und das Gleichartige verbindet. Mit Recht spottete Gilbert über diese Definition der Peripatetiker und sagte, es wäre ebenso, als wenn Jemand den Menschen definirte als einen solchen, der Weizen säe und Weinstöcke pflanze, da es nur eine Definition nach besondern Wirkungen sei. Indess ist diese Definition noch tadelnswerther, weil diese Wirkungen ihrer Beschaffenheit nach nicht aus der Eigenthümlichkeit der Wärme hervorgehen, sondern ihr zufällig sind; denn auch die Kälte hat, wie ich später darlegen werde, dieselbe Wirkung. Dieselbe geht nämlich aus dem Verlangen der gleichartigen Theile hervor, und die Wärme hilft nur die Erstarrung vertreiben, welche dieses Verlangen bis dahin gefesselt hielt.

Das zweite Hülfsmittel, die von einem verwandten Körper mitgetheilte Kraft, hat ihr merkwürdigstes Beispiel an dem armirten Magneten, welcher vermittelst der Verwandtschaft der Substanzen in dem Eisen die Kraft, Eisen festzuhalten, erweckt, nachdem durch die Kraft des Magneten die Starrheit des Eisens beseitigt worden ist. Denn das Verhältniss ist hier so, dass der armirte Magnet aus einiger Entfernung das Eisen nicht stärker als der nicht armirte Magnet anzieht. Wird aber das Eisen der eisernen Armirung so genähert, dass er diese berührt, dann kann der armirte Magnet ein viel schwereres Eisen als der einfache nicht armirte Magnet heben. Dies kommt von der Gleichheit der Substanz zwischen Eisen und Eisen, nachdem die Kraft des Magneten die Erstarrung des Eisens beseitigt hat.

Das dritte Hülfsmittel aus der äussern Bewegung zeigt sich bei den hölzernen Pfeilen mit hölzerner Spitze, welche in Holz tiefer eindringen, als wenn die Spitze von Eisen ist. Auch hier wirkt die Gleichheit der Substanz, nachdem durch die schnelle Bewegung die Erstarrung beseitigt worden ist. Beide Fälle habe ich auch in dem Artikel über die verborgenen Fälle besprochen.

Die Hemmung der Bewegung zur Ansammlung im Kleinen durch den Zügel eines vorherrschenden Körpers zeigt sich bei der Auflösung des Blutes und Urins durch Kälte. So lange hier diese Stoffe von dem beweglichen Geist erfüllt sind, welcher die einzelnen Theile jeder Gattung, wie der Herr des Ganzen, ordnet und festhält, so lange kommen die gleichartigen dieses Zügels wegen nicht zusammen; ist aber dieser Geist verdunstet oder durch die Kälte erstickt, dann verbinden sich die des Zügels ledigen Theile nach ihrem natürlichen Verlangen. Daher kommt es, dass alle Körper mit einem scharfen Geist, wie Salze und Aehnliches, dauerhaft sind und sich nicht zersetzen; denn der herrschende und befehlshaberische Geist führt hier fest und dauernd den Zügel.

Die Hemmung der Bewegung zur kleineren Ansammlung durch eine äussere Bewegung ist vorzüglich an den Zuständen solcher Körper ersichtlich, welche vor Fäulniss schützen; denn alle Fäulniss beruht auf der Verbindung von Gleichartigem; daraus geht allmählich das Verderben der früheren sogenannten Form und die neue Erzeugung hervor. Jeder Fäulniss, welche den Weg zur Erzeugung und neuen Form bahnt, geht die Auflösung der alten voraus, welche selbst eine Verbindung von Gleichartigem ist. Wird sie nicht gehemmt, so geschieht einfach die Auflösung; treten aber Hemmnisse dabei ein, so tritt die Fäulniss ein, welche der Anfang zu neuen Erzeugungen ist. Wenn jedoch eine wiederholte Erregung durch äussere Bewegung, wie in dem hier vorliegenden Fall, eintritt, so wird diese Zusammenziehung, die zarter und weicher Natur ist und keine Störung von Aussen verträgt, unterbrochen und gehemmt, wie viele Beispiele ergeben. So hindert die tägliche Bewegung und der Zufluss bei dem Wasser die Fäulniss; die Winde hindern die Pestilenz der Luft; das Korn auf dem Boden bleibt durch Umwenden und Schütteln in gutem Zustande, und überhaupt fault nicht leicht Etwas, was äusserlich bewegt wird.

Endlich ist diejenige Verbindung der Körpertheile nicht zu übergehen, die bei der Verhärtung und Vertrocknung Statt hat. Wenn der Geist oder das in Geist verwandelte Feuchte aus einem porösen Körper entflogen ist, wie bei dem Holz, den Knochen, den Häuten u. s. w., dann ziehen sich die gröberen Theile mit grosser Kraft zusammen, und es entsteht daraus die Verhärtung oder Trockenheit. Sie geschieht nicht in Folge der Bewegung zur Stetigkeit, damit kein Leeres entstehe, sondern in Folge dieser Bewegung aus Freundschaft und Vereinung.

Diese Verbindung erfolgt aus der Ferne selten und kommt wenig vor; sie ist aber doch in mehr Fällen, als man beachtet, vorhanden. Erscheinungen davon sind: eine Wasserblase löst die andere auf; die Arzneien entziehen vermöge der Gleichheit der Substanzen die Feuchtigkeit; eine Saite bewegt andere gleichgestimmte Saiten zum Mitklingen u. s. w. Auch bei den thierischen Geistern mag nach meiner Meinung diese Bewegung vorkommen; aber bis jetzt ist sie hier noch völlig unbekannt; deutlich zeigt sie sich dagegen bei dem Magneten und dem erregten Eisen. Da hier diese Bewegungen des Magneten einmal zur Sprache kommen, so unterscheide man hier deren vier, welche in ihrer Kraft und Wirksamkeit nicht vermengt werden dürfen, obgleich man in der Verwunderung und dem Staunen sie durcheinander wirft. Die eine ist die Verbindung des Magneten mit dem Magneten, oder des Eisens mit dem Magneten, oder des erregten Eisens mit Eisen. Die zweite Bewegung ist seine Richtung nach Norden und Süden und zugleich seine Inklination. Die dritte ist seine Gold, Glas, Steine und Alles durchdringende Wirksamkeit, Die vierte ist die Mittheilung der magnetischen Kraft von dem Stein an das Eisen und von dem Eisen an das Eisen, ohne dass eine Mittheilung der Substanz selbst dabei geschieht. Hier bespreche ich nur die erste Art, die Anziehung.

Es giebt auch eine auffallende Bewegung zur Verbindung bei dem Quecksilber und Gold. Das Gold lockt das Quecksilber selbst dann an, wenn es zu Salben verwendet ist und Die, welche in Quecksilberdünsten arbeiten müssen, pflegen in dem Munde ein Stück Gold zu halten, um die Ausdünstungen des Quecksilbers zu sammeln, die sonst ihr Gehirn und die Knochen durchdringen würden. Deshalb wird auch dieses Stück Gold bald weiss. So viel über die Bewegungen zur Ansammlung im Kleinen.

Die neunte Art der Bewegung ist die magnetische. Sie gehört zwar zur Bewegung der Ansammlung im Kleinen; allein da sie auf grosse Entfernungen und grosse Massen wirkt, so erfordert sie eine besondere Untersuchung, namentlich, wenn sie nicht mit der Berührung beginnt, wie die meisten Sammel-Bewegungen, noch zur Berührung führt, wie alle diese Sammel-Bewegungen, sondern wenn sie Körper nur erhebt oder anschwellen macht, ohne etwas Weiteres. Denn wenn der Mond die Gewässer erhebt oder das Feuchte anschwellen und steigen macht, oder wenn der Sternen-Himmel die Planeten zu ihren Erdfernen zieht; oder wenn die Sonne die Sterne Venus und Merkur so an sich bindet, dass sie nur bis zu einer bestimmten Weite sich von ihr entfernen können, so kann man diese Bewegungen nicht wohl zu den grösseren oder kleineren Ansammlungen rechnen, sondern es sind gleichsam unvollkommene und halbe Ansammlungen, und sie bilden deshalb eine besondere Art.

Als zehnte Art der Bewegung ist die Bewegung der Flucht anzusehen, welche der Bewegung zur Ansammlung im Kleinen entgegengesetzt ist. Dadurch fliehen sich die Körper aus Abneigung und als feindliche; sie trennen sich deshalb von einander und wollen sich mit einander nicht mischen. Allerdings könnte diese Bewegung in einzelnen Fällen als eine zufällige oder solche gelten, die nur die Folge der Ansammlung im Kleinen ist, da das Gleichartige sich nur verbinden kann, wenn das Ungleichartige ausgeschlossen und entfernt wird; allein dennoch ist diese Bewegung als eine besondere Art zu nehmen, weil in vielen Fällen das Verlangen nach der Flucht mehr vereinigt als das Bestreben zur Verbindung. Diese Bewegung ist vorzüglich bei den Exkrementen der Thiere ersichtlich; ebenso bei den für einzelne Sinne widerwärtigen Gegenständen, namentlich für Dinge von schlechtem Geschmack oder Geruch. Der schlechte Geruch wird so von dem Geruchssinn zurückgestossen, dass er selbst in der Magenmündung eine ausstossende Bewegung durch Uebereinstimmung erweckt. Auch das Bittere und widerlich Schmeckende wird von Gaumen und Schlund so zurückgestossen, dass es durch Uebereinstimmung selbst ein Schütteln und Schaudern des Kopfes veranlasst. Auch sonst zeigt sich diese Bewegung, insbesondere an gewissen Orten, mit Gegensätzen; so in den mittleren Regionen der Luft, deren Kälte davon zu kommen scheint, dass die Eigenschaft des Kalten aus der Nachbarschaft der Himmelskörper zurückgestossen wird. Ebenso scheinen jene grossen Hitzgrade und Entzündungen in unterirdischen Höhlen nur Zurückstossungen der Wärme aus dem Innern der Erde zu sein. Denn bei kleinen Körpern heben sich Wärme und Kälte gegenseitig auf; dagegen führen sie in grossen Massen wirkliche Kämpfe und stossen dabei sich gegenseitig hinweg und heraus. Man sagt auch, dass der Zimmt und andere Gewürze in der Nähe von Abtritten und andern schmutzigen Orten ihren Geruch länger behalten, weil das Wohlriechende sich scheut, herauszutreten und sich mit dem Widerlichen zu verbinden. Wenigstens wird das Quecksilber an seinem Zusammenfluss zu einem Körper durch den menschlichen Speichel, durch Wagenschmiere aus Schweinefett oder Terpentin und durch Aehnliches gehindert, da das Quecksilber nur wenig Uebereinstimmung mit diesen Körpern hat. Indem es von diesem ganz umgeben ist, zieht es sich überall zurück, und deshalb ist die Flucht vor diesem stärker als das Verlangen, sich mit den übrigen Quecksilbertheilen zu vereinen. Man nennt dies die Ertödtung des Quecksilbers. So ist auch die Ursache, weshalb sich Wasser nicht mit Oel vermischt, nicht blos die unterschiedene Schwere, sondern ihr schlechtes Zusammenstimmen. Dies beweist der Weingeist, der leichter als Oel ist und sich doch leicht mit dem Wasser vermischt. Am auffallendsten ist die Fluchtbewegung bei dem Salpeter und bei den rohen Körpern, welche die Flamme scheuen, z. B. bei dem Schiesspulver, dem Quecksilber und auch bei dem Golde. Dagegen bemerkt Gilbert über die Flucht des Eisens von dem andern Pol des Magneten richtig, dass dies eigentlich keine Flucht ist, sondern eine Uebereinstimmung und ein Zusammentreten zu einer passendem Stellung.

Als elfte Art der Bewegung ist die auf Verähnlichung anzusehen, oder die auf Vervielfachung seiner, oder auf einfache Erzeugung. Einfache Erzeugung nenne ich nicht die von ganzen Körpern, wie von Pflanzen und Thieren, sondern nur die von ähnlichen Körpern. Durch diese Bewegung verwandeln Körper andere ihnen verwandte oder wenigstens dazu vorbereitete und geneigte in ihre Substanz und Natur; so vervielfacht sich die Flamme über dem öligen Dunst und erzeugt eine neue Flamme; so vervielfacht sich die Luft über dem Wasser und dem Wässrigen und erzeugt neue Luft; so vervielfacht sich der Pflanzen- und Thier-Geist aus den feinern wässrigen und öligen Theilen und Nahrungsmitteln und erzeugt neuen Geist; so auch die festen Theile der Pflanzen und Thiere, wie die Blätter, die Blumen, das Fleisch, die Knochen u. s. w.; denn sie machen dem Saft der Nahrungsmittel sich ähnlich und erzeugen so die stetig an sie tretende neue Substanz. Denn es hilft nichts, wenn man mit Paracelsus, der durch seine Destillationen verblendet war, thörichter Weise behauptet, dass die Ernährung nur durch Trennung geschehe, und dass in dem Brote und den Speisen die Augen, die Nase, das Gehirn, die Leber eingehüllt stecken und ebenso in dem Saft der Erde die Wurzeln, die Blätter und Blüthen. Paracelsus behauptet, dass, so wie der Bildhauer aus der rohen Stein- oder Holzmasse durch Trennung und Beseitigung des Ueberflüssigen Blätter, Blumen, Augen, Nasen, Hände, Füsse u. s. w. bilde, so ziehe auch Archäus, der innere Werkmeister, aus der Nahrung durch Trennung und Absonderung die einzelnen Glieder und Theile heraus. Lässt man diese Possen bei Seite, so steht fest, dass die entsprechenden organischen Bestandteile der Pflanzen und Thiere die ihnen gleichen oder wenig verschiedenen Säfte aus ihren Nährmitteln zunächst mit gewisser Auswahl anziehen, dann sich ähnlich machen und in ihre Natur verwandeln.

Diese Verähnlichung oder einfache Erzeugung geschieht nicht blos in belebten, sondern auch in leblosen Körpern, wie bei der Flamme und der Luft dargelegt worden ist. Selbst der abgestorbene Geist, der in allem fühlbaren Belebten enthalten ist, ist fortwährend thätig, die gröbern Theile zu verdauen und in Geist zu verwandeln, der alsdann heraustritt; daher kommt die früher besprochene Verminderung des Geistes und das Austrocknen. Auch besteht bei dieser Verähnlichung noch jenes Zunehmen, das man gewöhnlich von der Ernährung unterscheidet; so wird der Schmutz zwischen kleinen Steinen hart und versteinert; die Schuppen zwischen den Zähnen verwandeln sich in eine Substanz, die so hart, wie die Zähne selbst, wird u. s. w.

Ich meine, dass alle Körper ebenso das Bestreben haben, andere sich ähnlich zu machen, wie sich mit Gleichartigem zu verbinden; allein beide Wirksamkeiten sind oft gehemmt, wenn auch in verschiedener Weise. Diese Unterschiede muss man, wie die Trennung derselben, mit allem Fleiss erforschen, weil sie auf die Verjüngung des Alters Bezug haben. Ich will endlich bemerken, dass bei den besprochenen neun Bewegungen die Körper nur auf die Erhaltung ihrer Natur bedacht sind; bei dieser zehnten hier richten sie sich aber auf die Fortpflanzung.

Die zwölfte Art der Bewegung ist die Bewegung der Anregung; sie scheint zur Bewegung der Verähnlichung zu gehören, und ich nenne sie auch mitunter so. Denn es giebt eine zerstreuende, eine mittheilende, eine übergehende und eine vervielfachende Bewegung, die in der Wirkung, wie bei jener, oft übereinstimmen und sich nur in der Wirkungsart und in dem Gegenstande unterscheiden. Die verähnlichende Bewegung erfolgt mit einer Art Befehl und Macht; sie befiehlt und zwingt das Eine, sich in das Andere zu verwandeln. Dagegen verführt die erregende Bewegung künstlich und auf Umwegen und insgeheim; sie ladet nur ein und bestimmt das Erregte zur Natur des Erregenden. Die verähnlichende Bewegung vervielfacht und verwandelt die Körper und Substanzen; so vermehrt sich die Flamme, die Luft, der Geist, das Fleisch; dagegen gehen bei der erregenden Bewegung nur Kräfte über und vermehren sich; es vermehrt sich das Warme, das Magnetische, das Faulende.

Am deutlichsten ist diese Bewegung an der Wärme und Kälte. Denn die Wärme vertheilt sich bei ihrer Verbreitung nicht durch Mittheilung der ersten Wärme, sondern dadurch, dass sie den Körper zu der Bewegung erregt, welche die Form der Wärme ist, und welche in der ersten Lese über die Eigenschaft des Warmen besprochen worden ist. Deshalb erfolgt die Erwärmung bei dem Stein und bei dem Metall viel langsamer und schwerer als bei der Luft; denn jene sind zu diesen Bewegungen weniger geschickt und bereit. Es ist deshalb nicht unwahrscheinlich, dass in dem Innern der Erde sich Stoffe befinden, welche jede Erwärmung verweigern; wegen des stärkern Druckes fehlt ihnen der Geist gänzlich, von dem diese anregende Bewegung meist beginnt. So zieht auch der Magnet das Eisen nur durch eine neue Vertheilung und entsprechende Bewegung der Eisentheile an, ohne dabei etwas von seiner Kraft einzubüssen. Aehnlich verhält es sich mit dem Säuren des Brotes, mit dem Schäumen des Bieres, mit dem Gerinnen der Milch und mit einzelnen Giften; sie erregen durch Einladung eine Bewegung in der Masse des Mehles, des Bieres, des Käses oder des menschlichen

Körpers, die stetig fortschreitet, nicht durch die Kraft des Erregenden, sondern durch die Bereitwilligkeit und das Nachgeben des Erregten.

Die dreizehnte Art der Bewegung ist die Bewegung des Eindrucks; sie gehört zur Bewegung der Verähnlichung und ist die feinste von den sich ausbreitenden Bewegungen. Ich habe sie als besondere Art hingestellt, weil sie einen wesentlichen Unterschied gegen die beiden vorigen zeigt. Denn die einfache Verähnlichung verwandelt die Körper selbst, so dass die Wegnahme des ersten für die nachfolgenden gleichgültig ist. So hat die erste sich entzündende Flamme oder die erste Umwandlung in Luft keine Bedeutung für die durch Erzeugung nachfolgende Flamme oder Luft. So erhält sich auch die Bewegung der Erregung auf lange Zeit, wenn auch das erste Erregende beseitigt ist, z. B. bei dem erwärmten Körper nach Entfernung des erwärmenden; bei dem erregten Eisen nach Entfernung des Magneten; in dem Mehlteig nach Entfernung des Sauerteigs. Dagegen scheint die Bewegung des Eindrucks, wenn sie auch sich verbreitet und übergeht, doch immer von dem ersten Bewegenden bedingt zu bleiben; sie endigt und hört sofort auf, wenn jenes entfernt wird; deshalb geschieht hier auch die Wirkung augenblicklich oder wenigstens in sehr kurzer Zeit. Ich pflege deshalb die Bewegung der Verähnlichung und Erregung die Erzeugung des Jupiter zu nennen, weil da die Erzeugung bleibt; dagegen nenne ich diese Bewegung die des Saturn, weil das Geborne sofort verzehrt und verbraucht wird. Diese Bewegung offenbart sich in dreifacher Art: durch die Strahlen des Lichts, durch Erschütterung der Töne und durch magnetische Mittheilung. So verschwinden mit Entfernung des Lichts sofort die Farben und sonstigen Bilder desselben. Wird die erste Erschütterung und das daraus folgende Zittern des Körpers beseitigt, so erlöscht sehr bald der Ton; denn wenn auch der Ton in dem Medium durch den Wind gleich Wellen getrieben wird, so ist doch festzuhalten, dass der Ton nicht so lange dauert als das Fortklingen. Allerdings scheint bei einer angeschlagenen Glocke der Ton lange Zeit fortzugehn, und man kann deshalb leicht irrthümlich meinen, dass der Ton während dieser ganzen Zeit gleichsam in der Luft schwimmt und hängt; allein dies ist durchaus falsch. Denn dieses Forttönen ist nicht derselbe erste Ton, sondern ein neuer, wie aus der Hemmung oder Beruhigung des geschlagenen Körpers erhellt. Setzt man die Glocke auf oder hält sie fest, dass sie nicht erzittern kann, so erlischt der Ton sofort, und sie tönt nicht nach; ebenso die Saiten, wenn man sie nach dem ersten Anschlag mit dem Finger berührt; überall hört bei der Leier oder der Rohrpfeife oder bei dem Klavier das Nachklingen sofort auf. Wird der Magnet entfernt, so fällt das Eisen sofort ab; dagegen kann der Mond nicht von dem Meere und die Erde nicht von dem fallenden schweren Gegenstande entfernt werden; man kann deshalb hier zwar keinen Versuch anstellen; allein das Verhältniss ist dasselbe.

Die vierzehnte Art der Bewegung ist die der Gestaltung oder der Lage; durch dieselbe streben die Körper nicht nach einer Verbindung oder Trennung, sondern nach einer Lage, Stellung und Gestaltung gegen einander. Die Erkenntniss dieser Bewegung ist noch sehr verworren, und sie ist wenig beobachtet; manchmal scheint sie gar keine Ursache zu haben, obgleich dies in Wahrheit sich nicht so verhält. Wenn man z. B. fragt, weshalb der Himmel sich von Morgen nach Abend, statt von Abend nach Morgen drehe, oder weshalb die Pole sich mehr nach dem Bären und nicht nach dem Orion oder einer andern Stelle des Himmels richten, so scheint solche Frage unvernünftig, weil man meint, der Fall könne nur durch die Erfahrung bestimmt und müsse als ein positiver aufgefasst werden. Wenn uns auch in der Natur Manches als ein Letztes ohne Ursache ist, so scheint dieser Fall hier doch nicht dazu zu gehören; vielmehr glaube ich, dass hier eine gewisse Harmonie und Uebereinstimmung der Welt wirksam ist, die nur noch nicht beobachtet worden ist. Uebrigens bleiben diese Fragen unverändert, selbst wenn man eine Bewegung der Erde von Abend nach Morgen annimmt. Denn auch dabei dreht die Erde sich um Pole, und man kann bei diesen ebenso fragen, weshalb sie hierher und nicht anderwärtshin gerichtet sind.

Auch die Inklination und Deklination und Richtung des Magneten gehört hierher. So findet man auch in natürlichen und künstlichen Gegenständen, insbesondere in festen und nicht flüssigen eine Stellung und Lage der Theile gleich Zotten und Fasern, die man sorgfältig untersuchen sollte, da ohne ihre Auffindung diese Körper nur schwer behandelt und geleitet werden können. Dagegen rechne ich die Bewegung in den Flüssigkeiten, durch welche sie bei einem Druck, wenn sie nicht ausweichen können, sich gegenseitig heben, um den Druck gleichmässig zu vertheilen, vielmehr zur Bewegung aus Freiheit.

Die funfzehnte Art der Bewegung ist die des Durchganges oder die Bewegung durch Gänge. Dadurch werden die Kräfte der Körper mehr oder weniger gehemmt, oder die Körper werden von ihren Medien fortgeführt, je nach der Beschaffenheit der Körper und wirkenden Kräfte und des Medii selbst. Denn dem Licht entspricht ein anderes Medium als dem Tone, und ein anderes entspricht der Wärme und Kälte, ein anderes der magnetischen Kraft; und für andere Kräfte gilt dasselbe.

Die sechzehnte Art der Bewegung ist die königliche oder die politische, wie ich sie nenne. Dadurch zähmen gewisse in dem Körper vorherrschende und befehlende Theile die übrigen; sie bezähmen, unterwerfen, ordnen und zwingen sie, sich zu verbinden, zu trennen, zu ruhen, sich zu bewegen und sich zu stellen, nicht wie sie selbst wollen, sondern wie es die Ordnung fordert und zum Besten des befehlenden Theiles gereicht. Es besteht daher gleichsam eine Herrschaft und eine Art Verfassung, wonach der herrschende Theil die untergebenen regiert. Diese Bewegung tritt vorzüglich bei den Geistern der Thiere hervor, welcher, so lange er in Kraft ist, alle Bewegungen der andern Theile regelt. In niederem Grade findet er sich auch in andern Körpern; so ist schon von dem Blute und Urin gesagt worden, dass sie sich nicht auflösen, bevor nicht der Geist, welcher ihre Theile mischte und zusammenhielt, ausgetreten oder erstickt ist. Diese Bewegung ist übrigens nicht den Geistern allein eigenthümlich, obgleich in den meisten Körpern der Geist wegen seiner schnellen und eindringenden Bewegung vorherrscht; in den dichten Körpern, die nicht, wie das Quecksilber und Vitriolöl, mit einem lebhaften und kräftigen Geist angefüllt sind, herrschen vielmehr die gröbern Theile. Wenn daher nicht durch Kunst dieser Zügel und dieses Joch beseitigt werden, so kann man auf keine neue Umgestaltung dieser Körper rechnen.

Indess glaube man nicht, dass ich vergesse, worum es sich handelt, indem diese Reihe und Aufzählung der Bewegungen doch nur darauf abziele, die vornehmsten durch die Fälle des Kampfes besser zu ermitteln, während ich gleichwohl schon unter diesen Bewegungen selbst die vornehmsten erwähne. Ich spreche indess bei der Beschreibung dieser königlichen Bewegung nicht von dem Vorherrschen der Bewegungen und Kräfte, sondern von dem Vorherrschen einzelner Theile eines Körpers, und dieses bildet die hier betrachtete besondere Art der Bewegung.

Die siebzehnte Art der Bewegung ist die der freiwilligen Drehung. In ihr geniessen die der Bewegung sich erfreuenden und richtig gestellten Körper ihre Natur, folgen sich selbst und erfassen sich nur in eigner Umarmung. Denn die Körper bewegen sich entweder ohne Ende, oder sie ruhen völlig, oder sie treiben nach einem Ziel, wo sie, ihrer Natur gemäss, entweder sich drehen oder ruhen. Sind sie gut gestellt und erfreuen sie sich an der Bewegung, so drehen sie sich im Kreise, ohne Ende und ohne Anfang. Sind sie gut gestellt oder scheuen sie die Bewegung, so ruhen sie völlig. Sind sie nicht gut gestellt, so bewegen sie sich gerade aus, als den kürzesten Weg zur Gemeinschaft mit ihren natürlichen Genossen.

Diese drehende Bewegung nimmt neue Unterschiede an; der erste betrifft den Mittelpunkt, um den sich die Körper drehen; der zweite die Pole, um die sie sich drehen; der dritte den Umfang oder Umlauf nach der Entfernung vom Mittelpunkte; der vierte die Bewegung, je nachdem sie schneller und langsamer geschieht; der fünfte die Richtung der Bewegung, z. B. von Morgen nach Abend oder umgekehrt; der sechste die Abweichungen von dem vollkommenen Kreise durch Windungen, die dem Mittelpunkt näher oder ferner sind; der siebente die

Abweichung von dem vollkommenen Kreise durch Drehungen, die mehr oder weniger von ihren Polen abstehen; der achte die gegenseitige grössere oder geringere Entfernung der Bahnen voneinander; der neunte und letzte die Veränderung in den Richtungen der Pole, wenn diese sich bewegen; sie gehört nicht zur Drehung, wenn sie nicht selbst in einem Kreise geschieht.

Man hält diese drehende Bewegung nach einer allgemeinen und alten Ansicht für die eigenthümliche der Himmelskörper. Allein es besteht hier ein wichtiger Streit mit Einigen unter den Alten und Neuern, welche behaupten, dass die Erde sich drehe. Der Streitpunkt hierbei ist aber wohl, sofern die Sache nicht als ausgemacht gelten kann, besser dahin zu fassen, ob, wenn man zugiebt, dass die Erde ruht, jene Bewegung sich auf den Himmel beschränkt, oder ob sie auch tiefer herabsteigt und sich auch der Luft und den Gewässern mittheilt. Dagegen rechne ich die drehende Bewegung der Wurfspiesse, der Pfeile und der Kugeln aus den Gewehren u. s. w. zu den Bewegungen der Freiheit. Die achtzehnte Art der Bewegung ist die des Zitterns. In dem Sinne, wie die Astronomen sie behaupten, glaube ich nicht recht daran; wenn ich aber die Begehren der natürlichen Körper überall genau untersuche, so treffe ich auf diese Bewegung und muss sie als eine besondere Art behandeln. Es ist gleichsam die Bewegung einer ewigen Gefangenschaft, wo die Körper überhaupt nicht richtig und ihrer Natur entsprechend gestellt sind, aber sich auch nicht ganz schlecht befinden und deshalb fortwährend zittern und unruhig sich hin und her bewegen, weil sie weder mit ihrem Stand zufrieden sind, noch es wagen, weiter vorzuschreiten. Eine solche Bewegung besteht bei dem Schlag des Herzens und der Arterien bei den Thieren, und sie muss überall vorkommen, wo ein Körper zwischen Vortheilen und Nachtheilen schwankt und bald versucht, sich zu befreien, bald einen Rückschlag erleidet.

Die neunzehnte und letzte Art der Bewegung ist die, welcher kaum der Name einer Bewegung gebührt, und doch ist sie wirklich eine Bewegung, welche man die Bewegung des Lagers oder die Bewegung, welche die Bewegung scheut, nennen kann. Durch diese Bewegung ruht die Erde vermöge ihrer Masse, indem ihre äussersten Theile sich nach der Mitte bewegen, nicht nach einem eingebildeten Mittelpunkte, sondern behufs Vereinigung. Durch diesen Trieb scheut alles in höherem Grade Verdichtete die Bewegung und hat statt allen Begehrens nur das, nicht bewegt zu werden. Selbst wenn sie auf die mannichfachste Weise zur Bewegung gereizt und angeregt werden, erhalten sie sich dennoch nach Möglichkeit in ihrer Natur, und selbst wenn sie zur Bewegung gebracht sind, geht ihr Bestreben immer nur auf Ruhe und Wiedergewinnung des Standes, wo sie sich nicht mehr bewegen. Für dieses Ziel zeigen sie sich sehr beweglich und erstreben es in Hast und Ungeduld gegen alle Verzögerung sehr schnell und heftig. Diese Bewegung kann hier nicht vollständig wahrgenommen werden, weil bei uns vermöge der Unterjochung durch die Himmelskörper und deren Zusammenwirken alles Fühlbare den äussersten Grad der Dichtheit nicht erreicht und auch mit etwas Geist gemengt ist. So sind hiermit die Arten oder einfachen Elemente der Bewegungen, Beziehungen und thätigen Wirksamkeiten dargelegt worden, welche in der Natur am allgemeinsten auftreten. Die Naturwissenschaft erhält dadurch viel Aufklärung; es ist auch möglich, dass man noch neue Arten hinzufügen und diese Eintheilung nach den wahren Wurzeln der Dinge verändern und auf eine kleinere Zahl herabbringen kann. Ich denke aber damit nicht an jene abstrakten Eintheilungen, wo man z. B. sagt: Die Körper begehren entweder die Erhaltung oder die Steigerung oder die Fortpflanzung oder den Genuss ihrer Natur; oder wo man sagt: Die Bewegung der Dinge geht entweder auf die Erhaltung und das Beste des Weltalls, wie die Bewegung der Beharrlichkeit und der Stetigkeit; oder auf das Beste grosser Gemeinschaften, wie die Bewegung auf Ansammlung im Grossen, die der Drehung und der Scheu vor Bewegung; oder auf das Beste einzelner Formen, wohin alle übrigen gehören würden. Dergleichen Eintheilungen mögen richtig sein, allein wenn sie nicht sich auf die wahren Unterschiede des Stoffes und der Gestaltung gründen, bleiben sie spekulativ und nutzlos; doch genügen sie und können von Nutzen sein, wenn es auf Ermittelung der vorherrschenden Kräfte und der Fälle des Kampfes ankommt, wovon jetzt gehandelt werden soll.

Denn von den besprochenen Bewegungen sind einige ganz unbesieglich; andere sind nur von grosser Stärke und binden, zügeln und leiten die schwächeren; andere ragen in Zeit und Schnelligkeit hervor; andere dienen zur Erhaltung, Stärkung, Ausdehnung und Beschleunigung der übrigen. So ist die Bewegung zum Beharren überhaupt die diamantene und unbesiegbare; dagegen schwanke ich noch, ob die Bewegung der Stetigkeit unbesieglich ist; denn ich möchte nicht bestimmt behaupten, dass es ein Leeres giebt; sei es ein zusammengehäuftes oder ein vermischtes. Der Grund, weshalb ersteres von Leucipp und Demokrit angenommen worden, nämlich weil ohnedem derselbe Körper nicht einen grossen und kleinen Raum einnehmen könne, ist falsch, da der Stoff eine gewisse Biegsamkeit hat, wodurch er sich innerhalb gewisser Grenzen ohne Hülfe des Leeren im Raum ausdehnen und zusammenziehen kann. Selbst in der Luft ist kein Leeres, was ja zweitausendmal grösser als in dem Golde sein müsste. Das erhellt deutlich aus den starken Kräften, welche den luftigen Körpern innewohnen; sie müssten sonst wie feines Pulver in dem Leeren schwimmen, und auch sonst kann man noch Beweise dagegen beibringen. Die übrigen Bewegungen leiten und werden geleitet nach Verhältniss der Kraft, der Menge, des Reizes, des

Wurfes und nach Verhältniss der eintretenden Hülfen oder Hemmungen. So trägt z. B. ein armirter Magnet ein Eisenstück bis zu dem Sechzigfachen seines eignen Gewichts; so weit herrscht die Bewegung zur Ansammlung im Kleinen über die Bewegung zur Ansammlung im Grossen. Ist das Eisenstück schwerer, so fällt es ab. So hebt ein Hebel mit einer bestimmten Kraft ein Gewicht von bestimmter Schwere. So weit herrscht die Bewegung der Freiheit über die Bewegung zur Ansammlung im Grossen. Ist das Gewicht schwerer, so versagt der Hebel. Ein dichtes Leder zerreisst bis zu einer bestimmten Spannung nicht. So weit herrscht die Bewegung der Stetigkeit über die Bewegung der Spannung. Steigt die Spannung noch mehr, so reisst das Leder, und es unterliegt die Bewegung der Stetigkeit. So fliesst das Wasser durch eine Ritze von bestimmter Grösse aus; so weit herrscht die Bewegung zur Ansammlung im Grossen über die Bewegung zur Stetigkeit; wird die Ritze kleiner, so unterliegt jene, und es siegt die Bewegung zur Stetigkeit. Wird Schwefel, der nur pulverisirt ist, mit einer Kugel in eine Flinte eingelassen und Feuer dazu gebracht, so wird die Kugel nicht herausgetrieben. Hier siegt die Bewegung der Ansammlung im Grossen über die Bewegung des Stoffes. Wird aber Schiesspulver hinein gethan, so siegt die Bewegung des Stoffes im Schwefel durch die Unterstützung der Bewegung des Stoffes und der Flucht in dem Salpeter u. s. w. Solche Fälle des Kampfes, welche die Oberherrschaft einer Kraft anzeigen, und nach welchen Verhältnissen und Berechnungen das Vorherrschen oder Unterliegen dieser Herrschaft Statt hat, müssen mit Eifer und genauer Sorgfalt überall aufgesucht werden.

Man muss dabei auch die Art und das Verhältniss des Unterliegens einzelner Bewegungen genau untersuchen; bald hören sie ganz auf, bald bleibt ihr Bestreben und ist nur gefesselt. Denn in den Körpern hier bei uns besteht keine wirkliche Ruhe, weder im Ganzen noch in den Theilen; alle Ruhe ist hier nur scheinbar und wird entweder durch Gleichgewicht oder durch ein unbedingtes Uebergewicht einer der Bewegungen bewirkt. Durch Gleichgewicht geschieht es z. B. bei der Wage, wenn die Gewichte in beiden Schalen gleich sind. Durch Uebergewicht geschieht es bei den Glasgefässen mit einer Oeffnung, wo das Wasser darin bleibt und von dem Fallen durch die Uebermacht der Bewegung zum Stetigen abgehalten wird.

Indess muss beachtet werden, wie weit diese unterliegenden Bewegungen hierbei entgegenwirken. Wird z. B. Jemand beim Ringen ausgestreckt auf der Erde gehalten, mit festgehaltenen oder festgestemmten Armen und Beinen, und strebt er dabei doch mit allen Kräften in die Höhe zu kommen, so bleibt dieses Bestreben dasselbe, auch wenn es keine Wirkung hervorbringt. Dieser Unterschied, ob durch die Uebermacht die unterliegende Bewegung vernichtet wird, oder ob ihr Bestreben bleibt, wenn es auch nichts erreicht, ist bei dem Kampfe nicht zu erkennen, aber kann aus Nebenumständen abgenommen werden. So mache man z. B. einen Versuch, ob ein Schiessgewehr, welches eine Kugel geradeaus oder, wie man sagt, in den weissen Punkt bis zu einer bestimmten Entfernung forttreibt, einen schwächeren Stoss bei dem Schuss nach oben giebt, wo die Bewegung des Stosses allein wirkt, als nach unten, wo die Bewegung der Schwere hinzutritt. Auch die Regeln über die Oberherrschaft müssen gesammelt werden. Eine solche ist z. B., dass, je allgemeiner das Gut ist, was erstrebt wird, desto stärker ist die Bewegung. Deshalb ist die Bewegung der Stetigkeit, welche auf die Gemeinsamkeit des Weltalls geht, stärker als die Bewegung der Schwere, welche nur auf den Vortheil der dichten Körper geht. Ebenso überwiegen die Begehren auf ein bestimmtes Gut, was nur dem Einzelnen nützt, selten die nach einem mehr gemeinsamen Gut, ausgenommen bei der blossen Grösse. Es wäre zu wünschen, dass diese Regeln auch in der bürgerlichen Gesellschaft gälten.

49.

Zu den vornehmsten Fällen rechne ich fünfundzwanzigstens die andeutenden Fälle, welche gewisse Vortheile dem Menschen andeuten und anzeigen. Denn das blosse Können und das blosse Wissen erweitern zwar die menschliche Natur, aber beglücken sie nicht. Deshalb muss man aus der Gesammtheit der Dinge das für das Leben Nützlichste aussuchen, worüber ausführlicher bei der Anleitung zur Praxis zu sprechen sein wird. Selbst bei dem Geschäft der Naturerklärung in Bezug auf einzelne Gegenstände räume ich dem Rechte der Menschen oder ihren Wünschen eine Stelle ein; denn das vernünftige Suchen und Wünschen ist ein Theil der Wissenschaft.

50.

Zu den vornehmsten Fällen rechne ich sechsundzwanzigstens die gemeinnützigen Fälle. Sie beziehen sich auf Vielerlei, ereignen sich oft und ersparen deshalb viel an Mühe und an neuen Versuchen. Ueber die Werkzeuge und sinnreichen Methoden wird allerdings der passende Ort zur Besprechung da sein, wo ich die Anleitung zur Praxis und zur Anstellung der Versuche behandeln werde; überdem wird das, was davon bekannt und in Uebung gekommen ist, bei der Beschreibung der einzelnen Künste abgehandelt werden; ich will deshalb hier statt der Beispiele nur einige allgemeine Bemerkungen über solche gemeinnützige Fälle beifügen. Der Mensch wirkt auf die Körper, abgesehen von der blossen Annäherung und Entfernung derselben, hauptsächlich auf siebenerlei Art; entweder 1) durch Ausschluss derer, welche hemmen und stören; oder 2) durch Druck, Ausdehnung, Erregung u. s. w.; oder 3) durch die Wärme und Kälte; oder 4) durch Stellung an einen passenden Ort; oder 5) durch Zügelung und Leitung der Bewegung; oder 6) durch besondere Uebereinstimmungen in den Körpern; oder 7) durch einen angemessenen und nöthigen Wechsel und durch die Reihenfolge dieser verschiedenen Arten im Ganzen oder Einzelnen.

Zur ersten Art gehört die gemeine Luft, die überall gegenwärtig ist und eindringt; ebenso die Strahlen der Himmelskörper; beide stören viel. Was daher zu deren Ausschliessung beiträgt, kann mit Recht als gemeinnützlich gelten. Dahin gehört der Stoff und die Dicke der Gefässe, in welche die zur Operation vorbereiteten Körper gelegt werden; ebenso die Mittel zum genauen Verschluss der Gefässe durch Verdichtung und durch den Speichel der Weisheit, wie die Chemiker sagen. Auch der Verschluss durch Flüssigkeiten an den Enden ist sehr nützlich; so giesst man Oel über Wein oder über Pflanzensäfte, was sich über die Oberfläche wie ein Deckel legt und sie vor allem Schaden durch die Luft bewahrt. Auch die Pulver sind dazu brauchbar; sie haben zwar Luft zwischen sich, aber sie halten doch den Einfluss der massenhaften äusseren Luft ab; deshalb bewahrt man Weintrauben und Früchte, wenn man sie in Sand oder Mehl steckt. Auch das Wachs, der Honig, das Pech und andere zähe Stoffe können zu einem vollkommenen Verschluss benutzt werden, um die Luft oder Sonnenstrahlen abzuhalten. Ich habe in dieser Beziehung den Versuch gemacht und das Gefäss oder andere Körper in Quecksilber gestellt, was von allen Umschliessungsmitteln das dichteste ist. Auch die Keller und unterirdischen Höhlen kann man zur Abhaltung der Strahlen und der verzehrenden äusseren Luft benutzen, wie dies in dem nördlichen Deutschland bei den Getreidevorräthen geschieht. Auch der Fall, wo man die Körper unter Wasser bringt, gehört hierher; so erzählte mir Jemand von Weinschläuchen, die er in einen tiefen Brunnen gesteckt gehabt, um sie abzukühlen. Aus Zufall oder Nachlässigkeit oder Vergesslichkeit seien sie viele Jahre dort geblieben, und als man sie endlich herausgezogen, so sei der Wein nicht blos nicht matt und abgestorben, sondern von weit feinerem Geschmack wie früher gewesen, wonach es scheint, dass seine Bestandtheile eine feinere Mischung eingegangen sind. Will man Körper auf den Grund der Gewässer niedersenken, etwa in Flüsse oder in das Meer, ohne dass sie das Wasser berühren, und die doch dabei nicht in Gefässen verschlossen werden können, sondern mit Luft umgeben bleiben sollen, so sind jene Gefässe von Nutzen, die mitunter für die Untersuchung untergegangener Schiffe benutzt worden sind, wobei die Arbeiter länger unter dem Wasser bleiben und doch von Zeit zu Zeit Luft schöpfen können. Dieses Gefäss war folgendermassen beschaffen: Ein Fass aus hohlem Metall wurde wagerecht auf die Oberfläche des Wassers gelassen, und nahm es so die in ihm befindliche Luft mit auf den Grund des Meeres. Es stand, wie ein Dreifuss, auf drei Füssen, die nicht ganz so hoch wie ein

Mensch waren; so konnte der Arbeiter, wenn ihm der Athem ausging, den Kopf in das Fass stecken, Athem holen und dann die Arbeit fortsetzen. Wie ich gehört, soll schon eine Maschine nach Art eines Kahnes oder kleinen Schiffes erfunden sein, in welchem man unter dem Wasser auf weitere Entfernungen fahren kann. In einem solchen eben beschriebenen Gefässe können leicht Körper aufgehangen werden, und deshalb habe ich dieses Versuches hier erwähnt.

Ein sorgfältiger und vollkommener Verschluss der Körper hat noch den Nutzen, dass nicht blos der Zutritt der Luft von aussen, wie erwähnt, gehindert ist, sondern auch der Austritt des Geistes aus dem Körper, mit dem der Versuch angestellt wird. Denn Der, welcher natürliche Körper untersucht und bearbeitet, muss vor Allem sicher sein, dass nichts herausfliessen oder entweichen kann. Denn es vollziehen sich tiefgehende Veränderungen mit den Körpern, wenn, da schon die Natur ihre Vernichtung hindert, auch die Kunst noch den Verlust oder das Fortfliegen der Theile verhindert. Es hat sich hierüber die falsche Meinung gebildet, die, wenn sie wahr wäre, alle Bewahrung einer bestimmten Menge ohne Verlust unmöglich machen würde, nämlich dass der Geist der Körper und die durch einen starken Hitzegrad verdünnte Luft durch keinen Verschluss der Gefässe festgehalten werden könne, weil sie durch die feinen Poren der Gefässe herausflögen. Allein man ist zu dieser Meinung nur durch jene bekannten Versuche gekommen, wo ein Becher, mit einem brennenden Licht oder Papier innerhalb seiner, über dem Wasser umgekehrt wird, wobei das Wasser in die Höhe steigt; desgleichen auch die Schröpfköpfe, die, wenn sie einmal über der Flamme erwärmt worden sind, die Haut aufziehen. Man meint, dass in beiden Fällen die verdünnte Luft austrete und an deren Stelle ebenso viel Wasser oder Fleischtheile vermöge der Stetigkeit sich höben; allein dies ist durchaus falsch. Denn die Luft wird dabei in ihrer Menge nicht vermindert, sondern nur dem Raume nach zusammengezogen; auch beginnt das Wasser nicht eher zu steigen, als bis die Flamme ausgelöscht oder die Luft abgekühlt ist; deshalb legen die Aerzte kalte und nass gemachte Schwämme auf die Schröpfköpfe, damit sie stärker anziehen. Man braucht sich deshalb wegen des leichten Austritts der Luft und des Geistes nicht zu sorgen. Wenn auch die dichtesten Körper Poren haben, so verträgt doch die Luft und der Geist eine solche feine Zertheilung nur schwer, deshalb fliesst auch kein Wasser aus sehr feinen Spalten.

Ueber die zweite von jenen sieben genannten Arten ist zu sagen, dass allerdings Pressungen und ähnliche Gewalt für die Ortsbewegung und Aehnliches viel vermögen, wie die Maschinen und Geschosse zeigen; dies gilt auch für die Zerstörung organischer Körper und deren Kräfte, die lediglich in Bewegungen bestehen. Denn alles Leben, ja alle Flamme und Entzündung erlischt durch Zusammenpressen; ja, jede Maschine wird dadurch verdorben und zerstört. Ebenso wirken diese Pressungen auf Zerstörung der Eigenschaften, welche auf der Stellung und gröberen Ungleichheit der Theile beruhen, wie die Farben; deshalb hat die ganze Blume eine andre Farbe als die zerstossene, und der ganze Bernstein eine andre als der gepulverte. Dies gilt selbst für den Geschmack; er ist bei einer unreifen harten Birne verschieden von dem, wenn diese Birne zusammengepresst und erweicht wird, und ist in letzterer von grösserer Süsse.

Dagegen nützt eine solche gewaltsame Behandlung wenig für die Umgestaltung und erhebliche Veränderung verwandter Körper; denn die Körper erhalten dadurch keine dauernde Festigkeit; sie beharrt nicht, sondern geht vorüber und drängt immer auf ihre Befreiung und Rückkehr in den vorigen Stand. Doch würde es gut sein, einige sorgfältigere Versuche hierüber anzustellen, um zu ermitteln, ob die gewaltsame Pressung verwandter Körper, wie der Luft, des Wassers, des Oels u. s. w., oder ihre gewaltsame Verdünnung dauernd und fest gemacht werden kann, so dass sie zur andern Natur würde. Man mag dies zunächst durch einfache Bewegung versuchen und dann mittelst Hülfsmittel und Uebereinstimmung. Ich hätte, wenn ich daran gedacht, dies leicht ermitteln können, als ich, wie oben bemerkt, Wasser durch Schläge und Druck zusammenpresste, ehe es hervorkam. Ich hätte dann die platt geschlagene Kugel einige Tage sich selbst überlassen und dann das Wasser herausholen sollen, um zu probiren, ob es sofort wieder denselben Raum wie vor der Verdichtung einnähme. Wäre dies nicht sofort oder bald geschehen, so hätte diese Verdichtung als eine dauernde gelten müssen; wo nicht, so hätte sich ergeben, dass der alte Zustand wieder eingetreten und die Zusammendrückung nur vorübergehend gewesen war. Etwas Aehnliches lässt sich auch in Bezug auf die in den Eigläsern ausgedehnte Luft versuchen. Es hätte dann das Eiglas nach einer starken Aussaugung sofort verschlossen werden und so einige Tage liegen bleiben müssen; hätte man es dann später geöffnet, so hätte man beobachten können, ob die Luft mit Pfeifen eindringe, und ob ebenso viel Wasser bei der Eintauchung desselben sich darin höbe, als dann, wenn man das Eiglas nicht hätte liegen lassen. Es ist wahrscheinlich und wenigstens der Ermittelung werth, dass dergleichen eintreten würde; denn selbst in Körpern, die nicht so gleichartig sind, bewirkt der Zeitverlust etwas Aehnliches. So springt ein gebogener Stab, wenn er lange gebogen gelegen hat, nicht wieder zurück, und dies kommt nicht von einem Verlust an Holzmenge durch den Zeitverlust, da dasselbe sich auch bei einer lange gekrümmt gelegenen eisernen Feder zeigt, die durch Verdunstung nichts verlieren kann.

Sollte auch der Versuch mit dem einfachen Zeitablauf nicht gelingen, so ist die Sache doch deshalb nicht aufzugeben, sondern es sind andere Hülfsmittel anzuwenden, da es von Erheblichkeit wäre, wenn man durch Gewalt den Körpern feste und dauernde Eigenschaften beilegen könnte. Dann könnte man z. B. die Luft durch blossen Druck in Wasser verwandeln und Anderes der Art erreichen, da der Mensch diese gewaltsamen Bewegungen mehr in seiner Gewalt hat als die anderen.

Die dritte von den sieben Verfahrungsarten bezieht sich auf jenes grosse Werkzeug der Natur und der Kunst, auf die Wärme und Kälte. Hier hinkt gewissermassen die Macht des Menschen auf einem Fusse. Denn wir haben zwar die Wärme des Feuers, welche viel mächtiger und stärker ist als die zu uns gelangende Wärme der Sonne und die Wärme der Thiere, aber es fehlt uns die Kälte, mit Ausnahme der zur Winterszeit und der in den Höhlen und in den Schnee- und Eisgruben, die sich vergleichsweise mit der Wärme der Mittagssonne in einem heissen Lande messen könnte, wenn sie durch das Zurückprallen von den Bergen und Wänden noch gesteigert wird. Sowohl Wärme wie Kälte von so hohen Graden kann nur kurze Zeit von lebenden Wesen ertragen werden; dennoch verschwinden diese Grade gegen die Hitze eines glühenden Ofens und einer diesem Grade umgekehrt entsprechenden Kälte. Deshalb drängt bei uns Alles zur Verdünnung, Vertrocknung und Verzehrung, und beinah Nichts zur Verdichtung und Erweichung; nur durch Mischungen und gleichsam unächte Mittel kann dergleichen erreicht werden.

Man muss deshalb die Fälle der Kälte sorgfältig ermitteln; sie zeigen sich, wenn man Gegenstände bei starkem Frost auf Thürmen ausstellt oder in unterirdische Höhlen oder in dazu an tiefen Orten ausgegrabene Schnee- und Eisgruben legt; oder wenn man Gegenstände in Brunnen hinablässt oder sie in Quecksilber oder andere Metalle hüllt oder in Wasser, was das Holz versteinert, eintaucht oder in die Erde eingräbt u. s. w. So soll bei den Chinesen das Porzellan in der Weise gemacht werden, dass die dazu vorbereitete Masse 40 bis 50 Jahre in der Erde bleibt und selbst auf die Erben, ebenso wie die für die Gewinnung der Metalle eingerichteten Bergwerke, übergeht. Sollten in der Natur Verdichtungen durch Kälte vorkommen, so müssen sie ebenfalls untersucht werden, damit man nach erlangter Kenntniss ihrer Ursachen sie in den Gewerben verwenden kann. Dergleichen zeigt sich bei den Ausschwitzungen des Marmors und der Steine, bei dem Gefrieren der inneren Fenster des Morgens nach kalten Nächten, bei der Entstehung und Ansammlung der Dünste auf unterirdischen Gewässern, woher viele Quellen kommen, und dergleichen mehr. Neben der fühlbaren Kälte zeigt sich auch eine andere Kälte der Kraft nach, welche ebenfalls verdichtet; doch scheint sie nur auf die thierischen Körper zu wirken und nicht weiter. Der Art findet sich Vieles bei den Arzneien und Pflastern; manche davon verdichten das Fleisch und die fühlbaren Theile; dahin gehören die zusammenziehenden und eingespritzten Arzneimittel; andere verdichten den Geist, vorzüglich sind dies die einschläfernden. Diese Verdichtung der Geister durch einschläfernde Arzneimittel geschieht auf doppelte Art; einige stillen die Bewegung, andere verflüchtigen den Geist. Denn die Nachtviole, die getrockneten Rosenblätter, die Laktuke und andere heilsame oder wohlthuende Pflanzen veranlassen durch ihre angenehmen und leise kühlenden Dünste die Geister, sich zu verbinden, und stillen deren heftige und unruhige Bewegungen. Ebenso macht das bei Ohnmächten unter die Nase gehaltene Rosenwasser, dass die aufgelösten und zu sehr getrennten Geister sich wieder sammeln; es ernährt sie gleichsam. Dagegen vertreiben die Opiate durch ihre boshafte und feindliche Beschaffenheit die Geister gänzlich. Werden sie deshalb äusserlich angewendet, so entflieht sofort der Geist aus dem betreffenden Theile und kehrt nicht leicht zurück; werden sie eingenommen, so steigen ihre Dünste zu Kopf und verzehren die in den Höhlen des Gehirns vorhandenen Geister; da bei diesem Zurückziehen die Geister nirgends einen Ausweg haben, so fliessen sie zusammen, verdichten sich, und manchmal verlöschen und ersterben sie gänzlich. Werden dagegen diese Opiate mässig eingenommen, so stärken sie durch eine zufällige Vermittelung, nämlich durch die aus dem Zusammentreten entstehende Verdichtung, die Geister, machen sie kräftiger und beseitigen ihre unnützen und erregenden Bewegungen. Deshalb sind sie für die Heilung der Krankheiten und die Verlängerung des Lebens sehr zuträglich. Auch die Vorbereitungen der Körper für Aufnahme der Kälte darf man nicht übersehen; so friert das laue Wasser schneller als das ganz kalte u. s. w. Da die Natur die Kälte so sparsam bietet, so muss man es wie die Apotheker machen, die, wenn die Sache nicht einfach zu haben ist, das aus ihr Folgende erfassen, das Quid pro Quo, wie sie es nennen; z. B. das Aloeholz für den Holzbalsam, die Kassia statt des Zimmtes. In ähnlicher Weise muss man die der Kälte am nächsten stehenden Zustände aufsuchen, d. h. die Mittel, welche neben der Kälte diejenige Verdichtung der Körper herbeiführen, welche eigentlich die Kälte als ihr Werk vollbringt. Dergleichen Verdichtungen scheint es, so viel sich jetzt übersehen lässt, vier zu geben. Die erste geschieht durch einfaches Zusammenstossen; damit ist für eine dauernde Dichtigkeit wenig zu erreichen, denn die Körper springen zurück; aber unterstützend kann dieses Verfahren von Bedeutung werden. Die zweite geschieht durch die Zusammenziehung der gröberen Theile eines Körpers, nachdem die feineren Theile sich verflüchtigt haben, wie dies bei dem Härten der Metalle durch das Feuer mit wiederholtem

Verlöschen geschieht. Die dritte geschieht durch den Zusammentritt der gleichartigen und festesten Theile eines Körpers, die vorher zerstreut und mit weniger festen vermengt waren. Dies geschieht z. B. bei der Wiederherstellung des sublimirten Quecksilbers, das als Pulver einen viel grösseren Raum einnimmt als das einfache Quecksilber; Aehnliches geschieht bei jeder Reinigung des Metalls von seinen Schlacken. Die vierte Verdichtung geschieht durch Uebereinstimmung, indem man das annähert, was durch seine geheime Kraft verdichtet. Dergleichen Uebereinstimmung ist selten bemerkbar; allein darüber kann man sich nicht wundern, da vor Entdeckung der Formen und inneren Gestaltungen für die Ermittelung dieser Uebereinstimmungen wenig zu hoffen ist. Rücksichtlich der thierischen Körper giebt es unzweifelhaft mancherlei Arzneien, welche, äusserlich oder innerlich angewendet, durch eine solche Uebereinstimmung verdichten. Dagegen zeigt sich dieser Vorgang bei dem Leblosen selten. Durch Schriften oder mündliche Mittheilung hat sich allerdings das Gerücht von einem Baum verbreitet, der auf einer der Kanarischen oder Tercerischen Inseln fortwährend Tropfen fallen lässt und so die Einwohner leicht mit etwas Wasser versorgt.

– Auch Paracelsus sagt, dass das "Sonnenthau" genannte Kraut sich am Mittag bei brennender Sonne mit Thau überziehe, während alle anderen Kräuter vertrocknen. Indess halte ich beide Erzählungen für Fabeln; wären sie jedoch wahr, so wären es Fälle von der grössten Bedeutung, welche die genaueste Untersuchung verdienten. Auch jener Honigthau, der gleich dem Manna im Mai auf den Blättern der Eichen angetroffen wird, wird nicht von einer Uebereinstimmung entstehen und sich verdichten und auch keine Eigenthümlichkeit der Eiche sein; denn er fällt auch auf andere Blätter und hält nur auf den Eichenblättern länger vor, da diese dicht und nicht so schwammig wie die anderen sind.

Dagegen steht die Macht und Menge der Wärme dem Menschen in Ueberfluss zu Gebote; bei einzelnen und sehr nothwendigen Dingen fehlt aber noch die Beobachtung und Untersuchung, da sie nur vereinzelt auftreten. Man erforscht und betrachtet nur die Werke der stärkern Hitze; aber die der gelinden Wärme, die vorzüglich innerhalb der natürlichen Wege sich zeigen, werden nicht durch Versuche ermittelt und sind unbekannt. So geschieht es, dass man durch jene hochgeschätzten vulkanartigen Oefen die Geister der Körper sehr erhöht; ebenso lässt man in starken Wassern und einigen chemischen Oelen die fühlbaren Stoffe verhärten und nach Vertreibung des Flüchtigen fest werden; gleichartige Theile trennt man; selbst ungleichartige Theile werden in grober Weise gemischt und zu einem Körper verbunden. Durch dieses Mittel wird hauptsächlich die Verbindung der zusammengesetzten Körper und die feinere innere Gestaltung zerstört und verwirrt. Statt dessen hätte man indess die Werke der gelinden Wärme erproben und erforschen sollen, aus denen die feinern Mischungen und die gewöhnlichen innern Gestaltungen sich erzeugen und entwickeln. Man hätte hier dem Beispiel der Natur und der Wirksamkeit der Sonne folgen sollen, wie in dem Artikel über die Fälle des Bündnisses an Einigem gezeigt worden ist. Die Wirksamkeit der Natur vollzieht sich in viel kleinern Theilen und in genauem und mannichfaltigem Verhältnissen im Vergleich zu den Wirkungen des Feuers, das man jetzt benutzt. Der Mensch wird erst dann seine Macht vergrössert haben, wenn er durch künstliche Wärme und Kräfte die Werke der Natur im Einzelnen darstellen, mit höherer Kraft ausstatten und der Zahl nach vervielfältigen kann.

Dazu gehört auch die Abkürzung der Zeit. Denn das Rosten des Eisens braucht lange Zeit, während die Umwandlung in Erz schnell geschieht; ebenso braucht der Grünspan viel Zeit, die Herstellung des Bleiweisses nur wenig. Der Krystall zieht sich langsam zusammen, das Glas wird schnell geblasen. Die Steine wachsen langsam, die Ziegeln werden schnell gebrannt u.s.w.

Einstweilen müssen alle besondern Vorgänge der Wärme mit ihren verschiedenen Wirkungen sorgfältig und fleissig gesammelt und überall aufgesucht werden. Dahin gehören die Himmelskörper mit ihren Strahlen, sowohl den geraden wie den zurückgeworfenen, gebrochenen und durch Brennspiegel vereinigten, die Blitze, die Flammen, die brennenden Kohlen, das Feuer, je nach dem verschiedenen Brenn-Material, das offene, das verschlossene, das eingeengte und das verbreitete Feuer, endlich das durch den verschiedenen Bau der Oefen veränderte Feuer, das Feuer, was durch Blasen gesteigert ist oder ruhig und nicht angefacht wird, das Feuer in grosser oder geringer Entfernung, das Feuer, was durch unterschiedene Medien hindurchwandert. Die feuchte Wärme z. B. bei den Marien-Bädern, bei dem Mist, bei der thierischen Wärme, äusserlich oder innerlich, bei dichtgepacktem Heu, die trockene Hitze der Asche, des Kalkes, des heissen Sandes, endlich die Wärme jeder Art und jeden Grades überhaupt. Insbesondere sind die Wirkungen und Werke der hinzutretenden und wieder abtretenden Wärme nach ihren Graden und ihren Folgen, nach ihren Perioden und den bestimmten Entfernungen und Zeiträumen durch Versuche und Beobachtungen festzustellen. Denn diese hier bestehende Ungleichheit ist in Wahrheit eine Tochter des Himmels und die Mutter der Erzeugung. Dagegen kann man von der heftigen oder plötzlichen oder springenden Hitze nichts Grosses erwarten, wie bei den Pflanzen sich klar zeigt. Selbst in der Gebärmutter der Thiere herrscht eine grosse Ungleichheit in der Wärme, je nach der Bewegung, dem Schlafe, der Ernährung und den Leidenschaften der weiblichen trächtigen Thiere. Endlich besteht diese Ungleichheit auch in den Geburtsstätten der Erde, wo sich die Metalle und Erze bilden. Um so auffallender ist die Unwissenheit einiger Alchymisten der neuen Schule, welche durch die gleichbleibende Hitze der Lampen und anderer stets in gleicher Weise brennenden Vorrichtungen ihre Wünsche verwirklichen zu können glauben.

So viel über die Wirkungen und Ergebnisse der Wärme. Eine vollständige Ergründung derselben ist indess nicht eher an der Zeit, als bis die Formen der Dinge und die innere Gestaltung der Körper genauer erforscht und bekannt geworden sind. Erst wenn das Einzelne bekannt ist, lassen sich die passenden und entsprechenden Instrumente herstellen.

Die vierte Art der Wirksamkeit geschieht durch den Zeitablauf; dieser ist gleichsam der Ausgeber und Wiedereinnehmer der Naturvorräthe und zum Theil auch deren Vertheiler. Ich verstehe darunter den Fall, wenn ein Körper eine erhebliche Zeit sich selbst überlassen bleibt, während welcher er durch eine äussere Kraft geschützt und vertheidigt wird. Dann zeigen und vollziehen sich die innern Bewegungen, wo die äussern und von aussen kommenden fehlen. Die Ergebnisse des Zeitablaufs sind viel feiner als die des Feuers. So könnte keine solche Klärung des Weines durchs Feuer bewirkt werden, wie sie die Zeit bewirkt; selbst die Umwandlung in Asche geschieht durch das Feuer nicht so vollkommen, wie die Auflösung und Vorzehrung durch den Ablauf von Jahrhunderten bewirkt wird. Ebenso bleiben die Umwandlungen zu einem Körper und die Mischungen, die plötzlich und schnell durch Feuer geschehen, weit hinter denen, welche der Zeitablauf vollführt, zurück. Ebenso wird die ungleiche und verschiedene innere Gestaltung der Körper, welche wie die Fäulniss im Zeitverlauf beginnt, durch Feuer und starke Hitze zerstört. Doch ist es merkwürdig, dass die Bewegungen der ganz verschlossenen Körper etwas von der gewaltsamen Bewegung an sich haben; es ist, als ob das Gefängniss die freien Bewegungen des Körpers hemmte. Deshalb ist der Zeitablauf bei offenen Gefässen wirksamer zur Trennung, bei geschlossenen Gefässen aber wirksamer zur Mischung, und in solchen, die nicht luftdicht geschlossen sind, wirksamer zur Fäulniss. Indess müssen die Fälle für die Wirksamkeit und Thätigkeit der Zeit sorgfältig gesammelt werden.

Die Leitung der Bewegung, welche die fünfte Verfahrungsart bildet, vermag viel. Ich verstehe darunter den Fall, wo ein Körper von selbst einem andern begegnet und damit dessen Bewegung hemmt, zurückstösst, aufnimmt oder leitet.

Diese Fälle kommen vorzüglich nach den Gestalten und Verhältnissen der Gefässe zum Vorschein. So befördert die Form eines aufrechten Kegels die Verdichtung der Dünste in den Destillirhelmen; die Form eines verkehrten Kegels befördert die Reinigung des Zuckers von den Schmutztheilen. Manchmal ist eine Einbiegung und Verengerung nöthig, welche mit einer Erweiterung abwechselt u.s.w. Davon sind die Durchseihungen bedingt, wo der entgegentretende Körper einem Theile des andern den Weg frei macht, ihn aber für den andern Theil verstopft. Diese Durchseihung sowie andere Leitungen der Bewegung geschehen nicht immer von aussen, sondern auch durch Körper im Körper. So wirft man Steine in das Wasser, um ihren Schmutz niederzuschlagen, so klärt man den Syrup mit Eiweiss; die gröbern Theile hängen sich an und können dann getrennt werden. Dieser Leitung der Bewegung schreibt Telesius leichthin und fälschlich die Gestalt der Thiere zu, welche vermittelst der Riefen und Ausweitungen der Gebärmutter gebildet werden soll. Allein er hätte dieselbe Gestaltung an dem Eidotter beobachten können, obgleich da weder Runzeln noch Unebenheiten vorhanden sind. Doch ist es richtig, dass durch diese Leitung der Bewegung sich die ersten Bildungen in den Formen und Vorbildnern vollziehen.

Die Wirkungen der Uebereinstimmung oder Flucht, welche die sechste Art bilden, sind meist ganz verborgen. Was man geheime und spezifische Eigenschaften, Sympathien und Antipathien nennt, ist meistentheils Trug der Philosophie. Man kann für die Uebereinstimmung der Dinge auf keine Entdeckungen rechnen, so lange nicht die Formen und die innern Gestaltungen der einfachen Körper entdeckt sind. Denn die Uebereinstimmung ist nur das gegenseitige Gleichmaass der Formen und innern Gestaltungen.

Die bedeutendern und allgemeinern Uebereinstimmungen sind nicht unbekannt; ich will deshalb mit ihnen beginnen. Der vornehmste und grösste Unterschied hierbei ist, dass manche Körper in der Menge oder im Mangel des Stoffes sehr von einander abweichen und doch in ihrer Gestaltung übereinstimmen; andere stimmen dagegen in dieser Menge oder diesem Mangel des Stoffes überein, aber weichen in der Gestaltung ab. So bemerken die Chemiker in ihren drei Prinzipien richtig, dass der Schwefel und das Quecksilber gleichsam durch die Gesammtheit der Dinge hindurchwandert; dagegen gilt dasselbe nicht von dem Salz; man hat es nur angenommen, um die trocknen, erdigen und festen Körper zu erklären. In jenen zweien zeigt sich daher eine der verbreitetsten Uebereinstimmungen der Natur; so stimmen der Schwefel, das Oel und die fetten Dünste, die Flamme und vielleicht auch die Körper der Sterne überein. Auf der andern Seite besteht eine Uebereinstimmung zwischen Quecksilber, Wasser und wässrigen Dünsten, Luft und vielleicht dem zwischen den Sternen befindlichen reinen Aether. Diese zwiefache Vierzahl oder grossen Klassen der Dinge sind jedes in seiner Art nach Menge und Dichtigkeit des Stoffes ausserordentlich verschieden, aber in der Gestaltung stimmen sie sehr überein, wie sich aus Vielem ergiebt. Dagegen stimmen die Metalle in der Menge und Dichtigkeit, namentlich den Pflanzen gegenüber, sehr überein, während sie in der innern Gestaltung sehr verschieden sind. Ebenso wechselt bei den Pflanzen und Thieren die innere Gestaltung ausserordentlich, während der Grad ihrer Menge oder Dichtigkeit an Stoff nur wenig verschieden ist.

Die allgemeinste Uebereinstimmung nächst dieser besteht zwischen den Körpern und den Herden ihrer Entstehung, d. h. ihren erzeugenden Stoffen und ernährenden Mitteln. Deshalb muss man untersuchen, in welchem Klima, in was für Erde und bis zu welcher Tiefe die einzelnen Metalle sich bilden; dasselbe gilt von den Edelsteinen, sowohl denen, die im Gestein, als die in den Erzen entstanden sind. Ebenso ist zu ermitteln, in welchem Erdboden die einzelnen Bäume, die Fruchtpflanzen und Gräser am besten fortkommen und gedeihen; ebenso, welche Art von Düngung für die einzelnen am förderlichsten ist, ob Mist, oder Kreide, oder Meersand, oder Asche u. s. w., und welche Arten davon nach Unterschied der Erde am besten passen und fördern. Ferner ist das Pfropfen und Okuliren bei den Bäumen und Sträuchern zu prüfen und deren Grund zu ermitteln; es hängt sehr von der Uebereinstimmung ab, welche Pflanzen hierbei am besten an andern fortkommen. Hier wäre der Versuch, von dem ich kürzlich hörte, ganz zweckmässig, nämlich das Pfropfen der Bäume im Walde, während man bisher es nur in Gärten geübt hat. Die Blätter und Eicheln würden dadurch an Umfang zunehmen, und die Bäume würden schattiger werden.

Ebenso müssen die Nahrungsmittel für die Thiere jeder Gattung, sowie das, was nicht dazu taugt, festgestellt werden; denn die fleischfressenden können sich nicht von Kräutern ernähren; deshalb ist der Orden der Feuillant's ziemlich erloschen, welcher, obgleich der Mensch über seinen Körper mehr als die Thiere vermag, doch in seinen Regeln mehr forderte, als die menschliche Natur ertragen kann, und dies zur Ausführung brachte. Ebenso müssen die mancherlei faulenden Stoffe, aus denen die kleinen Thiere sich erzeugen, verzeichnet werden.

Die Uebereinstimmung der Hauptkörper mit ihren Nebenkörpern, wozu die hier erwähnten gehören, ist sehr deutlich und erkennbar. Dahin gehört auch die Uebereinstimmung der Sinne mit ihren Gegenständen; sie ist sehr bekannt, gut beobachtet und eifrig erörtert; sie kann deshalb für die weniger bekannten Uebereinstimmungen Aufklärung gewähren. Dagegen sind die innern Uebereinstimmungen der Körper, sowie ihr Fliehen oder ihre Freundschaften und ihre

Kämpfe, denn die Worte "Sympathie" und "Antipathie" sind mir wegen ihres abergläubischen und nutzlosen Gebrauchs zuwider, noch wenig bekannt, da sie theils fälschlich vertheilt, theils mit Fabeln vermengt, theils übersehen worden sind. Sagt man z. B., dass zwischen dem Weinstock und dem Kohl eine Unverträglichkeit bestehe, weil sie neben einander schlecht gedeihen, so kommt dies vielmehr davon, dass beide Pflanzen saftig und aussaugend sind, mithin eine der andern die Nahrung wegnimmt; und wenn man behauptet, dass zwischen den Saaten und Kornblumen oder wildem Pfeffer eine Uebereinstimmung und Freundschaft bestehe, weil diese Pflanzen nur in bebautem Lande wachsen, so hätte man vielmehr sagen sollen, es bestehe eine Feindschaft zwischen ihnen, weil der Pfeffer und die Kornblumen sich aus demjenigen Saft der Erde bilden und entwickeln, welchen die Saaten zurückgelassen und von sich gestossen haben; die Saaten bereiten die Erde nur zu deren Wachsthum vor. Solcher falschen Verbindungen giebt es eine grosse Menge. Beseitigt man noch die Fabeln, so bleibt nur eine geringe Zahl von Uebereinstimmungen, welche auf sichern Versuchen beruhen, wie die zwischen Magnet und Eisen, zwischen Gold und Quecksilber u. s. w. Auch bei den chemischen Versuchen mit Metallen kommen einige merkwürdige vor; die meisten finden sich noch in den Arzneimitteln, welche nach ihren verborgenen Eigenthümlichkeiten Specifica heissen und auf bestimmte Glieder oder Säfte oder Krankheiten oder andere besondere Zustände wirken.

Auch die Uebereinstimmungen zwischen den Bewegungen und Zuständen des Mondes und den Zuständen der irdischen Körper sind beachtungswerth; sie können aus den Erfahrungen beim Ackerbau, der Schifffahrt und bei der Arzneikunst gesammelt und davon entlehnt werden; doch muss dabei eine strenge und redliche Auswahl getroffen werden. Je seltener die allgemeinen Fälle geheimer Uebereinstimmungen sind, desto sorgfältiger müssen sie aus zuverlässigen und sichern Mittheilungen und Erzählungen entlehnt werden; es darf dabei nicht leichtsinnig und leichtgläubig verfahren werden, sondern mit ängstlicher und misstrauischer Sorgfalt. Es ist nun noch die Uebereinstimmung der Körper in der Art ihrer Wirksamkeit übrig; sie geschieht zwar ohne Kunst, ist aber von vielfältigem Gebrauch und deshalb nicht zu übersehen, sondern sorgfältig zu beobachten. Es ist das Zusammentreten oder die Vereinung der Körper durch blosses Zusammen- oder Aneineinander-Stellen. Sie vollzieht sich bald leicht, bald schwer; denn manche Körper mischen und vereinen sich leicht und gern, andere schwer und ungern. So vereinen sich Pulver leicht mit Wasser, Kalk und Asche leicht mit Oelen u. s. w. Hier sind nicht blos die Fälle zu sammeln, wo Körper eine Hinneigung oder Abneigung zur Mischung haben, sondern auch wo eine solche zu einer bestimmten Stellung und Vertheilung ihrer Bestandteile nach der Mischung besteht oder zu einer Vorherrschaft, nachdem die Mischung geschehen ist.

Es bleibt noch die letzte von den sieben Verfahrungsweisen: die, welche in dem Wechsel und der Veränderung der sechs vorgehenden besteht. Ehe hier das Einzelne nicht näher untersucht sein wird, wäre es unzweckmässig, Beispiele anzuführen. Die Reihe oder Kette, in welcher hier der Wechsel, je nach der zu erzielenden Wirkung erfolgen muss, ist sehr schwer zu erkennen, aber für die Praxis höchst wichtig. Am meisten schadet hierbei die Ungeduld, wenn man bei solchen Versuchen und Arbeiten sich nicht bezähmen kann, obgleich doch bei grossen Arbeiten dieses Mittel dem Faden des Labyrinths gleicht. – So viel zur Erläuterung des Gemeinnützigen.

51.

Zu den vornehmsten Fällen rechne ich siebenundzwanzigstens und letztens die magischen Fälle. Ich zähle dazu die, wo der Stoff oder das Wirkende so fein und klein im Verhältniss zur Grösse des Ergebnisses und der folgenden Wirkung ist, dass solche Fälle, selbst wenn sie oft vorkommen, doch Wundern gleichen, bei manchen für den ersten Anblick, bei manchen selbst nach genauerer Betrachtung. Die Natur bietet solche Fälle von sich allein aus nur selten; aber was sie leisten wird, wenn erst ihr Busen erschlossen, und die Formen, Prozesse und innern Gestaltungen entdeckt sein werden, wird die spätere Zeit erfahren. Diese zauberhaften Wirkungen vollziehen sich, so viel ich bis jetzt vermuthen kann, auf dreifache Art. Entweder vervielfältigt sich der Gegenstand, wie z. B. das Feuer, die sogenannten spezifischen Gifte und auch die Bewegungen, die von Rad zu Rad übergehen, oder sie erfolgen durch eine Erregung oder Einladung eines andern Gegenstandes, wie bei dem Magnet, welcher ohne Verlust oder Verminderung seiner Kraft unzählige Nadeln magnetisch machen kann, was auch bei den Gährungen und Aehnlichem stattfindet, oder durch Forttreibung der Bewegung, wie bei dem Schiesspulver, den Bomben und bei den Hebeln gezeigt worden ist, von denen die beiden ersten noch der Ermittelung der Uebereinstimmung, und der dritte noch der Feststellung des Maasses der Bewegung bedürfen.

Ob es aber ein Mittel giebt, die sogenannten kleinsten Körper zu verändern und die feinere Gestaltung des Stoffes zu wechseln, wodurch überhaupt die Umwandlung der Körper erfolgt, und wodurch dann die Kunst in kurzer Zeit das erreichen könnte, was die Natur nur auf vielen Umwegen mühsam erreicht, darüber fehlen bis jetzt noch die genügenden Anhaltspunkte, und sowie ich in dem

Ernsten und Wahren das Aeusserste und Höchste erstrebe, so hasse ich ebenso sehr das Eitle und Aufgeblasene und schlage es nieder, so viel ich vermag.

52.

So viel über die wichtigern oder vornehmsten Fälle. Ich muss aber bemerken, dass ich in diesem meinem Organon die Logik, nicht die Philosophie behandle; aber meine Logik belehrt und unterrichtet den Geist, und zwar nicht so, dass sie, wie die gemeine Logik, mit den feinen Schlüsselchen des Verstandes nur das Abstrakte von den Dingen erfasst und ergreift, sondern so, dass sie die Natur wahrhaft zerlegt, die Kräfte und Wirksamkeit der Körper und deren nach den Stoffen bestimmten Gesetze entdeckt, damit die Wissenschaft nicht blos aus der Natur des Geistes, sondern aus der Natur der Dinge abfliesse. Man darf sich deshalb nicht wundern, wenn diese Wissenschaft überall aus Beobachtungen und Versuchen rücksichtlich der Natur-Gegenstände, nach dem Beispiel meiner Kunst sich zusammensetzt und erläutert.

Nach dem bisher Vorgetragenen giebt es also 27 vornehmere Fälle, nämlich:

1.Die isolirten Fälle;

2.die wandernden Fälle;

3.die aufzeigenden Fälle;

4.die verborgenen Fälle;

5.die begründenden Fälle;

6.die übereinstimmenden Fälle;

7.die Fälle einziger Art;

8.die ableitenden Fälle;

9.die beschränkenden Fälle;

10.die Fälle der Macht;

11.die Fälle der Freundschaft und Feindschaft;

12.die zugehörigen Fälle;

13.die Bündniss-Fälle;

14.die Kreuzes-Fälle;

15.die Scheidungs-Fälle;

16.die Fälle der Thüre;

17.die herbeiholenden Fälle;

18.die Wege-Fälle;

19.die ergänzenden Fälle;

20.die zerschneidenden Fälle;

21.die Fälle der Ruthe;

22.die Fälle des Wagens;

23.die Gaben der Natur;

24.die Fälle des Kampfes;

25.die andeutenden Fälle;

26.die gemeinnützigen Fälle und

27.die Fälle der Magie.

Der Nutzen dieser Fälle, wodurch sie die gewöhnlichen Fälle übertreffen, erstreckt sich im Allgemeinen entweder auf die Belehrung oder auf die Herstellung von Werken, oder auf Beides. Als Belehrung unterstützen sie entweder die Sinne oder den Verstand; so unterstützen die fünf Fälle der Lampe die Sinne. Der Verstand wird unterstützt, wenn das zur Form nicht Gehörige schneller hervortritt, wie bei den isolirten Fällen, oder wenn das Bejahende der Form näher gebracht und angedeutet wird, wie dies bei den wandernden, den andeutenden, den begleitenden und zugehörigen Fällen geschieht, oder wenn der Verstand aufgerichtet und zu den Gattungen und gemeinsamen Eigenschaften geleitet wird, wie dies bei den verborgenen, den Fällen einziger Art und Bündniss-Fällen, und zwar unmittelbar geschieht, oder bei den begründenden Fällen in näherem Grade, oder bei den gleichartigen in sehr schwachem Grade, oder wenn der Verstand von seinen Angewöhnungen weg auf den rechten Weg gebracht wird, wie in den ableitenden Fällen, oder wenn er zur grossen Form oder zur Werkstätte des Weltalls geführt wird, wie bei den beschränkenden Fällen, oder wenn er vor falschen Formen und Ursachen gewarnt wird, wie bei den Fällen des Kreuzes und der Scheidung.

Was die Herstellung von Werken anlangt, so zeigen diese Fälle der Praxis entweder den Weg, oder sie geben ihr das Maass, oder sie unterstützen sie sonst. Ersteres geschieht durch Angabe dessen, womit der Anfang zu machen ist, damit man nicht das schon Gethane noch einmal thue; dahin gehören die Fälle der Macht, oder es wird das Ziel gezeigt, wenn die Kraft erlangt worden, wie bei den andeutenden Fällen geschieht. Das Maass geben jene vier mathematischen Fälle; die Unterstützung gewähren die gemeinnützigen und die magischen Fälle.

Von diesen siebenundzwanzig Fällen müssen manche, wie ich bei einzelnen oben gezeigt habe, gleich vom Anfang ab gesammelt werden, und man darf damit nicht bis zur besondern Untersuchung bestimmter Eigenschaften warten. Dahin gehören die gleichförmigen, die einzigen, die ableitenden, die beschränkenden Fälle; ebenso die Fälle der Macht, der Thüre, die andeutenden, die gemeinnützigen und die magischen Fälle. Diese helfen und bessern entweder den Verstand und die Sinne, oder sie unterrichten im Allgemeinen die Praxis. Dagegen brauchen die übrigen erst dann gesammelt zu werden, wenn es zur Aufstellung der Uebersichts-Tafeln kommt, um zur Erklärung bei einer besondern Eigenschaft zu dienen. Diese durch dergleichen Vorzüge ausgezeichneten Fälle bilden gleichsam die Seele unter den gemeinen Fällen der Uebersicht, und von jenen sind, wie ich schon gesagt, wenige schon so viel werth als dort viele. Deshalb müssen diese bei Aufstellung der Tafeln mit aller Sorgfalt aufgesucht und eingetragen werden; es ist dies für das Folgende unentbehrlich; deshalb muss auch die Erörterung mit ihnen begonnen werden.

Jetzt habe ich nun zu den Unterstützungen und Berichtigungen der Induktion überzugehen; dann zu den Verbindungen und zu den verborgenen Prozessen und innern Gestaltungen und zu den übrigen, in dem Art. 21 aufgezählten Gegenständen, damit ich wie ein rechtschaffener und treuer Verwalter den menschlichen Geist aus seiner Unterwürfigkeit befreie, gleichsam grossjährig werden lasse und so der Menschheit ihren Reichthum erkennen lasse. Daraus muss nothwendig eine Verbesserung der menschlichen Zustände und eine Vergrösserung der menschlichen Macht über die Natur hervorgehen. Denn der Mensch hat durch den Sündenfall seinen Stand der Unschuld und seine Herrschaft über die Geschöpfe verloren; aber Beides lässt sich schon in diesem Leben einigermassen wiederherstellen; das Eine durch die Religion und den Glauben, das Andere durch die Künste und Wissenschaften. Denn die erschaffene Welt ist durch den Fluch nicht durchaus und bis auf das Aeusserste widerspenstig gemacht worden, sondern sie kann in Folge jenes Ausspruchs: "Im Schweisse Deines Angesichts sollst Du Dein Brod essen", durch mancherlei Arbeit, aber freilich nicht durch Disputationen und nutzlose Zauberformeln, zuletzt wenigstens theilweise so weit unterworfen werden, dass sie dem Menschen sein Brod gewählt, d. h. den Zwecken seines Lebens dient.

Ende des zweiten Buchs des Neuen Organon.